Elisa Branco

Jorge Ferreira

Elisa Branco
Uma vida em vermelho

1ª edição

CIVILIZAÇÃO BRASILEIRA
Rio de Janeiro
2023

Texto revisado segundo o novo Acordo Ortográfico da Língua Portuguesa.

A pesquisa que deu origem ao presente trabalho foi realizada com apoio financeiro do Conselho Nacional de Desenvolvimento Científico e Tecnológico (CNPq).

Direitos desta edição adquiridos pela
EDITORA CIVILIZAÇÃO BRASILEIRA
Um selo da
EDITORA JOSÉ OLYMPIO LTDA.
Rua Argentina, 171 – Rio de Janeiro, RJ – 20921-380 – Tel.: (21) 2585-2000.

CIP-BRASIL. CATALOGAÇÃO NA PUBLICAÇÃO
SINDICATO NACIONAL DOS EDITORES DE LIVROS, RJ

F441e

Ferreira, Jorge
Elisa Branco : uma vida em vermelho / Jorge Ferreira. – 1. ed. – Rio de Janeiro : Civilização Brasileira, 2023.

ISBN 978-65-5802-085-1

1. Branco, Elisa, 1912-2001. 2. Partido Comunista Brasileiro. 3. Ativistas políticos – Biografia – Brasil. I. Título.

CDD: 335.43092
22-80697 CDU: 929:329.15

Meri Gleice Rodrigues de Souza – Bibliotecária – CRB-7/6439

Impresso no Brasil
2023

Dedico o livro ao Miguel e ao Pedro, meus netos.

Certa vez, em Moscou, durante o nosso exílio, 1970/1979, esbarrei num copo espelhado e ele espatifou-se no chão. Para mim era um copo. Quando minha mãe viu, soltou uma lágrima e disse: "Era da Elisa Branco." Na minha idade, aos 12 anos, nunca tinha visto minha mãe chorar. Portanto, fiquei impressionado e guardo a imagem desta lágrima na face dela. Sim, existia uma profunda identificação entre essas duas mulheres. A simples perda de uma lembrança doeu, aquele copo tinha grande significado afetivo.

Luiz Carlos Prestes Filho

SUMÁRIO

PEQUENO RECADO AO LEITOR

Prezado leitor, prezada leitora. Decidi escrever uma apresentação bem curta – praticamente um recado. Meu desejo é que você conheça logo Elisa Branco.

O livro trata da vida de uma mulher que, quando criança, brincou, sofreu, riu e apanhou; quando jovem, foi apaixonada pelo namorado, mas não controlava os ciúmes excessivos; quando adulta, foi mulher trabalhadora e com muita iniciativa; na militância comunista teve atuação de destaque.

Se ela foi esquecida, merece ser lembrada. Espero que, ao final do livro, o leitor concorde comigo.

Aviso que o livro é sobre a vida de Elisa Branco, mas também trata da história do Partido Comunista e do próprio país. Afinal, ela viveu no Brasil e dedicou sua vida ao partido. Não vou tomar o tempo do leitor com longas digressões teóricas, mas, nessa questão, quero tão somente citar uma historiadora de enorme talento e sensibilidade: Vavy Pacheco Borges. Ela diz o seguinte: "A razão mais evidente para se ler uma biografia é saber sobre a vida de uma pessoa, mas também sobre a época, sobre a sociedade em que ela viveu."[1] O leitor, dessa maneira, conhecerá a vida de Elisa Branco, mas também o que era ser militante comunista no Brasil – sobretudo ser militante mulher – e a história política brasileira na segunda metade do século XX.

A seguir, eu relato a surpreendente história de como conheci Elisa e decidi escrever sua biografia.

Podemos, então, começar a acompanhar Elisa Branco na luta pela utopia do estabelecimento da paz no mundo.

Desejo boa leitura.

---

1 Vavy Pacheco Borges, "Grandezas e misérias da biografia", in: Carla B. Pinsky (org.), *Fontes históricas*, São Paulo, Contexto, 2006, p. 215.

BASTIDORES DA PRODUÇÃO DO LIVRO

Livros contam histórias. Mas cada livro também tem a sua própria. Em certo momento, o autor toma a decisão de expressar suas ideias utilizando caneta, lápis ou teclado do computador, pensando em futura publicação. Para isso, percorre determinados caminhos. O historiador, por exemplo, se vale de documentos, no sentido mais amplo do termo. Cada autor constrói seu próprio caminho, assim como caminhos se mostram para ele. Volto a dizer: livros têm sua própria história. E o livro sobre Elisa Branco também tem a sua. Vou contá-la.

Tempos passados eu era responsável por disciplinas no curso de pós-graduação *lato sensu* em História do Brasil da Universidade Federal Fluminense (UFF).

Uma aluna muito dedicada chamada Maria Aparecida Amorim, a Cida, me procurou para que eu a orientasse na monografia exigida ao final do curso. Ela ainda não tinha um tema, mas queria trabalhar com história das mulheres.

Desde muito tempo eu pesquisava e publicava temas voltados para o trabalhismo e o comunismo brasileiros. Pensei, então, em uma personagem feminina do Partido Comunista (PCB). Lembrei de um livro que se tornou clássico entre os historiadores, publicado por Ecléa Bosi, em 1987. Eram entrevistas que ela realizou com pessoas da terceira idade e publicou sob o título de *Memória e sociedade: lembranças de velhos.* Entre os depoimentos, havia o de Dona Brites. Ao falar de sua vida a Bosi, Dona Brites, em certo momento, afirmou com segurança: "No dia em que se escrever a história do Partido Comunista, na primeira linha, tem que estar Elisa Branco."[1]

O que me deixou curioso na afirmação de Dona Brites é que Elisa Branco não é personagem de livros de historiadores do PCB. Nem mesmo é personagem de destaque nas memórias e autobiografias dos militantes mais conhecidos do partido. Elisa não se encontra nem na história sobre o PCB nem na memória de seus militantes. Mas permaneceu nas recordações de Dona Brites, que manteve de Elisa uma lembrança afetiva. Eu não conhecia Elisa Branco, mas Dona Brites me alertou para a importância dela na história do PCB e dos comunistas brasileiros.

Sugeri a Cida pesquisar sobre Elisa Branco, militante que atuou no PCB nos anos 1950. Indiquei como fonte documental a imprensa comunista. Ao final do curso, Cida escreveu uma monografia repleta de qualidades. Infelizmente, não a tenho comigo.[2]

O tempo passou e não mais vi Cida. Certo dia, porém, em casa, atendi o telefone. Era ela. Dizia estar no *campus* da UFF e que necessitava falar comigo com urgência. Percebi que se tratava de algo muito sério. Afinal, não é comum isso acontecer. Diria mesmo que é absolutamente inusitado um aluno tirar o professor de casa sem agendar. Mas algo me dizia que se tratava de coisa realmente importante. E eu morava perto da universidade. Não custava muito ir até a UFF e encontrá-la.

---

[1] Ecléa Bosi, *Memória e sociedade*, São Paulo, T.A. Queiroz/Editora da USP, 1987, p. 285.

[2] Na época, eu sugeri para Cida como título: "Elisa Branco: uma vida em vermelho (1912--2001)". Na publicação do atual livro, entrei em contato com ela e pedi autorização para utilizar o mesmo título. Ela, sempre gentil e generosa, concordou.

Em pouco tempo eu estava com Cida no meu gabinete. Ela dizia que tinha pressa porque o marido a levara de carro e estava esperando, com certa impaciência, na portaria do prédio. Cida trazia três grossos volumes encadernados e um CD-ROM. Colocou o material sobre a mesa. Sentamos. A seguir, ouvi uma história que me deixou verdadeiramente atordoado.

Quando fazia a pesquisa para a monografia, sem me contar, Cida foi à procura da família de Elisa Branco. Conseguiu o número do telefone de sua filha Horieta, que vivia na cidade de São Paulo. Horieta, muito gentilmente, se dispôs a recebê-la em sua residência. Elas se encontraram em São Paulo e conversaram longamente. Ao final, Horieta entregou-lhe documentação importantíssima.

Elisa Branco, nos anos 1990, antes de falecer, realizou levantamento de tudo o que havia sobre ela no Fundo Secretaria da Segurança Pública do Estado de São Paulo, no acervo do Departamento Estadual de Ordem Política e Social (Deops-SP), sob guarda do Arquivo Público do Estado de São Paulo.[3] Todos os documentos foram devidamente fotocopiados e autenticados, folha por folha, pelo diretor técnico da Divisão de Arquivo. O carimbo diz: "Confere com o original," seguido do local, data de "6 set. 1994" e assinatura do próprio diretor. A seguir, Elisa os encadernou, resultando em três grossos volumes. Eles foram numerados e receberam um título: *Processo político*. Ali estava, na minha frente, tudo o que havia sobre Elisa produzido pelo DOPS de São Paulo, desde 1945, e por órgãos de informação da Aeronáutica durante a ditadura militar.

---

[3] O acervo que se encontra no Arquivo Público do Estado de São Paulo é nomeado Departamento Estadual de Ordem Política e Social (Deops/SP). O acervo, constituído por 3,5 milhões de documentos, é dividido em três arquivos: Arquivo Geral, Delegacia de Ordem Social e Delegacia de Ordem Política. Ocorre que os documentos utilizados na pesquisa vêm com o título Departamento de Ordem Política e Social (DOPS). Optei, portanto, pela nomenclatura do próprio documento, mantendo a sigla DOPS daqui por diante, mas mantendo a sigla Deops ao me referir ao acervo do Arquivo.

Mais ainda, Horieta entregou para Cida um CD-ROM com dois arquivos em PDF, nomeados por mim de "livro 1" e "livro 2". Tratava-se de escritos da própria Elisa. Ela deu o título de "Elisa Branco Baptista – Memórias". Elisa afirma que escreveu suas memórias devido ao incentivo dos netos, amigos e amigas. Começou a escrever em 1991 e terminou em 1995, aos 83 anos. O importante desta fonte é que Elisa, por ela mesma, utilizando seus próprios termos, escreveu sobre si. Mas minha surpresa não pararia por aí. Cida me disse que Horieta era casada com o professor Fernando Novais – um dos mais importantes historiadores brasileiros.

É importante ressaltar que os três volumes do *Processo político* com a documentação do DOPS e as memórias de Elisa contidas no CD-ROM compõem o Arquivo Pessoal de Horieta Alzira Baptista Novais.

Cida foi ousada. Mas também muito generosa ao tomar a decisão de entregar-me tudo. Ela queria que eu escrevesse sobre a vida de Elisa. Eu agradeci e, um tanto confuso, tive dificuldade para avaliar o rico tesouro que, sem pedir, recebi. Sou muito grato à Cida.

Eu não tinha como trabalhar com aquela documentação naquele momento. Mas, como fazem os historiadores, guardei tudo para dar início na oportunidade certa.

Tempos depois, uma aluna de graduação em história me procurou. Como Cida, ela queria trabalhar com algo relativo ao comunismo no Brasil. Falei de Elisa Branco. Ela ficou animada e fez uma monografia de excelente nível.[4] No entanto, seus planos futuros como pesquisadora eram outros, distantes de Elisa.

Havia chegado o momento de me dedicar à biografia de Elisa. Antes, porém, era necessário ter autorização para utilizar o Arquivo Pessoal

---

[4] Ananda Cristina dos Santos Lima, *A paz é uma mulher: a trajetória política da militante comunista Elisa Branco (1950-1956)*, Niterói, Universidade Federal Fluminense (Trabalho de Conclusão de Curso em História), 2019.

de Horieta Alzira Baptista Novais – os três volumes que formavam o *Processo Político* e os dois longos textos gravados no CD-ROM. Afinal, a filha da biografada confiara toda aquela documentação à Cida, não a mim. Procurei Horieta, mas descobri que ela estava enferma e não poderia me atender. Minha obrigação, portanto, era falar com o professor Fernando Novais. Tratava-se de uma questão ética que, absolutamente, não poderia ser desconhecida. Na conversa que tivemos, expliquei tudo o que havia acontecido e pedi autorização para pesquisar aquela documentação. Ele me ouviu e, muito solícito e amável, me deu todo o apoio. Sou muito agradecido ao professor Fernando Novais.

Comecei, então, a pesquisar sobre Elisa Branco. Eu tinha à minha disposição suas memórias e todo o material produzido pelo DOPS. Antes, porém, pesquisei na imprensa, sobretudo em dois jornais comunistas: *Voz Operária* e *Imprensa Popular*. Não tive acesso ao jornal *Hoje/Notícias de Hoje*.[5] As poucas edições sob responsabilidade do Centro de Documentação e Memória da Unesp são anteriores a 1948. Além disso, devido à pandemia do Coronavírus que eclodiu no final de 2019, o atendimento ao pesquisador esteve suspenso.[6] Depois, tive acesso ao

[5] O jornal comunista *Hoje* foi fundado em outubro de 1945 e editado na cidade de São Paulo. Com a cassação do registro do partido, em 1947, o jornal mudou o título para *Notícias de Hoje*. Diversas edições podem ser localizadas no Centro de Documentação de Memória da Unesp (CEDEM), parte do acervo de periódicos. A pandemia do Coronavírus que eclodiu no fim de 2019 me impediu de visitar o CEDEM presencialmente.

[6] Em resposta à consulta que fiz ao CEDEM, a funcionária do arquivo, muito solícita e atenciosa, deu o seguinte retorno: "Respondendo a sua dúvida sobre o jornal *Hoje*, do PCB, publicado em São Paulo, temos alguns volumes anteriores a 1953, disponíveis apenas para consulta local. São duas edições de 1945 (a edição de 06/10/45 é a única digitalizada e disponível para download no site), duas de 1946, seis edições de 1947 e uma edição de 1948. Há muitas falhas, como pode imaginar. Devido à pandemia, todas as atividades presenciais do CEDEM estão suspensas por tempo indeterminado, inclusive o atendimento ao pesquisador." E-mail recebido em 1º de fevereiro de 2021.

depoimento de Horieta Alzira Baptista Novais concedido ao Museu da Pessoa, em 2003, com valiosas informações.

Também realizei entrevistas utilizando a História Oral como metodologia. A primeira foi com a neta de Elisa, Ana Lúcia Novais; a segunda, com o neto Carlos Eduardo Baptista Fernandes. Ambos apontaram a necessidade de entrevistar também a técnica em enfermagem Elza Soares, que cuidou de Elisa nos anos finais de sua vida. Elza me concedeu entrevista bastante emocionada. Ainda faltava uma pessoa importante para que eu conhecesse Elisa: Maria Prestes. Luiz Carlos Prestes Filho me deu todo apoio para o sucesso da entrevista com sua mãe.

Eu dispunha de um bom material documental para trabalhar. Mas não pensem o leitor e a leitora que a fartura de fontes pode tornar a vida do historiador mais fácil. Como se tornou jargão no meu meio profissional, "as fontes não falam por si mesmas". É necessário interrogá-las. Mais ainda, elas são produzidas por personagens que viveram no passado, com suas próprias ideias, crenças e convicções. Por exemplo, na imprensa do PCB as matérias são francamente favoráveis ao movimento comunista, seguindo a linha política do partido. Enquanto isso, os textos produzidos pela polícia política são tendenciosos, estão repletos de mensagens anticomunistas e contra os militantes. As memórias escritas por Elisa exigem empatia e sensibilidade para compreender o que uma pessoa diz sobre si mesma. Para Ana Lúcia, foram marcantes, quando criança, as laranjas na casa da avó, mas para Carlos Eduardo a lembrança forte era outra, a das pamonhas. Conhecer o passado das sociedades não é algo fácil – acreditem.

Faltaram os agradecimentos. Agradeço ao Conselho Nacional de Desenvolvimento Científico e Tecnológico (CNPq) o apoio à pesquisa; ao professor Fernando Novais, que me confiou as fontes documentais sobre Elisa; e, evidentemente, à Cida.

1. A JOVEM ELISA

UMA MENINA EM BARRETOS

Elisa Branco nasceu em 1912. Seu pai chamava-se José, e a mãe, Carolina, ambos de nacionalidade portuguesa. Ele era proprietário de um armazém de secos e molhados e uma pensão na cidade de Barretos, interior de São Paulo. Quando Elisa tinha 6 anos, seu pai ficou muito adoentado e foi se tratar em Campinas. Mas logo chegou a notícia de que ele tinha falecido. Para Carolina foi um choque muito doloroso. Ela estava grávida de sete meses. Ao saber da morte do marido, Carolina agarrou os filhos – José, Antonio, Abel, João e Elisa – e, chorando muito, prometeu que viveria exclusivamente para eles, assim como o pai desejara. A situação, bastante dramática, foi agravada com o comportamento das crianças, que se negaram a acreditar que o pai havia morrido.[1]

Vizinhos apareceram para apoiar Carolina e os filhos. Ela não estava apenas arrasada com a morte do marido, mas com a impossibilidade de transladar o corpo para o funeral em Barretos. O filho mais velho,

---

[1] Arquivo Pessoal de Horieta Alzira Baptista Novais. Elisa Branco Baptista, *Memórias* [livro 1], p. 3, não publicado.

José, com 16 anos, foi até Campinas para providenciar o translado. Os vizinhos apoiaram a iniciativa do jovem, sobretudo porque evitaria que Carolina assumisse a tarefa. O trajeto de trem entre as duas cidades durava 24 horas. Grávida de sete meses, era desaconselhável que ela viajasse. Três dias depois, José voltou, mas sem o corpo do pai. Ele não conseguiu cumprir o desejo de Carolina, que chorou muito, ainda mais inconformada.[2]

Elisa sentiu muito a morte do pai. Perdeu o apetite, tinha dificuldade para dormir e chorava constantemente. Ela fora muito mimada por ele e sentia saudades. Carolina tudo fazia para agradá-la, mas a tristeza se apoderou da pequena. No fundo, ela achava que o pai não havia morrido, que a estavam enganando. O nascimento da irmã, Zulmira, trouxe novamente a alegria para a casa. Sua chegada foi muito importante para a recuperação de Elisa, que voltou a se alimentar e dedicou-se enormemente à caçula. O bebê recebeu o carinho de todos, que, aos poucos, foram se acostumando à ausência do pai. A vinda de Zulmira foi central para a recuperação emocional da família.[3]

Elisa escreve nas memórias

Meu pai era um homem que como ele há poucos, desprendido e com o coração limpo para amar o ser humano incondicionalmente. Minha mãe ficava horas contando para mim como era ele para com ela e para com as pessoas com quem se relacionava, coisas que às vezes eu imaginava![4]

---

[2] *Ibid.*, p. 4.

[3] *Ibid.*, p. 6.

[4] *Ibid.*, p. 13; *Idem, Memórias* [livro 2], p. 5.

José deixou como herança o armazém, a pensão e uma grande casa, com 21 cômodos. Além dos quartos, a pensão tinha uma grande sala para refeições e uma enorme cozinha, permitindo que a família tivesse rendimento mensal de 60 mil-réis. Carolina pôde criar os filhos e levar vida de classe média.[5] Além disso, José havia emprestado dinheiro a várias pessoas. Muitas não tinham como saldar a dívida no momento, mas se comprometeram a pagar juros. Elisa, instruída pela mãe, recolhia o dinheiro.[6]

Carolina passou a levar vida muito simples, dedicada exclusivamente aos filhos. Seu divertimento era jogar no bicho. Ela se reunia com as amigas da vizinhança e tentavam adivinhar qual bicho daria no dia. Elas contavam seus sonhos ou punham água em um copo com café, acendiam um palito de fósforo e ficavam imaginando qual bicho apareceria na superfície. Por vezes apostavam na vaca, mas dava touro. Logo se culpavam pela má interpretação do sonho ou da figura que surgira no copo de café. Geralmente perdiam, mas quando ganhavam era motivo de alegria, embora sempre quantias muito modestas.[7]

Os negócios no armazém não prosperaram. Ao contrário. Quem assumiu a direção da casa comercial foi José, um dos irmãos de Elisa, mas ele tinha apenas 16 anos. Além disso, o pai vendia muito fiado. Chegou um momento em que os credores apareciam, mas os devedores sumiam. A solução foi encerrar as atividades do armazém e alugar o imóvel. Junto com os rendimentos da pensão a família ainda vivia bem.

---

[5] Fábio Bittencourt, "Elisa Branco, 87 anos – a costureira que ganhou o Prêmio Stalin". *IstoÉ Gente*, Edição 42, 22 mai. 2000, p. 78. Disponível em: <www.terra.com.br/istoegente/42/testemunha/index.htm>. Acesso em: 25 mai. 2021; Arquivo Pessoal de Horieta Alzira Baptista Novais. Elisa Branco Baptista, *Memórias* [livro 2], p. 5.

[6] Arquivo Pessoal de Horieta Alzira Baptista Novais. Elisa Branco Baptista, *Memórias* [livro 1], p. 6.

[7] *Ibid.*, pp. 7-8.

A Primeira Guerra Mundial (1914-1918) havia terminado e muitos imigrantes europeus chegavam a São Paulo. Em Barretos, muitos deles foram trabalhar no Frigorífico Anglo, de capital inglês. Alguns imigrantes – e os que vieram com suas famílias – se estabeleceram na pensão de Carolina. Ocorre que o prefeito decidiu ampliar a plataforma da estação ferroviária na rua onde estava a pensão, impedindo, inclusive, a entrada no prédio. Restou como alternativa alugar os quartos no casarão onde vivia a família. Com esses rendimentos, Carolina ainda conseguiu manter um bom padrão de vida. Surgiram, inclusive, pretendentes para casamento, mas ela recusou todos, preferindo dedicar-se às crianças.[8]

Aos 10 anos, um episódio deixou lembranças tristes em Elisa. Ela cursava a quarta série do Ensino Primário (atual Fundamental I), quando foi para a escola participar do desfile de 7 de setembro, em 1922. Naquela época, poucas famílias tinham armários para guardar suas roupas. Era comum utilizar malas grandes. As roupas eram dobradas e guardadas nessas malas. Carolina mandou fazer um vestido especialmente para Elisa participar das solenidades do Centenário da Independência, uma vez que ela tinha sido escalada para declamar um poema. Mas não se preocupou com o fato de a roupa da menina estar amarrotada. Elisa recorda aquele dia "com muita tristeza". Ao chegar na escola, a professora não apenas a repreendeu, mas a humilhou. Disse que seu vestido tinha sido "tirado da boca dos cães". Elisa ficou envergonhada diante das colegas e foi impedida de participar do desfile. Ao chegar em casa, ela chorou muito. Elisa disse para a mãe que não retornaria à escola, obtendo seu apoio. Passados alguns dias, a professora, por meio de um emissário, perguntou a Carolina por que Elisa não tinha ido mais às aulas. Carolina escreveu uma carta para a professora. Disse a ela que

[8] *Ibid.*, pp. 11-12.

tomasse mais cuidado e não fizesse com outra aluna o que fez com sua filha. E completou: "Minha filha Elisa está chorando até hoje e o que mais sente é por não poder ter o seu diploma, pois era o seu sonho."[9]

Elisa então pediu à mãe para aprender a costurar com uma prima, conhecida como uma das melhores costureiras de Barretos. Dessa maneira, não terminou os estudos do curso primário, mas aprendeu a costurar e, posteriormente, obteve o diploma de corte e costura e modista. Mais tarde, decidiu que também faria roupas masculinas. Trabalhou em uma alfaiataria e logo aprendeu a cortar e costurar paletós e calças. Depois, Carolina comprou uma máquina de costura e deu de presente à filha. Com a freguesia, ela passou a ganhar bem. Contudo, nunca gastava dinheiro sem comunicar à mãe. Um dia Carolina lhe disse: "Compra roupa bonita para você, minha filha, agora já está ficando moça e tens que ficar mais bonita." Lica, como chamavam Elisa, tinha 13 anos, mas postura de moça de mais idade. Logo surgiram os namorados.[10]

O relato sobre o abandono da escola foi feito pela própria Elisa em seus escritos de 1995. Outras fontes, no entanto, revelam motivos diferentes para o ocorrido. Relatório produzido por agente do Departamento de Ordem Política e Social (DOPS), possivelmente dos anos 1950, descreveu situação muito diversa. A morte do pai obrigou Elisa a abandonar os estudos para trabalhar, ajudando a mãe a sustentar os irmãos menores. O agente policial chegou mesmo a escrever que Elisa, "esforçada e inteligente", logo alcançou o posto de mestra na oficina.[11] Mas a versão não é apenas do DOPS. O próprio jornal comunista

---

[9] *Ibid.*, pp. 27 e 43-44.

[10] *Ibid.*, pp. 43-44; 79; 182.

[11] Arquivo Pessoal de Horieta Alzira Baptista Novais. Elisa Branco Baptista, *Processo político* [livro 1], s/p, não publicado. "Secretaria da Segurança Pública de São Paulo, Departamento de Ordem Política e Social", São Paulo, sem data, Arquivo Público do Estado de São Paulo, Acervo Deops/SP.

Voz Operária afirma que Elisa não tinha completado 7 anos quando o pai faleceu. Aos 13, ela não teve alternativa a não ser deixar a escola durante o quarto ano primário para trabalhar na máquina de costura. No trabalho com a mãe, Elisa ajudava a sustentar os quatro irmãos.[12] Outro jornal comunista, *Imprensa Popular*, reitera a mesma situação: aos 13 anos ela teve que largar os estudos para ajudar a mãe e seus quatro irmãos.[13]

Muito certamente as informações dos jornais comunistas foram baseadas nos próprios relatos concedidos por Elisa no início dos anos 1950. E o relatório do agente do DOPS, mera reprodução da leitura daqueles jornais. Seja como for, os relatos dos anos 1950 são bastante diferentes do que nos conta Elisa na década de 1990. Não se trata de "falha de memória" ou imaginação idealizada de episódios passados. O historiador Michael Pollak afirma, com razão, que existem nas lembranças das pessoas zonas de sombra, de silêncios, de "não ditos". As fronteiras entre esses silêncios e "não ditos" e o esquecimento definitivo não são conscientes e estão em permanente deslocamento.[14]

Elisa gostava muito de ler romances, algo que atiçou sua imaginação. Mas certo tipo de leitura foi importante em sua formação. Segundo suas memórias, na época de sua juventude eram publicados folhetos sobre a Coluna Prestes-Miguel Costa, em particular sobre as estratégias militares de Luiz Carlos Prestes. Em suas palavras, "a Coluna Prestes era o assunto diário em todas as rodas da sociedade brasileira".[15]

---

[12] *Voz Operária*, Rio de Janeiro, 10 jan. 1953, p. 3.

[13] *Imprensa Popular*, Rio de Janeiro, 23 dez. 1952, p. 1.

[14] Michael Pollak, "Memória, esquecimento, silêncio", *Revista Estudos Históricos*, vol. 2, nº 3, 1989, p. 8.

[15] Arquivo Pessoal de Horieta Alzira Baptista Novais. Elisa Branco Baptista, *Memórias* [livro 2], p. 5.

Elisa tinha razão. Chamadas também de Coluna Invicta, as tropas lideradas pelo "Cavaleiro da Esperança" nunca sofreram uma derrota. Durante três anos, de 1924 a 1927, a coluna militar percorreu 24 mil quilômetros do país. Os relatos publicados comparavam a jornada da Coluna com as de Alexandre, Aníbal, Ática, Bonaparte, entre outros. Prestes, admirado pela opinião pública brasileira, era o líder dos tenentes rebeldes.[16]

Palavra de historiadora

A Coluna Prestes foi, talvez, o maior feito militar da história do Brasil e, provavelmente, a época em que Luiz Carlos Prestes realizou plenamente sua maior vocação: a de grande estrategista militar. [...] O país inteiro maravilhava-se com seus feitos e o tornou seu herói. Não houve elogios que não recebesse, não havia quem não o admirasse.

Marly de Almeida Gomes Vianna.[17]

Em suas memórias escritas em 1995, aos 83 anos, Elisa diz que existiam fascículos sobre temas históricos. Caiu-lhe nas mãos um sobre a Revolução Russa. A mãe dava-lhe dinheiro para comprar as publicações. Em sua mente infantil, ela "nutria ódio naquele rei devido o que fazia aos trabalhadores".[18] Nas páginas dos fascículos, ela ficava impressionada com o luxo dos czares enquanto o povo morria de fome. Segundo Elisa,

---

[16] Jorge Ferreira, *Prisioneiros do mito*, Rio de Janeiro/Niterói, Mauad/Eduff, 2002, p. 267.

[17] Marly Vianna, *Revolucionários de 35*, São Paulo, Companhia das Letras, 1992, p. 76.

[18] Arquivo Pessoal de Horieta Alzira Baptista Novais. Elisa Branco Baptista, *Memórias* [livro 1], p. 76.

os fascículos informavam a ela "a razão daquela revolução".[19] Em suas memórias, fica sugerido que os fascículos a influenciaram a tornar-se comunista.

Mais tarde, aos 87 anos, Elisa também procurou explicar o porquê de ter aderido ao comunismo. Ela afirma que, sem frequentar a escola, passou a ler jornais da capital do estado. Certamente foram os relatos contidos nos tais "folhetos" que a deixaram muito impressionada com as façanhas de Luiz Carlos Prestes. Daí seu interesse pela política e, com o fim da ditadura do Estado Novo, Elisa começou a simpatizar com as ideias comunistas devido à figura de Prestes, resultando na sua filiação no Partido Comunista do Brasil (PCB). Na entrevista, ela afirma: "Prestes cativava as pessoas por sua inteligência."[20]

Na entrevista que concedeu, Elisa recorreu ao trabalho da memória, retornando à sua infância e enfatizando a leitura dos textos sobre Prestes e a Coluna. Esta, segundo seu argumento, foi a motivação para a sua futura decisão de aderir ao projeto político dos comunistas. Ler "jornais da capital" ou "folhetos" e conhecer a figura do Cavaleiro da Esperança foram recursos encontrados para dar racionalidade e coerência a uma decisão que alterou os rumos de sua vida – tornar-se comunista.

NORBERTO ENTRA EM CENA

Elisa conhecia Norberto desde os 9 anos, mas começaram a namorar quando ela tinha 16,[21] enquanto ele, 23. De nacionalidade portuguesa, Norberto tinha perdido o pai ainda criança. Aos 13 anos, ele veio para

---

[19] *Ibid.*, p. 76.

[20] Fábio Bittencourt, *op. cit.*

[21] Arquivo Pessoal de Horieta Alzira Baptista Novais. Elisa Branco Baptista, *Memórias* [livro 1], p. 40.

o Brasil trabalhar com o avô, um homem muito severo, que costumava espancar a mulher. O próprio Norberto também apanhou muito dele. Seu primeiro emprego foi no Frigorífico Anglo. A empresa tinha grande peso na economia de Barretos. Em 1932, a cidade contava com 32 mil habitantes; na Anglo, estavam empregados 2 mil trabalhadores.[22]

Norberto e Elisa se conheceram e começaram um namoro difícil de ser compreendido nos dias atuais. Elisa permanecia na máquina de costura e ele ficava sentado ao seu lado. Carolina não gostava dele, mas se portava de maneira muito discreta. Mas quando a sogra ia para a cozinha, Norberto pedia a Elisa que cortasse um pedação de linha. Cada um punha o final da linha na boca e iam "comendo" a linha até as bocas se encostarem, mas sem beijar. O beijo que selou o namoro ocorreu na casa da irmã de Norberto. Os três estavam na cozinha quando a irmã foi atender ao chamado de uma vizinha. Enquanto Elisa fazia café, Norberto aproximou-se e disse: "Agora você não me escapa." Abraçando-a com força, beijou-a na boca com muita vontade. Elisa gostou, mas, pelos valores da época, sentiu-se ultrajada. Afinal, estavam a sós e, em sua concepção, ele a desrespeitou com o "atrevimento". Motivo suficiente para Norberto levar um tapa no rosto. Logo a irmã chegou e percebeu o desentendimento, mas tentou amenizar dizendo que se tratava de "briga de amor". O fato é que Elisa se arrependeu da agressão. No caminho de volta para casa, Elisa o abraçou e o namoro tornou-se sério.[23]

Até o casamento, entre o namoro e o noivado, Norberto e Elisa conviveram durante quatro anos. Mas foram quatro anos de muitas

---

[22] Célia Regina Aiélo Araújo, *Perfil dos operários do Frigorífico Anglo de Barretos – 1927-1935*, Dissertação (Mestrado em História), Campinas, Universidade Estadual de Campinas, 2002.

[23] Arquivo Pessoal de Horieta Alzira Baptista Novais. Elisa Branco Baptista, *Memórias* [livro 1], pp. 68-69.

brigas, muitas desavenças. Elisa lia romances. Certamente eram leituras idealizadas sobre relacionamentos harmoniosos. Em sua juventude, para ela, tudo aquilo era verdadeiro. Ela imaginava que sua futura vida conjugal seria como a dos personagens dos livros. Não era o que ocorria entre ela e Norberto. Ele era muito ciumento e por qualquer motivo se exaltava. Elisa também era bastante ciumenta. Segundo seu próprio relato: "E aí brigávamos, mas briga feia a quase vias de fato, mas não encontrávamos meios de arrefecer nossos gênios." Nessas horas Elisa chorava muito e Norberto não ia embora enquanto ela não se acalmasse, mas também nada dizia. Ela chorava, na verdade, receosa de que Norberto tivesse outra namorada. Ela era apaixonada por ele e tinha bastante ciúme.[24] Na época, Elisa trabalhava muito na máquina de costura. Ela se alimentava mal e começou a emagrecer.

O trabalho de Norberto no frigorífico era pesado. A juventude o ajudava na lida. Ele trabalhava na tombada das carnes. Eram mantas de carne de um boi inteiro. Elas ficavam umas em cima das outras no sol. Depois, tinham que ser viradas do outro lado, ou tombadas. Era trabalho duro e que exigia muita força física.[25]

A família de Norberto gostava muito de Elisa, ao contrário de Carolina, que não se conformava com namoro. Se os dois estavam na sala, Carolina saía para outro cômodo, o que incomodava muito Elisa. A mãe aconselhava a filha a não se casar com ele. Para ela, o sofrimento era certo porque se não havia entendimento no namoro, imagine no casamento. Uma irmã de Norberto, Anunciação, contava para Elisa que o avô deles, em Portugal, batia muito na mulher. Batia se ela falasse muito; batia se ela ficasse calada. Essa revelação deu ainda mais argumentos para Carolina: "Veja bem, minha filha, não vá se jogar nos braços de um homem

---

[24] *Ibid.*, p. 99.
[25] *Ibid.*, p. 127.

que, já se está vendo, vai fazer de você um armazém de pancadas." Elisa mesmo admite que ele tinha gênio impulsivo e "queria resolver comigo tudo na pancada". No entanto, estava apaixonada. Seu argumento era preciso: ela dizia que poderia apanhar, mas que também bateria nele.[26]

O auge dos desentendimentos e das crises de ciúmes ocorreu aos três anos de namoro, quando Elisa, acompanhada da irmã Zulmira, então com 8 anos, viajou de trem com Norberto até a cidade de Palmar para visitar a família dele e participar das festividades de *Corpus Christi* que ocorreriam na localidade. Elisa lembra que queria rezar muito para que ela e Norberto se entendessem e parassem com as brigas. Ao chegarem à cidade, Norberto falou do coronel da região, amigo do seu pai. Em certo momento ele comentou que o coronel tinha uma cunhada, professora na cidade. Bastou para que o ciúme tomasse conta de Elisa. As orações do terço não foram suficientes para aplacar a crise de ciúme. Tudo parecia girar em torno da "cunhada do coronel".[27]

Ao retornarem, Elisa e a irmã se sentaram no banco do vagão de passageiros do trem, esperando Norberto, que, na plataforma, conversava com o coronel e sua cunhada. Para Elisa, a partir daí, tudo seria motivo para ilações. Como Norberto não entrou pela frente do vagão, mas pelos fundos, o motivo era, "evidentemente", dar uma última olhada na cunhada do coronel. Elisa ficava cada vez mais transtornada. Muitos anos mais tarde, ao se lembrar do episódio, ela disse que, na época, preferia morrer a ser enganada. Seguiram viagem quando o trem, diante da subida de uma montanha, ganhou velocidade. Nesse momento, Elisa tentou suicídio, jogando-se do vagão. Zulmira começou a gritar. Norberto correu e puxou o botão de emergência para parar o

---

[26] *Ibid.*, p. 100.
[27] *Ibid.*, p. 135.

trem, mas sua força arrebentou a corda. Ele correu até outro vagão para puxar novamente o botão.[28]

Elisa saltou do vagão de um trem em movimento a 120 km por hora. O maquinista somente conseguiu parar o trem um quilômetro adiante. Norberto correu o quanto pôde, enquanto o maquinista dava marcha a ré para acompanhá-lo. Por muita sorte, Elisa caiu em cima de um formigueiro de saúvas. A terra fofa do formigueiro atenuou o choque de seu corpo com o chão. Elisa somente acordou em casa, com o corpo dolorido e luxações em uma perna e no tornozelo. Ela foi medicada e ainda recebeu a visita do maquinista do trem, que queria saber de seu estado de saúde. O maquinista não compreendia como Elisa tinha conseguido sobreviver.[29]

As brigas entre Elisa e Norberto tornaram-se obsessivas. Por vezes, os desentendimentos escalavam até agressões físicas, com Norberto chegando mesmo a dar-lhe tapas. Elisa escorava sua mão e ameaçava revidar. Ao mesmo tempo, sua mãe não admitia aquele tipo de relação, insistindo para Elisa pôr fim ao namoro. Carolina se mostrava cada vez mais grosseira com Norberto. As pressões sobre a jovem Elisa foram além de suas forças, daí a tentativa de suicídio no trem. Mas ela tentou tirar a vida outras duas vezes. Chegou a furtar o revólver do marido de sua cunhada. Por sorte Carolina encontrou a arma e, evidentemente, culpou Norberto pelo desespero da filha.[30]

Elisa continuava a ler muitos romances. Costumava ficar até três da manhã lendo com a lamparina acesa. A mãe ficava aborrecida porque gastava muito querosene. "O pior", lembra Elisa, "era que, conforme eu lia os romances, eu queria que a minha vida fosse igual. Não era.

[28] *Ibid.*, pp. 136-138.
[29] *Ibid.*, pp. 138-139.
[30] *Ibid.*, pp. 145-146.

Então caía em desespero, chorava." Muitos anos depois, a própria Elisa reconheceu que necessitava de tratamento psicológico. "Por qualquer coisa era motivo de chegarmos quase à agressão física", lembra Elisa. "Ele era bruto e eu não conseguia me desligar daquele namoro suicida. O Norberto, na hora da nossa briga, era um demônio, só queria me bater, depois fazíamos as pazes e não ficávamos muito tempo de bem, não conseguíamos viver a alegria das pazes." Elisa imaginava como seria viver com Norberto, "com um gênio tão violento", que somente queria "resolver tudo na brutalidade", mas que depois se arrependia e "chorava como criança".[31]

A relação violenta entre eles resultava da própria experiência de vida de ambos até então. Norberto era um homem correto, dedicado ao trabalho, e gostava sinceramente de Elisa. Mas tinha crescido sofrendo violências físicas e psicológicas, tanto da família em Portugal, quanto do avô no Brasil. Ele chegou a levar uma surra do avô às vésperas do casamento.[32] Elisa também apanhava da mãe. Embora muito dedicada à filha, Carolina seguia a prática, comum na época, de "educar" os filhos com surras. Era comum a mãe "puxar os cabelos" da filha como punição, algo que causava dor. Elisa também apanhava dos irmãos.[33]

O histórico de violências físicas e psicológicas que ambos sofreram na infância resultou em adultos com comportamentos agressivos e impulsivos. Eram incapazes de lidar com contrariedades ou sentimentos como raiva e ciúme e ainda sofriam com problemas de ansiedade.

Era uma história que se repetia: o amor excessivo entre Elisa e Norberto provocava ciúmes e desentendimentos, resultando, algumas vezes,

---

[31] *Idem*, *Memórias* [livro 2], pp. 69, 82 e 104.

[32] Museu da Pessoa, entrevista concedida por Horieta Alzira Baptista Novais em 27 nov. 2003.

[33] Arquivo Pessoal de Horieta Alzira Baptista Novais. Elisa Branco Baptista, *Memórias* [livro 1], p. 61.

em agressões físicas. Das brigas, diz Elisa, o melhor era fazer as pazes. Enquanto isso, Carolina se desesperava e alimentava raiva de Norberto. Por fim, ela mesma entregou os pontos: decidiu que eles deveriam se casar. Carolina não aguentava mais as brigas da filha com Norberto e tomou a decisão de acelerar o casamento entre eles.[34]

Na época, Norberto dormia na casa da irmã, mas o almoço era enviado para ele por Carolina, que cobrava pelo serviço. Carolina abriu mão do pagamento e orientou Elisa a juntar dinheiro para o casamento. Como eles não conseguiriam alugar uma residência, Carolina ofereceu um espaço da própria casa. Chamou Norberto e determinou que ele arrumasse um cômodo onde eram guardados mantimentos e lenha. Ali seria o quarto deles.[35]

VIDA DE CASADA

Em 1932, com quase 20 anos, Elisa se casou com Norberto. Mas não houve cerimônia religiosa, embora, na época, eles fossem católicos. Elisa alegou falta de dinheiro. Segundo suas lembranças, com o casamento "as brigas pararam um pouco", mas de vez em quando "o pau quebrava, porque o Norberto ficava nervoso e queria me bater, eu então o enfrentava". Ela não aceitava apanhar dele. Mas no dia seguinte estavam de bem, como se nada tivesse ocorrido na véspera.[36]

Foi naquele ano, segundo depoimento de Horieta ao Museu da Pessoa, que Elisa entrou para o PCB. Norberto, também, mas com muita discrição. Afinal, ele era estrangeiro e, caso fosse processado, poderia ser deportado.[37]

---

[34] *Idem*, *Memórias* [livro 2], pp. 145-146.

[35] *Ibid.*, pp. 132-133.

[36] *Idem*, *Memórias* [livro 1], p. 37, e [livro 2], p. 133.

[37] Museu da Pessoa, entrevista concedida por Horieta Alzira Baptista Novais em 27 nov. 2003.

Segundo Elisa, nove meses "menos um dia" após o casamento, nasceu a primeira filha, Florita, motivo de alegria para o casal e, sobretudo, para Carolina, com sua primeira neta.[38] Mais dois anos, e veio a segunda filha, Horieta, em 1935. Elisa batizou ambas. A atitude não foi espontânea. Por ela, não haveria batismo. Os batizados ocorreram por ameaça de sua sogra. Se Elisa não as batizasse, a sogra levaria as meninas na igreja sem a mãe saber.[39]

Elisa viveu situações dramáticas. Seus irmãos se alistaram nas tropas paulistas que lutariam contra o governo Vargas na guerra civil que eclodiu em 9 de julho de 1932. Eles sobreviveram aos combates, mas retornaram abatidos e muito magros. Ainda durante o conflito armado, soldados que viajavam de trem, alcoolizados, deram tiros a esmo. Embora grávida de Florita, Elisa correu para a estação porque lhe disseram que Norberto havia sido baleado. Não era o caso. Ela encontrou, sim, um soldado bastante ferido pelos tiros, e o arrastou até uma casa próxima, salvando a vida do rapaz.[40]

Novos problemas surgiram para o casal quando Norberto foi demitido do Frigorífico Anglo. Ele era chefe de seção com quatro operários e reivindicou aumento salarial. Desempregado, soube por amigos que na cidade de Bebedouro havia uma fábrica de vagões e necessitavam de operários para arrebitar parafusos.[41] A cidade ficava a 50 quilômetros de Barretos. Sem alternativas, Elisa acompanhou Norberto com as filhas ainda pequenas.

---

[38] Arquivo Pessoal de Horieta Alzira Baptista Novais. Elisa Branco Baptista, *Memórias* [livro 1], p. 99.

[39] *Ibid.*, p. 37.

[40] *Voz Operária*, Rio de Janeiro, 10 jan. 1953, p. 3.

[41] Arquivo Pessoal de Horieta Alzira Baptista Novais. Elisa Branco Baptista, *Memórias* [livro 2], p. 40.

Palavra de historiadora

As formas de protestos dos trabalhadores, independente do sexo, no frigorífico Anglo de Barretos representavam uma contestação à situação em que se encontravam, bem como, estratégias de resistência e luta. São as mais comuns: os furtos, motivos pelos quais eram demitidos, mas nem por isso impedidos de retornar depois de algum tempo, as brigas internas com os capatazes ou com companheiros de trabalho, as desobediências e as greves.

Célia Regina Aiélo Araújo[42]

Segundo depoimento de Elisa, Bebedouro era cercada por fazendas. As famílias dos fazendeiros moravam na pequena cidade. Embora com boa situação financeira, as mulheres e filhas dos fazendeiros pagavam uma miséria para as costureiras. Sem alternativa, Elisa era obrigada a se sujeitar àquela exploração, o que a deixava revoltada. Tudo era diferente de Barretos, onde ganhava bem. Norberto, por sua vez, retornava exausto do trabalho todos os dias. A máquina de arrebitar parafusos exigia grande esforço físico. Além disso, a empresa proibia que os operários levassem marmitas para o almoço. Norberto tinha que ir para casa almoçar e retornar à fábrica, o que o deixava ainda mais cansado.[43]

Em Bebedouro, a casa de Elisa era frequentada por camaradas do PCB. A cidade era entroncamento da ferrovia que passava pela cidade de Olímpia, em São Paulo, e seguia para Goiás, o que facilitava a chegada e saída de militantes. Comunistas vinham da cidade de São Paulo

[42] Célia Regina Aiélo Araújo, *op. cit.*, p. 94.

[43] Arquivo Pessoal de Horieta Alzira Baptista Novais. Elisa Branco Baptista, *Memórias* [livro 2], pp. 40-41.

para atuar em Bebedouro, Barretos e Jaboticabal. Elisa e Norberto davam apoio logístico a eles. O dono da padaria no centro da cidade, Valentim Goulart, era integrante do partido, e os encontros dos militantes ocorriam nos fundos do estabelecimento. Desde que chegara a Barretos, Elisa nunca pagou o pão entregue em sua porta todas as manhãs. Na verdade, Elisa e Norberto ganhavam pouco e os camaradas do partido ajudavam financeiramente o casal.[44]

O quadro piorou quando Elisa ficou muito adoentada com reumatismo. A situação financeira tornou-se crítica com a incapacidade de Elisa para o trabalho. Carolina passou a ir a Bebedouro semanalmente levando mantimentos. Elisa ficou sobre sua cama durante três meses, sem capacidade para se levantar. Muito magra, fraca e desnutrida, necessitou de outros seis meses para voltar a andar. Ela recebeu tratamento de Antonio Chicarelle, na época conhecido como "médico prático". Sem formação em medicina, pessoas como ele atuavam no diagnóstico de doenças e receitavam medicamentos com base na experiência de vida. Na primeira consulta, ele constatou que Elisa estava paralisada, não conseguia movimentar qualquer parte do corpo. O primeiro medicamento foi purgante. Segundo o diagnóstico de Chicarelle, Elisa tivera um aborto e o purgante teria efeito de "limpeza" do corpo. Depois, uma série de injeções. Dez dias se passaram e ela voltou a se alimentar. Não se sabe exatamente qual o problema que Elisa teve. Ela mesma diz que foi infecção devido a um aborto. Também não se sabe quais medicamentos foram receitados. O resultado foi que ela se recuperou, embora tenham sido necessários seis meses para se levantar da cama.[45]

Depois de três anos morando em Bebedouro, eles retornaram a Barretos.

---

[44] Arquivo Pessoal de Horieta Alzira Baptista Novais. Elisa Branco Baptista, *Memórias* [livro 1], pp. 187-188.

[45] Arquivo Pessoal de Horieta Alzira Baptista Novais. Elisa Branco Baptista, *Memórias* [livro 2], pp. 31-43.

2. TORNANDO-SE COMUNISTA

Em fins de fevereiro de 1945, a ditadura do Estado Novo, chefiada por Getúlio Vargas, não tinha mais capacidade de sustentação política. A partir daí, até dezembro daquele ano, o país viveu a transição democrática. Surgiram partidos políticos, entre eles, o Partido Social Democrático (PSD), o Partido Trabalhista Brasileiro (PTB) e a União Democrática Nacional (UDN). Com a anistia, em 18 de abril, todos os presos políticos foram libertados, inclusive Luiz Carlos Prestes.

Em outubro de 1945, o PCB obteve o registro legal. Como muitas outras pessoas, Elisa entrou no partido pelo fascínio e encantamento que tinha por Prestes. Ela mesma afirmou: "Eu era nesta época mais prestista do que comunista."[1] Naquele momento, eram comuns filiações ao PCB não tanto pela ideologia comunista, mas devido à profunda admiração por Prestes.

Nos anos 1940, o Partido Comunista estimulou a associação de sua própria história com a de Prestes. Na interpretação da historiadora Dulce Pandolfi, "para uma parcela da população brasileira, o PCB fi-

---

[1] *Inverta*, São Paulo, 15 a 21 de março de 2000, p. 5.

cou conhecido como 'o partido de Prestes'".[2] Esse foi o caso de Elisa. Além disso, com o final da Segunda Guerra, os partidos comunistas na Europa tornaram-se maioria entre as esquerdas, estando à frente dos movimentos de trabalhadores.[3] Eram tempos eufóricos devido à vitória dos Aliados sobre as forças fascistas e nazista. Vale acrescentar que a União Soviética tinha grande prestígio internacional, sobretudo pelo esforço do Exército Vermelho na derrota da Alemanha nazista.

Elisa Branco, Norberto e as filhas deixaram Bebedouro e retornaram a Barretos. Moraram em uma casa próxima a um riacho. No quintal, Norberto exercia sua nova profissão: ferreiro. Ele ferrava as rodas das carroças, como também lidava com as ferraduras dos cavalos. Norberto era um homem muito esforçado. Até os 13 anos, fora analfabeto. Mesmo lendo muito mal, decidiu fazer um curso de técnico de rádio por correspondência. Nessa época, eram comuns os cursos profissionalizantes a distância. Assim, durante o dia, ele trabalhava como ferreiro e, à noite, ia para a oficina de um amigo técnico em rádio. Com ele, Norberto aprendia na prática a lidar com o conserto dos aparelhos.[4]

Em 1945, aos 33 anos, Elisa fez campanha para a legalização do PCB. Na praça principal de Barretos, junto com Horieta, na época com 10 anos, Elisa distribuía panfletos e colhia assinaturas para a legalização do partido. Certo dia, policiais decidiram prender Elisa. Ela enfrentou aqueles homens, chegando a morder um deles, arrancando pedaço da carne do dedo.[5]

---

[2] Dulce Pandolfi, *Camaradas e companheiros. História e memória do PCB*, Rio de Janeiro, Relume-Dumará, 1995, p. 128.

[3] Fernando Teixeira da Silva; Marco Aurélio Santana, "O equilibrista e a política: o 'Partido da Classe Operária' (PCB) na democratização (1945-1964)", in: Jorge Ferreira; Daniel Aarão Reis (orgs.), *Nacionalismo e reformismo radical (1945-1964)*, Rio de Janeiro, Civilização Brasileira, 2007, p. 104. (Coleção As Esquerdas no Brasil, vol. 2).

[4] Museu da Pessoa, entrevista concedida por Horieta Alzira Baptista Novais em 27 nov. 2003.

[5] *Idem.*

Elisa usava da violência contra as violências que sofria. Mas também era uma estratégia de autodefesa. A orientação era não se deixar levar sem resistência. Era necessário gritar, denunciar, discursar, chamando a atenção das pessoas para o que ocorria. Elisa utilizou esse estratagema diversas vezes, a ponto de alguns policiais do DOPS se recusarem a prendê-la, devido aos "escândalos".

Ainda em 1945, ela ingressou no Departamento Feminino do PCB e, no ano seguinte, tornou-se vice-presidente. Atuou no cargo de secretária do Comitê Municipal do partido, integrou o Comitê Popular Democrático do bairro onde morava, chefiou a célula Leocádia Prestes e participou ativamente do processo eleitoral de dezembro daquele ano, que escolheria o presidente da República.[6]

Elisa iniciou suas atividades na militância em época muito favorável aos comunistas. A começar porque o partido tinha atuação legal e o prestígio da União Soviética era reconhecido mundialmente pelo esforço do Exército Vermelho na derrocada do exército alemão. Além disso, a direção do PCB assumiu linha política bastante moderada. Defendia a "união nacional", convocando os "patriotas" para superar os problemas do país por "meios pacíficos" e na luta contra o "fascismo". O sociólogo Leôncio Martins Rodrigues afirma que o partido tomou linha muito prudente, evitando críticas ao "capitalismo nacional". O objetivo era o desenvolvimento econômico apoiando o que chamavam de "burguesia nacionalista" ou "progressista", diante da concorrência das empresas

---

[6] Fundação Maurício Grabois, "A comunista que evitou uma guerra para os brasileiros" [notícia], 11 mai. 2011, disponível em: <www.grabois.org.br/cdm/noticias/143600/2011-05-11/a-comunista-que-evitou-uma-guerra-para-os-brasileiros>, acesso em: 19 fev. 2020; Projeto Integrado, Arquivo Público do Estado e Universidade de São Paulo, 2007, Documentos em destaque. "Elisa Branco, a heroína da paz!" Disponível em: <www.usp.br/proin/inventario/destaques.php?idDestaque=7>. Acesso em: 21 fev. 2020.

estrangeiras.[7] O partido era contra greves, pois isso prejudicaria as indústrias nacionais, e apoiava o governo federal – Getúlio Vargas, em 1945, e Eurico Dutra, a partir de 1946. O socialismo era projeto para o futuro.

Linha política do PCB

Discurso de Luiz Carlos Prestes no estádio do Pacaembu em São Paulo (15 de julho de 1945)

A União Nacional é necessária e indispensável ao progresso do país. A União Nacional é [...] a grande aspiração das massas trabalhadoras. E não são poucas nos últimos tempos as manifestações de homens de prestígio, dirigentes muitos deles das mais conhecidas e tradicionais associações patronais, reconhecendo a necessidade da União Nacional como único caminho acertado através do qual poderemos resolver os graves problemas da economia nacional, entre eles o fundamental do "pauperismo", da elevação ponderável e rápida do standard de vida das grandes massas trabalhadoras. [...] Lutamos e lutaremos pela União Nacional e estaremos por isso dispostos a marchar com todos os democratas e antifascistas que aceitem um programa mínimo capaz de assegurar o progresso do Brasil e o bem-estar de nosso povo.[8]

7 Leôncio Martins Rodrigues, "O PCB: os dirigentes e a organização", in: Boris Fausto (org.), *História Geral da Civilização Brasileira: o Brasil Republicano. Sociedade e política (1930-1964)*, São Paulo, Difel, vol. 3, 1983, pp. 409-410.

8 Luiz Carlos Prestes, *Problemas atuais da democracia*, Editorial Vitória, 1947, pp. 95-119. Disponível em: <www.marxists.org/portugues/prestes/1945/07/15.htm>. Acesso em: 20 fev. 2020.

Naquele momento, no entanto, os agentes do DOPS já estavam vigiando Elisa. Em novembro de 1945, a Delegacia Regional de Polícia de Barretos informou que ela era comunista e atuava na célula Leocádia Prestes. Em novembro de 1946, a polícia anotou notícia publicada no jornal *Hoje*, alinhado com o Partido Comunista, de que Elisa atuou na reestruturação do Comitê Municipal do PCB visando o trabalho eleitoral.[9] A partir daí o DOPS passou a vigiá-la de perto.

Elisa escreve nas memórias

Em Barretos, naquela época, só havia escola primária. O que eu sei devo grande parte ao meu partido. Porque ser comunista é ter o saber. O Partido nos ensina e nos dá o saber porque não é uma doutrina vazia [...].[10]

GUERRA FRIA E GUERRA QUENTE

Em 1945, a Guerra Fria ainda não tinha eclodido, mas o conflito assombrava o contexto internacional. Ao final da Segunda Guerra, os governos dos Estados Unidos, do Reino Unido e da União Soviética estabeleceram vários acordos na Conferência de Ialta, em fevereiro daquele ano. No encontro, Roosevelt, Churchill e Stalin concordaram que os países do Leste Europeu, como Hungria, Bulgária, Romênia, Polônia

[9] Arquivo Pessoal de Horieta Alzira Baptista Novais. Elisa Branco Baptista, *Processo político* [livro 1], s/p, não publicado. "Serviço de Informações (reservado)", São Paulo, sem data, Arquivo Público do Estado de São Paulo, Acervo Deops/SP.

[10] Arquivo Pessoal de Horieta Alzira Baptista Novais. Elisa Branco Baptista, *Memórias* [livro 2], p. 17, não publicado.

e Tchecoslováquia não deveriam ter governos hostis à União Soviética. Não se tratava de uma "partilha do mundo", mas do estabelecimento de "áreas de influência".

Embora o governo soviético cumprisse sua parte nos acordos, os líderes dos Estados Unidos e do Reino Unido, mais adiante, demonstraram insatisfações e tentaram rever os compromissos.[11] Na verdade, não estavam mais dispostos a cumprir o que havia sido combinado. Mas, Stalin, sim. As desconfianças iniciais resultaram na formação de dois blocos antagônicos – o capitalista e o comunista.

Para surpresa de Elisa Branco e seus companheiros do PCB, em março de 1947, o presidente dos Estados Unidos, Harry Truman, proferiu discurso que, posteriormente, foi considerado o marco inicial da Guerra Fria. Ele declarou que os Estados Unidos eram os líderes do mundo democrático e livre, enquanto a União Soviética estava à frente da tirania comunista que visava a se expandir internacionalmente. Em setembro de 1947, os soviéticos revidaram com o Relatório Jdanov, invertendo os sinais: a União Soviética defendia a liberdade, enquanto os Estado Unidos objetivavam uma nova guerra. O problema para os soviéticos é que Truman possuía bombas atômicas, enquanto a União Soviética dispunha tão somente de armas convencionais.[12]

Outra guerra não seria como as anteriores, mas seria travada com armas de poder destrutivo nunca visto até então. Os Estados Unidos detonaram sua primeira bomba atômica em julho de 1945, no estado do Novo México. Foi o primeiro teste com esse tipo de dispositivo.

---

[11] Paulo G. Fagundes Visentini; Analúcia D. Pereira, *História do mundo contemporâneo. Da Pax Britânica do século XVIII ao Choque das Civilizações do século XXI*, Petrópolis, Editora Vozes, 2008, pp. 153-155.

[12] Serge Berstein; Pierre Milza (dir.), *História do século XX: 1945-1973. O mundo entre a guerra e a paz*. São Paulo, Companhia Editora Nacional, 2007, vol. 2.

No mês seguinte, em agosto, bombas atômicas foram detonadas em duas cidades japonesas: Hiroshima e Nagasaki. A seguir, o governo dos Estados Unidos continuou a produzir novos artefatos atômicos. A União Soviética se esforçava para desenvolver seu programa nuclear, mas somente explodiu a sua primeira bomba em 1949. Os norte-americanos, no entanto, continuavam na dianteira. O complexo industrial militar estadunidense, naquele momento, preparava outro invento milhares de vezes mais potente que aquele jogado no Japão: a bomba de hidrogênio. Naquele momento, virada dos anos 1940 para 1950, os Estados Unidos estavam à frente na produção de armas nucleares e a União Soviética estava praticamente sem condições de enfrentar uma guerra nesses moldes.

Palavra de historiador

A Segunda Guerra Mundial mal terminara quando a humanidade mergulhou no que se pode encarar, razoavelmente, como uma Terceira Guerra Mundial, embora uma guerra muito peculiar. [...] A Guerra Fria entre EUA e URSS, que dominou o cenário internacional na segunda metade do Breve Século XX, foi sem dúvida um desses episódios. Gerações inteiras se criaram à sombra de batalhas nucleares globais que, acreditava-se firmemente, podiam estourar a qualquer momento, e devastar a humanidade.

Eric Hobsbawm [13]

[13] Eric Hobsbawm, *Era dos extremos. O breve século XX – 1914-1991*, São Paulo, Companhia das Letras, 1995, p. 224.

NA LUTA EM BARRETOS

Elisa Branco atuou intensamente na militância em Barretos, sempre vigiada pelo DOPS. Seis dias antes de o presidente dos Estados Unidos, Harry Truman, discursar no Congresso de seu país dando início às hostilidades para com o bloco soviético, Elisa escreveu uma carta aos dirigentes comunistas locais, datada de 6 de março de 1947. Não se sabe como ocorreu, mas a carta foi interceptada por agentes do DOPS. O texto informava como foram os comícios em Alto Alegre, no dia 2 de março. "A minha tarefa quando saí daqui", escreveu Elisa, "era falar num comício de camponeses", na companhia de outros camaradas. Um deles discursou muito emocionado, convidando todos "a cerrar fileiras no Partido que só defende os roceiros. O comício correu tudo bem e os camponeses ouviram com atenção e [chegaram a] interromper o orador para dizer que o que dizia acontecia com ele". Elisa e os companheiros falaram para cerca de cem camponeses.[14]

DOPS de olho em Elisa

Relatório reservado da Delegacia Regional de Polícia de Barretos de 8 de fevereiro de 1947

Nesta Região Policial, após a promulgação da Constituição, observou-se um forte impulso e incremento nas atividades do Partido Comunista Brasileiro. Antes da promulgação da Constituição, o Partido Comunista estava proibido de fazer comícios e reuniões, pelo que as suas atividades reduziam-se a reuniões nas sedes de seus

[14] Arquivo Pessoal de Horieta Alzira Baptista Novais. Elisa Branco Baptista, *Processo político* [livro 1], s/p. "Informe dos comícios em Alto Alegre e Aurora – dia 2 de março de 1947", São Paulo, 1947, Arquivo do Estado de São Paulo, Acervo Deops/SP.

> Comitês. Após, porém, a promulgação da Constituição, sendo-lhe concedida liberdade de ação, intensificaram a sua propaganda. Obtiveram, assim, grande impulso no seu quadro eleitoral. Assim é que em toda Região, foram feitos 8 (oito) comícios, sendo 5 (cinco) nesta cidade de Barretos.[15]

Os comunistas brasileiros, entre eles Elisa, foram atingidos diretamente pelo conflituoso contexto internacional iniciado com a Guerra Fria. O presidente Eurico Dutra alinhou o Brasil de maneira incondicional à política externa dos Estados Unidos e, em 1947, rompeu relações diplomáticas com a União Soviética. Em maio daquele ano, o Tribunal Superior Eleitoral (TSE) cassou o registro eleitoral do PCB, tornando a sigla ilegal. Em janeiro do ano seguinte, a Câmara dos Deputados extinguiu os mandatos dos parlamentares comunistas eleitos.

De repente, Elisa Branco ficou sem oportunidades de atuar na vida política de Barretos. Ao mesmo tempo, aos 35 anos, ela não encontrava chances profissionais na pequena cidade. Segundo suas palavras, "como em Barretos não tinha nada para a mulher trabalhar, na época ela só poderia ser dona de casa".[16] A alternativa era mudarem-se para a cidade de São Paulo.[17] Além disso, não queria que as filhas fossem costureiras como ela. Queria algo melhor para as meninas. Há de considerar, ainda, que possivelmente a direção partidária decidiu que ela deveria morar

[15] Arquivo Pessoal de Horieta Alzira Baptista Novais. Elisa Branco Baptista, *Processo político* [livro 3], s/p. "Relatório (reservado)", São Paulo, 1947, Arquivo Público do Estado de São Paulo, Acervo Deops/SP.

[16] *Inverta*, São Paulo, 15 a 21 de março de 2000, p. 5.

[17] *Ibid.*

na maior cidade do Brasil.[18] Ela teve que enfrentar a contrariedade de Norberto, que não queria sair de Barretos.

Elisa continuava sendo vigiada pelo DOPS. No dia 1º de abril de 1948, a Superintendência de Segurança Política e Social comunicou que o órgão recebia constantemente informações sobre a mudança de residência de comunistas do interior para outras localidades, inclusive para a capital do estado, São Paulo. Na lista de nomes, constava o de Elisa Branco Baptista, "de Barretos para esta Capital". Elisa continuava visada pela polícia política.[19]

No mês seguinte, um investigador do DOPS foi enviado para Barretos a mando do delegado especializado de Ordem Social. No relatório, ele afirma que a cidade é sede de grande frigorífico, "campo magnífico para a agitação comunista". Ele identificou as células do Partido Comunista na cidade, com o nome, endereço, profissão e local de trabalho de todos os militantes. Em relato pormenorizado, o investigador cita que integravam a célula Leocádia Prestes 23 militantes comunistas, entre eles Elisa Branco e Norberto Baptista. Mas relatou, também, que ambos tinham se mudado para a cidade de São Paulo.[20]

NA LUTA EM SÃO PAULO

Elisa foi primeiro sozinha para a capital do estado. Seu objetivo era estabelecer a família. A casa de Barretos foi vendida, com a concordância da mãe e dos irmãos. Com o dinheiro da venda, ela comprou uma

---

[18] Museu da Pessoa, entrevista concedida por Horieta Alzira Baptista Novais em 27 nov. 2003.

[19] Arquivo Pessoal de Horieta Alzira Baptista Novais. Elisa Branco Baptista, *Processo político* [livro 1], s/p. "Informação", São Paulo, 1948, Arquivo Público do Estado de São Paulo, Acervo Deops/SP.

[20] Arquivo Pessoal de Horieta Alzira Baptista Novais. Elisa Branco Baptista, *Processo político* [livro 1], s/p. "Secretaria da Segurança Pública, Departamento de Ordem Política e Social", São Paulo, 1950, Arquivo Público do Estado de São Paulo, Acervo Deops/SP.

casa de vila na rua Artur Godói, no bairro de Vila Mariana.[21] Também arrumou emprego para Norberto como técnico de rádio na loja Luz e Som, na avenida Rodrigues Alves. Em 1948, Elisa e a família começaram uma vida nova.

À procura de emprego, Elisa se lembrou de um amigo de Barretos, na época secretário do governo de Ademar de Barros. Após a entrevista com um assessor dele, soube que foi aprovada para um cargo no Hospital do Câncer. Durante vários anos, ela fazia cobrança de pessoas que se voluntariaram a ajudar, com dinheiro, o trabalho do hospital. Ao mesmo tempo, trabalhava na Sociedade de Proteção aos Inquilinos. A organização ajudava os inquilinos diante da alta constante dos aluguéis residenciais.[22] Mas foi na máquina de costura que ela passou a ganhar o sustento na nova cidade.

Norberto continuou seus estudos de eletrônica, tornando-se, também por correspondência, técnico em televisão. Algo promissor para a época. Com o tempo, sua oficina de rádio e TV tornou-se muito conhecida em Vila Mariana.[23]

As meninas também foram trabalhar, mas continuaram os estudos. Horieta, nessa época, participava do PCB como membro da União da Juventude Comunista (UJC), setor do partido voltado para as atividades de jovens. Ela tornou-se o que, no jargão partidário, é conhecido como "estudante profissional". Frequentava a escola mais para militar do que para estudar. Em 1949, participou do I Congresso da União Paulista de Estudantes Secundaristas. Horieta atuou muito junto de Elisa.[24]

---

[21] Optei por omitir o número da rua e o da casa, evitando, assim, possíveis abordagens inconvenientes aos atuais moradores, considerando que a vila ainda existe.

[22] Arquivo Pessoal de Horieta Alzira Baptista Novais. Elisa Branco Baptista, *Memórias* [livro 2], p. 123.

[23] Museu da Pessoa, entrevista concedida por Horieta Alzira Baptista Novais em 27 nov. 2003.

[24] *Idem.*

A vida familiar era difícil. Elisa e Norberto não abandonaram a prática de brigar por coisas pequenas. As discussões em tom exaltado e as ameaças de agressões físicas perturbavam a vida das filhas. Segundo Horieta, "as brigas entre meu pai e minha mãe era uma coisa louca", algo muito marcante para elas. Horieta chorava e se metia nas brigas, conseguindo extravasar a ansiedade, ao contrário de Florita, que ficava em silêncio, mas revoltada com tudo aquilo. No entanto, Horieta observou que, em São Paulo, a militância dos pais no PCB – sobretudo o engajamento de Elisa – melhorou a relação conjugal. Com o tempo, as brigas cotidianas diminuíram muito.[25]

Mesmo com o partido na ilegalidade, Elisa continuou na militância do PCB e atuou ativamente na Federação das Mulheres do Estado de São Paulo (FMESP), primeiro na Secretaria de Finanças e mais tarde como sua presidente de honra. A Federação era uma entidade civil que agregava diversos grupos de esquerda sob a influência do PCB. Era espaço de debate de problemas vividos pelas mulheres paulistas, como a carestia, a jornada de trabalho, a educação e saúde pública, a participação na vida política, entre outras questões.[26]

A atuação da FMESP estava voltada para a defesa dos direitos das mulheres e das crianças, participando ainda dos movimentos pela paz mundial. O estatuto era amplo, o que facilitava a luta das associadas na reivindicação de melhorias para os bairros da periferia da cidade, como calçamento das ruas, água encanada e instalação de luz elétrica. Por vezes, elas levavam vereadores a esses bairros para eles presenciarem as péssimas condições de vida da população. Elisa cita o caso da Vila

---

[25] Museu da Pessoa, entrevista concedida por Horieta Alzira Baptista Novais em 27 nov. 2003.

[26] Marcela Cristina de Oliveira Morente, *Invadindo o mundo público. Movimento de Mulheres (1945-1964)*, São Paulo, Faculdade de Filosofia, Letras e Ciências Humanas da Universidade de São Paulo, 2015, Dissertação (Mestrado em História), p. 29.

Carioca, no Ipiranga, onde faltava tudo. As mulheres da Federação, junto das mulheres moradoras e com o apoio do padre Mário, da igreja local, conseguiram melhorar enormemente a infraestrutura do bairro.[27]

Elisa escreve nas memórias

Nós na Federação ensinávamos que ela [a mulher] é que respondia pelo seu lar. Pois para [os homens] serem os responsáveis igualmente pelos seus lares. Assim conseguíamos que seus maridos nos admirassem e eram nossos amigos, iam em nossas festinhas, aniversários e nos ajudavam quando havia um trabalho mais pesado. Nunca me esquecerei o que fez a Federação para ajudar as mulheres a se comportar com seus maridos, que começaram a entender que suas mulheres não eram escravas, mas sim aquela companheira, esposa que estava ao seu lado em todas as horas, mas também exigiam que seus maridos as respeitassem em todos os seus direitos e elas também os respeitassem em todos os sentidos. Era uma organização onde se educavam como verdadeiras donas de casa, e assim como sabemos que o homem que tem uma mulher educada nos princípios dos seus direitos e dos seus deveres, não há homem que tenha coragem de renegá-la e a felicidade vai reinar em seu lar. [...] Não são mais machões e já reconhecem que se elas precisam deles, eles também precisam delas. Então é uma troca de amor e amizade gratificante para toda a vida.[28]

---

[27] Arquivo Pessoal de Horieta Alzira Baptista Novais. Elisa Branco Baptista, *Memórias* [livro 2], pp. 24-25.
[28] *Ibid.*, pp. 80-81.

Elisa também assumiu a vice-presidência do Movimento Brasileiro dos Partidários da Paz. Uma de suas tarefas era ficar em uma mesa na praça do Patriarca com o objetivo de recolher assinaturas em listas de abaixo-assinados a favor da paz mundial e do desarmamento nuclear.[29]

O grupo dirigente da União Soviética, sob a liderança de Stalin, promoveu, a partir de 1947, uma nova "linha geral", conhecida como Movimento pela Paz, logo divulgada para todos os partidos comunistas. Segundo o historiador Jayme Ribeiro, o objetivo dos soviéticos era formar ampla frente contra os Estados Unidos, visando um novo arranjo mundial que fosse satisfatório à União Soviética no contexto da Guerra Fria. Congressos foram realizados em Paris e Praga e, em 1950, surgiu a Campanha pela Proibição das Armas Atômicas, também conhecida como Apelo de Estocolmo. O objetivo dos partidos comunistas de todos os países era recolher milhões de assinaturas em abaixo-assinados para encaminhá-los à Organização das Nações Unidas (ONU) exigindo a destruição de todas as armas nucleares. Apesar do protagonismo dos comunistas, Jayme Ribeiro ressalta que "as campanhas pela paz não foram inventadas pela URSS, mas, sim, foram aproveitadas por ela, já que traduziam os anseios de milhões de pessoas em todo o mundo".[30] Além disso, diversas personalidades e vários intelectuais de renome, e que não tinham vínculos com o movimento comunista, participaram da mobilização.

Em São Paulo, Elisa continuou atuando na Federação das Mulheres e nas campanhas pela paz. Segundo documentação do DOPS, ela foi

---

[29] Projeto Integrado. Arquivo Público do Estado e Universidade de São Paulo. 2007. Documentos em destaque. "Elisa Branco, a heroína da paz!" Disponível em: <www.usp.br/proin/inventario/destaques.php?idDestaque=7>. Acesso em: 21 fev. 2020.

[30] Jayme Fernandes Ribeiro, *Combatentes da Paz. Os comunistas brasileiros e as campanhas pacifistas dos anos 1950*, Rio de Janeiro, 7 Letras/Faperj, 2011, pp. 21 e 79.

presa pela primeira vez em 7 de setembro de 1949. Panfletos distribuídos à população chamaram a atenção dos policiais. Tratava-se de convocatória para a instalação do I Congresso dos Trabalhadores Têxteis do Estado de São Paulo. No endereço, rua Caetano Pinto, também ficava a sede do Centro de Estudos do Petróleo. Além da chamada para o Congresso, havia no panfleto duas palavras de ordem: "Por aumento geral de salários" e "Pela paz". Diversas pessoas foram detidas, entre elas Elisa Branco.[31]

De acordo com artigo no jornal *Voz Operária*, Elisa chegou à sede da Federação acompanhada da líder feminista Alice Tibiriçá e de uma das dirigentes da organização, Francisca Martinez. Elas foram recebidas por dezenas de filiadas, mas, de maneira surpreendente, todas foram cercadas por policiais. Algumas mulheres foram presas, como Elisa Branco. Ela mesma relata as violências que sofreu: "Fui atacada por seis policiais aos murros e pontapés, arrastada pelos cabelos e pisada no meio da rua. Reagi como pude, a unha e dentes, pois vi que lutava contra verdadeiros monstros." Em certo momento, Elisa se deu conta de que passava por situação de grande perigo: "Houve um momento em que acreditei que seria assassinada. Quando me jogaram dentro do automóvel da polícia, dois dos espancadores sentaram-se sobre meu corpo e foi assim que cheguei ao DOPS, onde encontrei dona Alice Tibiriçá e Francisca Martinez." Ainda segundo relato contido no jornal *Voz Operária*, Francisca foi espancada. Ao final, Elisa, Alice e Francisca ficaram detidas durante três dias no presídio São Roque e depois liberadas.[32]

---

[31] Arquivo Pessoal de Horieta Alzira Baptista Novais. Elisa Branco Baptista, *Processo político* [livro 3], s/p. "Comunicado da Chefia, 635", São Paulo, 1949, Arquivo Público do Estado de São Paulo, Acervo Deops/SP.

[32] *Voz Operária*, Rio de Janeiro, 8 out. 1949, p. 11.

Dias mais tarde, Elisa foi convocada para comparecer ao DOPS para a "legitimação". Tratava-se de prática policial baseada no antigo Decreto Estadual nº 4.405-A/1928. O decreto dava ao delegado de polícia a prerrogativa de convocar pessoas a comparecer à delegacia para verificar sua identidade, mediante coleta de impressão digital. O motivo era suspeita de ter cometido crime ou que tivesse a intenção de cometê-lo. Elisa Branco foi convocada para comparecer ao Serviço de Identificação do Departamento de Investigações da Polícia do Estado de São Paulo, mas não obedeceu à convocação. É por esse motivo que ela foi novamente presa em 29 de outubro. No Registro Geral do DOPS, ela declarou que sua profissão era a de cobradora e que residia na rua Artur Godói, na Vila Mariana. Também declarou que não tinha religião e negou-se a tirar as impressões digitais ou dar qualquer depoimento.[33]

Elisa Branco foi reconhecida por sua atuação no Partido Comunista em São Paulo, razão pela qual foi escolhida para concorrer, nas eleições de outubro de 1950, ao cargo de deputada federal pelo Partido Social Trabalhista (PST).[34] O Partido Comunista lançava seus candidatos por outros partidos, o que, no jargão partidário, era chamado de "entrismo".

TEMPOS DE RADICALIZAÇÃO

Com a cassação do registro eleitoral do PCB e o fato de ter sido impelido à ilegalidade, seus dirigentes alteraram radicalmente a linha

---

[33] Arquivo Pessoal de Horieta Alzira Baptista Novais. Elisa Branco Baptista, *Processo político* [livro 1], s/p. "Serviço de Identificação do Departamento de Investigações da Polícia do Estado de São Paulo", São Paulo, 1949, Arquivo Público do Estado de São Paulo, Acervo Deops/SP.

[34] *Diário da Noite*, São Paulo, 11 set. 1950, p. 13.

de atuação do partido. A política de União Nacional, linha moderada e de apoio ao governo, foi substituída por outra, de ultraesquerda. Em documento conhecido como "Manifesto de Janeiro de 1948", Luiz Carlos Prestes denunciou o governo como fascista, com o fim da democracia no Brasil. "O discurso do partido", afirma Marco Aurélio Santana, foi "se tornando mais áspero, consolidando aquilo que seriam os marcos radicalizantes característicos do período."[35] A nova linha política foi adotada oficialmente pelo PCB no documento conhecido como "Manifesto de Agosto de 1950". Também redigido por Luiz Carlos Prestes em nome do Comitê Nacional do PCB, o texto propunha a formação de uma Frente Democrática de Libertação Nacional para realizar a revolução imediatamente, começando pela derrubada do governo Dutra, definido como uma "ditadura feudal-burguesa a serviço do imperialismo".[36] Na análise de Daniel Aarão Reis, "qualquer outra opção não passaria de 'ilusão reformista'".[37] Vale ressaltar que, para os dirigentes partidários, não havia contradição em defender a luta armada imediata e, ao mesmo tempo, promover campanhas pela paz. Os militantes deveriam se dedicar, concomitantemente, à guerra e à paz. "A luta pela paz debilitava as forças reacionárias que desejavam uma nova guerra mundial", defende o autor.[38]

A partir daí, afirma Moisés Vinhas, o Comitê Central obrigou a militância a entrar para a clandestinidade e se afastar dos movimentos

---

[35] Marco Aurélio Santana, *Homens partidos. Comunistas e sindicatos no Brasil.* São Paulo/Rio de Janeiro, Boitempo Editorial/UFRJ, 2001, p. 70.

[36] Leôncio Martins Rodrigues, "O PCB: os dirigentes e a organização", in: Boris Fausto (org.), *op. cit.*, pp. 412-415.

[37] Daniel Aarão Reis, *Luís Carlos Prestes. Um revolucionário entre dois mundos*, São Paulo, Companhia das Letras, 2014, p. 252.

[38] *Ibid.*, pp. 259-260.

sociais e dos sindicatos. O diálogo com a sociedade foi substituído pelo jargão revolucionário radicalizado. Os comunistas ficaram isolados. Algumas campanhas, como as pela paz e a "O petróleo é nosso", impediram que o PCB desaparecesse do quadro político.[39] Não é casual, portanto, que Elisa Branco tenha participado ativamente das campanhas pela paz.

O partido se afastou e se isolou do meio das organizações sociais. O chamamento para a revolução armada imediata não era ouvido pelo povo. Tratava-se de algo que estava na pauta dos dirigentes comunistas, mas não da sociedade brasileira. O partido perdeu a maioria de seus militantes. Costuma-se afirmar que, durante o curto período de legalidade, o PCB chegou a alcançar 200 mil filiados. Ainda segundo Moisés Vinhas, com a ilegalidade do partido e a radicalização, restaram apenas cerca de 20 mil militantes, reduzindo seus quadros a 10%.[40]

Ficaram no partido aqueles que estavam convictos da escolha de vida que haviam feito. Entre eles a categoria conhecida como *quadro*, que, na definição de Hércules Corrêa, "significa um militante que já passou pela prova de fogo e está apto a difundir a política do Partido". Ficaram também os militantes *profissionalizados*, ou seja, os que se dedicavam ao PCB em tempo integral.[41] Permaneceram no partido, enfim, os militantes mais dedicados e convictos da causa revolucionária e da vitória final do socialismo, caso de Elisa Branco.

---

[39] Moisés Vinhas, *O Partidão: a luta por um partido de massas (1922-1974)*, São Paulo, Hucitec, 1982, pp. 95-96.

[40] *Ibid.*, p. 130.

[41] Hércules Corrêa, *Memórias de um stalinista*, Rio de Janeiro, Opera Nostra, 1994, pp. 51 e 72.

Linha política do PCB

Manifesto de Agosto de 1950

Estamos em face de um governo de traição nacional que entrega a nação à exploração total dos grandes bancos, trustes e monopólios anglo-americanos, governo que constitui a maior humilhação até hoje imposta à nação, cujas tradições de altivez, de independência, de convivência pacífica com todos os povos são brutalmente negadas e substituídas pelo servilismo com que esse governo se submete à política totalitária e guerreira do Departamento de Estado norte-americano. [...] Nosso Povo enfrenta assim um dilema que se torna cada dia mais agudo e evidente. A paz ou a guerra, a independência ou a colonização total, a liberdade ou o terror fascista, o progresso ou a miséria e a fome para as grandes massas trabalhadoras. Ou o povo toma os destinos da nação em suas próprias mãos para resolver de maneira prática e decisiva seus problemas fundamentais, ou submete-se à reação fascista, à crescente dominação do imperialismo ianque, à ignomínia da pior escravidão, que o levará à mais infame de todas as guerras. [...] É indispensável e urgente unir e organizar as forças do povo em amplos comitês da FRENTE DEMOCRÁTICA DE LIBERTAÇÃO NACIONAL nos locais de trabalho e de resistência. Nesse grande esforço de organização e unificação popular cabe ao proletariado um papel dirigente e fundamental.

LUIZ CARLOS PRESTES (Pelo Comitê Nacional do Partido Comunista do Brasil) Rio, 1º de agosto de 1950[42]

[42] *Voz Operária*, Rio de Janeiro, 5 ago. 1950, pp. 1-4.

Foi nesse contexto que eclodiu a Guerra da Coreia. Nas conferências de Ialta e Potsdam, Stalin, Churchill e Roosevelt estabeleceram que a península coreana seria dividida no paralelo 38 N: a parte norte ficaria na área de influência soviética, e a parte sul, na dos Estados Unidos. Ocorre que, em junho de 1950, o líder norte-coreano, Kim Il Sung, determinou que as forças militares de seu país invadissem a parte sul, visando unificar a península. O governo dos Estados Unidos não aceitou a invasão e, com apoio da ONU, formou contingente militar de 21 países, embora cerca de 88% dos soldados fossem estadunidenses.[43] Começava a primeira guerra quente da Guerra Fria: a Guerra da Coreia.

Foi nesses primeiros anos da Guerra Fria, em conflituoso contexto internacional, que Elisa Branco, com as companheiras da Federação das Mulheres, misturou-se à multidão na parada militar de 7 de setembro de 1950 na capital paulista.

---

[43] Norman Lowe, *História do mundo contemporâneo*, Porto Alegre, Artmed Editora, 2011.

3. A OUSADIA DE ELISA

UMA FAIXA NO DIA 7

No dia 7 de setembro de 1950, durante as comemorações do 128º ano da Independência do Brasil, desfiles militares ocorreram em várias cidades. No Rio de Janeiro, então capital do país, a parada militar aconteceu na avenida Presidente Vargas. No palanque, estavam o presidente da República, Eurico Gaspar Dutra, o ministro da Guerra e autoridades civis e militares. Em São Paulo, o desfile foi no vale do Anhangabaú, com a presença do governador do estado, Ademar de Barros, o comandante da 2ª Região Militar, general Henrique Teixeira Lott, e diversas outras autoridades.

Para os comunistas, era o momento propício para divulgar sua campanha contra a guerra na Coreia e denunciar a possibilidade de envio de soldados brasileiros para lutar no conflito. As militantes da Federação das Mulheres se infiltraram na multidão para distribuir panfletos.

Logo ocorreram conflitos entre policiais e o grupo de militantes comunistas. Não se sabe exatamente como foi a escaramuça. No jornal *Voz Operária*, órgão oficial do PCB, nada foi noticiado.

Na imprensa de São Paulo, tampouco houve menção ao acontecido nos jornais *Correio Paulistano* e *Jornal de Notícias*. No *Diário da Noite*, no entanto, encontramos uma pequena nota sobre o episódio. Nada de surpreendente, considerando-se que esse jornal tinha a prática de noticiar prisões de militantes comunistas.

Pelo *Diário da Noite* o leitor ficou sabendo que, durante o desfile militar, agentes do DOPS prenderam uma dezena de militantes comunistas que distribuíam panfletos "considerados subversivos". Mais ainda, afirma o jornal: "Alguns dos presos também procuraram por meio de pequenos comícios chamar a atenção do povo para a situação da Guerra na Coreia, com o intuito de provocar distúrbios." Ainda segundo a matéria, todos foram detidos para averiguação. Depois de ouvidos, eles seriam postos em liberdade.[1]

As perseguições aos comunistas eram a praxe naquele momento, sobretudo após o TSE tornar o PCB ilegal, em maio de 1947. Contudo, algo a mais aconteceu naquele episódio do que simplesmente a distribuição de panfletos e comícios-relâmpago.

Em momento combinado, uma das militantes que faziam parte do grupo de mulheres da federação, Elisa Branco, abriu uma enorme faixa com a seguinte mensagem: "Os soldados, nossos filhos, não irão para a Coreia." Elisa se referia à possibilidade de o governo brasileiro enviar soldados para integrar a coalizão militar liderada pelos Estados Unidos no conflito coreano.

A forma de protesto não foi atitude isolada de Elisa Branco. Um comunista jamais tomaria iniciativa impactante por conta própria, sem a anuência do coletivo. Certamente a decisão foi tomada em conjunto pelas mulheres da FMESP. Não há como saber se Elisa Branco se apresentou ou se foi indicada pelas companheiras para abrir a faixa, mas sua atitude não foi

---

[1] *Diário da Noite*, São Paulo, 8 set. 1950, p. 7.

individual. Tanto assim é que ela não teria como abrir, sozinha, uma faixa de cinco metros. A militante, evidentemente, teve ajuda das companheiras.

Muitos anos mais tarde, a filha, Horieta, deu sua versão dos acontecimentos. A decisão de realizar o protesto foi do conjunto das militantes da FMESP. Contudo, em certo momento, elas ficaram receosas devido ao grande aparato policial. Foi Elisa quem tomou a decisão de levar o protesto adiante, abrindo a faixa. Ela pediu ajuda a um rapaz que ali estava, mas que nada tinha a ver com o protesto. Quando os policiais se aproximaram, Elisa recolheu a faixa e disse que o rapaz apenas a ajudara, nada além disso. Os policiais não a prenderam naquele momento. Eles sabiam que Elisa faria um escândalo, gritando, denunciando e discursando. Eles decidiram prendê-la em ocasião mais adequada. Ao final da parada, Elisa andou pela rua Líbero Badaró, sabendo estar sendo seguida. Tomou um ônibus no largo de São Francisco, rumo à sua casa. Quando o veículo entrou no viaduto Maria Paula, os policiais o interceptaram. Entraram no ônibus e deram voz de prisão. Elisa utilizou a estratégia de sempre: agarrou-se no interior do veículo e discursou contra o envio de soldados para a Coreia. Os policiais perceberam que somente com violência ela sairia do ônibus. Assim, tomaram a direção do veículo e rumaram para a sede do DOPS.[2]

Outras integrantes da FMESP também foram presas. Os policiais encontraram em poder de Elisa panfletos cujos títulos eram "Ao coração das mães brasileiras" e "Soldados e marinheiros".[3] Naquele momento, ela não julgou que o protesto com a faixa fosse algo grave: "Achei que iria ficar detida por uma semana",[4] afirmou muitos anos depois. Estava equivocada.

---

[2] Museu da Pessoa, entrevista concedida por Horieta Alzira Baptista Novais em 27 nov. 2003.

[3] Projeto Integrado, Arquivo Público do Estado e Universidade de São Paulo, 2007, Documentos em destaque. "Elisa Branco, a heroína da paz!" Disponível em: <www.usp.br/proin/inventario/destaques.php?idDestaque=7>. Acesso em: 21 fev. 2020.

[4] Fábio Bittencourt, *op. cit.*

A atitude de Elisa Branco não mereceu registro na grande imprensa. O *Diário da Noite* não noticiou a abertura da faixa. Nem mesmo o jornal oficial do PCB, *Voz Operária*, relatou o episódio. O ato de protesto de Elisa não se tornou merecedor de registro nos meios de comunicação – conservadores ou comunistas. Mas apenas por pouco tempo. Logo ela se tornaria notícia nas páginas dos jornais do PCB.

Panfleto

Ao coração das mães brasileiras

Federação das Mulheres do Estado de São Paulo

Falamos a todas as mães, as que possuem filho ainda no berço em torno do qual velam noites e noites, ora vigiando-lhe o sono inquieto, ora esperando o minuto em que o doentinho melhore e que lhe dê um sorriso de esperança.

Falamos a todas as mães, as que possuem filhos já moços, uns chegando do emprego, outros noivos, falando dos preparativos do casamento, outros na escola, estes saindo para ver futebol ou para um baile, aqueles falando da namorada, passeios, filmes, livros e viagens. Como estão crescidos! Para elas, não há no mundo rapazes mais bonitos. E eles se atiram ao colo da "velha", dando-lhe beijos, pedindo a bênção. Assim acontece sempre onde palpite um coração de mãe e vibre um coração de filho.

Prestai atenção, boas mães brasileiras. SE, em lugar de vossos filhos, de seus beijos e risos, houvesse chegado às vossas mãos este aviso cruel: seu filho deverá embarcar para a Coreia?

E mais tarde, outro aviso fatal: seu filho foi morto em combate?

Entre a saudade e as lágrimas, o luto e o lugar vazio, seria possível o mundo inteiro ouvir o grito de dor: A GUERRA MATOU MEU FILHO! A GUERRA TIROU MEU FILHO PRA SEMPRE.

Aquelas cabeças que tanto acariciastes, aquelas mãos que tanto abençoastes não seriam mais do que pedaços de carne, resto do que eram para vosso coração os seres de vosso amor. E sem saber onde ficariam suas sepulturas, desaparecidos para sempre longe, lá na Ásia, enganados e traídos por quem os obrigou a seguir para a Coreia.

Mães brasileiras, isso poderá acontecer se vossos filhos forem obrigados a embarcar com destino à Coreia. Vossos filhos querem viver. Guardai-os, estreitai-os ao peito os seres do vosso amor. Não consenti que vos arranquem os filhos queridos para morrer longe da Pátria, e por quê?

Pela Juventude do Brasil, da qual sois as grandes mães carinhosas e dedicadas não deixai de forma alguma que vossos filhos sejam arrebatados de vossas mãos e de vossos carinhos!

Vinde todas unidas pedindo paz para vossos filhos! Vinde todas exigindo a vida para os vossos entes mais queridos contra a morte que lhes querem dar. Vinde todas com vosso amor materno, dizendo bem alto:

Nossos filhos não irão para a guerra! Nossos filhos não irão morrer nessa guerra feita contra o povo da Coreia. Queremos os nossos filhos aqui ao nosso lado, com os nossos beijos e a nossa bênção![5]

[5] Arquivo Pessoal de Horieta Alzira Baptista Novais. Elisa Branco Baptista, *Processo político* [livro 1], s/p, não publicado. "Secretaria da Segurança Pública, Departamento de Ordem Política e Social", São Paulo, São Paulo, sem data, Arquivo do Estado de São Paulo, Acervo Deops/SP.

Segundo o inquérito policial, aberto logo após a detenção de Elisa, dois investigadores receberam ordens para prendê-la. Ainda segundo os autos, ela correu e refugiou-se em um ônibus da Companhia Metropolitana de Transportes Coletivos, a CMTC. Quando os investigadores entraram no ônibus, ela reagiu "provocando tumulto" e recusando-se a entrar na viatura que a levaria à delegacia. Elisa foi levada à força. Nessa página do inquérito policial, Elisa Branco, décadas depois, fez suas anotações. Ela não nega o relato do delegado.[6]

Elisa foi levada para a sede do DOPS, onde ficou detida e incomunicável durante oito dias. Depois, foi transferida para a Casa de Detenção de São Paulo – conhecida como Carandiru –, ali ficando à espera do trâmite do processo judicial.

O CRIME DE ELISA

Em 8 de setembro, dia seguinte à detenção no vale do Anhangabaú, um advogado, certamente contratado pelo PCB ou, mais provavelmente, pela Federação das Mulheres, impetrou *habeas corpus* na 1ª Vara Criminal para todos os detidos no episódio do dia anterior. O argumento usado na ação era de que não fora expedida "nota de culpa",[7] 24 horas após a prisão em flagrante – a autoridade policial deveria entregar nota de culpa ao investigado que estivesse detido, comunicando-lhe oficialmente o motivo de sua prisão. A petição do advogado não foi considerada pelo juiz.

As informações prestadas ao juiz pelo policial responsável pelo inquérito diziam que no dia 7 de setembro, por volta das 11h40 da

---

[6] Arquivo Pessoal de Horieta Alzira Baptista Novais. Elisa Branco Baptista, *Processo político* [livro 1], s/p. "Documento sem título, folha 3", São Paulo, sem data, Arquivo Público do Estado de São Paulo, Acervo Deops/SP.

[7] *Diário da Noite*, São Paulo, 15 set. 1950, p. 8.

manhã, próximo ao palanque oficial no vale do Anhangabaú, durante os desfiles militares, Elisa Branco Baptista fora presa porque "se conduzia inconvenientemente, exibindo faixa de pano, com dizeres considerados subversivos, a saber: 'Os soldados, nossos filhos, não irão para a Coreia'". Em sua avaliação, referências sobre a guerra na Coreia eram "nitidamente conhecidas como de propaganda do Partido Comunista do Brasil, na luta ilegal pela rearticulação dos seus adeptos, tendentes a provocar desassossego e indisciplina nas Forças Armadas".[8]

O policial relatou que encontrou com Elisa vários "boletins com dizeres conhecidos da propaganda comunista". Ele ainda comunicou ao juiz que somente Elisa Branco estava presa e que os outros detidos haviam sido libertados. Segundo o *Diário da Noite*, o juiz da 1ª Vara Criminal examinaria o caso para emitir uma decisão.[9]

No processo enviado ao juiz, o delegado indiciou Elisa em diversos dispositivos legais, como o art. 40 da Lei das Contravenções Penais e incisos IX e X do art. 3º e do art. 19 do Decreto-lei nº 431/1938; arts. 29 e 30 do Decreto-lei nº 4.766/1942. O indiciamento era por propaganda comunista, provocar indisciplina e desassossego em solenidade oficial.[10]

Os decretos-leis nºs 431/1938 e 4.766/1942 eram do tempo da ditadura do Estado Novo. Também era o caso da Lei das Contravenções Penais.[11] O art. 40 punia "quem provocar tumulto ou portar-se de modo inconveniente, em solenidade ou ato oficial, em assembleia ou espetáculo público, se o fato não constitui infração penal mais grave". Nesse caso, a pena era de quinze dias a seis meses de prisão ou multa.

---

[8] *Diário da Noite*, São Paulo, 15 set. de 1950, p. 8.

[9] *Ibid.*

[10] Arquivo Pessoal de Horieta Alzira Baptista Novais. Elisa Branco Baptista, *Processo político* [livro 1], s/p. "Cópia. Juízo de Direito da Primeira Vara Criminal", São Paulo, 1949, Arquivo Público do Estado de São Paulo, Acervo Deops/SP.

[11] Decreto-lei nº 3.688 de 3 de outubro de 1941.

O grave, no entanto, era o Decreto-lei nº 431/1938, também da época da ditadura do Estado Novo.[12] Tratava-se de legislação que definia crimes contra a personalidade internacional, a estrutura e a segurança do Estado e a ordem social. A legislação era duríssima, incluindo pena de morte. No indiciamento de Elisa, o delegado citou o art. 1º, que dispunha sobre crimes contra a ordem política, a ordem social e a estrutura e segurança do Estado, o funcionamento do serviço público, entre diversas outras atividades. Citou também o inciso IX do art. 3º, que punia aquele que atentasse contra a segurança do Estado ou que tentasse modificar, por meio não permitido em lei, a ordem política ou social, "fazer propaganda ou ter em seu poder, em sua residência ou local onde deixar escondida e depositada, qualquer quantidade de boletins, panfletos ou quaisquer outras publicações". Neste caso, a pena era de dois a cinco anos de prisão. Também fez referência ao inciso X do mesmo parágrafo: "Incitar diretamente o ódio entre as classes sociais, ou instigá-las à luta pela violência." A pena era de quatro a oito anos de prisão. O delegado indiciou Elisa, também, no art. 19: "Sempre que, na prática de qualquer dos crimes previstos nesta lei, cometer o agente crime comum contra pessoa ou bens, além das penas dos referidos artigos, ser-lhe-ão aplicadas as penas do crime comum que houver praticado ou tentado."[13]

Elisa foi igualmente indiciada com base nos arts. 29 e 30 do Decreto-lei nº 4.766, de 1º de outubro de 1942, que define crimes militares e contra a segurança do Estado.[14] O primeiro artigo criminaliza quem "divulgar notícia com o fim de provocar ato de reação ou fomentar indisciplina, desordem ou rebelião". A pena, reclusão de seis meses a

---

[12] Decreto-lei nº 431, de 18 de maio de 1938.

[13] Arquivo Pessoal de Horieta Alzira Baptista Novais. Elisa Branco Baptista, *Processo político* [livro 1], s/p. "Documento sem título, folha 4", São Paulo, sem data, Arquivo Público do Estado de São Paulo, Acervo Deops/SP.

[14] Decreto-lei nº 4.766, de 1º de outubro de 1941.

um ano. O segundo artigo punia, com a mesma pena, quem "divulgar notícia que possa gerar pânico ou desassossego público".

O delegado enquadrou Elisa nas mais duras legislações do tempo do Estado Novo. Seu objetivo era, sem dúvida alguma, condená-la à prisão.

Uma semana depois do episódio no vale do Anhangabaú, o jornal paulistano *Diário da Noite* noticiou a situação de Elisa Branco. Como foi dito anteriormente, o periódico tinha a prática de publicar pequenas matérias sobre a prisão de comunistas. O intuito do periódico era denunciar as atividades dos militantes. Seja como for, o nome de Elisa surgiu na grande imprensa pela primeira vez no dia 15 de setembro – oito dias após a abertura da faixa.

O nome dela foi publicado no *Diário da Noite* como notícia policial e de teor anticomunista ao mesmo tempo. A associação não foi casual. Uma das premissas do imaginário anticomunista é identificar seus partidários como representantes do "mal". Segundo o historiador Rodrigo Motta, "nada mais natural que suas ações levassem ao caminho do crime".[15] Seja como for, as notícias da prisão e do *habeas corpus* tornaram-se públicas. O protesto do 7 de setembro não era mais ignorado. Muito certamente os comunistas já sabiam o que ocorrera. No entanto, não houve publicização em seus jornais. Mesmo com a notícia em *Diário da Noite*, durante mais de três meses o jornal oficial do PCB, *Voz Operária*, não fez nenhuma referência a Elisa. Entre os comunistas, um silêncio pairava sobre seu nome.

Somente no dia 16 de dezembro uma matéria foi publicada em *Voz Operária* denunciando a prisão da militante. Elisa Branco foi apresentada pela primeira vez ao conjunto do partido, sendo descrita como "veterana militante operária paulista", com "brilhante tradição de luta" e, por isso,

---

[15] Rodrigo Patto Sá Motta, *Em guarda contra o "perigo vermelho". O anticomunismo no Brasil (1917-1964)*, São Paulo, Perspectiva/Fapesp, 2002, p. 63.

"querida pelo proletariado de São Paulo". O texto denunciou que ela estava presa – longe dos filhos, amigos e companheiros – e descreveu o episódio do dia 7 de setembro, em que Elisa abrira a faixa e fora presa pela polícia: "Elisa tornou-se, desse modo, uma figura que merece a admiração e o carinho de todas as mães brasileiras. Como filha da classe operária, ela deu um passo à frente e tomou a posição que a sua consciência política lhe indicava. [...] Elisa merece, por isso, a solidariedade de todos os patriotas."[16]

O texto de *Voz Operária* continuava, afinado que estava com a linha política do Manifesto de Agosto. Dizia que a prisão e o processo judicial contra Elisa, uma "destemida partidária da paz", refletiam a ferocidade dos "patrões imperialistas americanos" e de seus agentes no Brasil, como Ademar de Barros, o "sócio do tirano Vargas". O objetivo era enviar a juventude brasileira para morrer na Coreia. Como Elisa se opôs ao envio de tropas brasileiras para a guerra, "a reação imperialista concentra seus golpes contra os elementos de vanguarda da classe operária".[17]

Foram necessários mais de três meses para que o protesto de Elisa Branco e sua prisão se tornassem um fato relevante para os dirigentes do PCB e a consequente defesa da militante no jornal oficial do partido.

A SENTENÇA DE ELISA

O juiz da 7ª Vara Criminal da cidade de São Paulo aceitou a denúncia da Promotoria Pública e proferiu a sentença de Elisa Branco em 2 de janeiro de 1951. Na sentença, o juiz reconstituiu os acontecimentos do dia 7 de setembro de 1950.[18]

---

[16] *Voz Operária*, Rio de Janeiro, 16 dez. 1950, p. 2.

[17] *Ibid.*

[18] Os relatos que se seguem estão em Arquivo Pessoal de Horieta Alzira Baptista Novais. Elisa Branco Baptista, *Processo político* [livro 3], s/p. "Cópia da sentença proferida nos autos do processo crime movido pela Justiça Pública contra ELISA BRANCO BATISTA", São Paulo, 1951, Arquivo Público do Estado de São Paulo, Acervo Deops/SP.

Segundo consta na sentença, dois investigadores do DOPS tentaram deter Elisa logo após a exposição da faixa. Ela teria agredido fisicamente um deles, com uma leve mordida no punho direito, algo comprovado por laudo de exame de corpo de delito. A seguir, ela teria fugido e entrado em um ônibus na avenida Brigadeiro Luiz Antônio. Detida dentro do veículo, ela reagiu, desobedecendo aos agentes e "provocando tumulto", segundo provas testemunhais. Foi necessário convocar reforços policiais para levá-la à sede do DOPS, sendo presa em flagrante.

Décadas mais tarde, nos anos 1990, Elisa Branco escreveu suas considerações sobre a versão emitida pelo juiz. Ela nega o relato contido na sentença, afirmando ser versão mentirosa, e expressa como vivenciou o episódio. Ela diz que, após abrir a faixa, os dois agentes postaram-se junto a ela, um de cada lado, até terminar o desfile. Os dois agentes não lhe deram voz de prisão porque sabiam que ela reagiria. Afinal, estavam no meio da multidão. Ela, portanto, não teria fugido de imediato. Ao final do desfile, dirigiu-se para o ponto de ônibus na avenida Brigadeiro Luiz Antônio. Foi dentro do veículo que recebeu voz de prisão e, a seguir, conduzida ao DOPS. Sobre a mordida em um dos agentes, ela não nega. Tratou-se, no entanto, de uma reação à agressão física cometida por um dos agentes, que a chutou na região da virilha.[19]

A sentença proferida pelo juiz em 2 de janeiro de 1951 foi duríssima. Ele seguiu as instruções do delegado no inquérito policial, acrescentando outros dispositivos legais para condenar Elisa a quatro anos e três meses de detenção por acusação de crime contra a segurança nacional. Na sentença, o juiz não escondeu seu forte sentimento anticomunista:

---

[19] Arquivo Pessoal de Horieta Alzira Baptista Novais. Elisa Branco Baptista, *Processo político* [livro 3], s/p. "Cópia da sentença proferida nos autos do processo crime movido pela Justiça Pública contra ELISA BRANCO BATISTA", p. 4, São Paulo, 1951, Arquivo Público do Estado de São Paulo, Acervo Deops/SP.

> Verifica-se destes autos que os fatos atribuídos à denunciada Elisa Branco Batista são de origem e propaganda francamente comunista, incitando diretamente o ódio entre as classes sociais instigando-se a luta pela violência, o que não conseguiu devido à atitude pacífica e ordeira de nossa população. À vista dos autos e de acordo com a prova colhida neste processo: julgo procedente em parte, a denúncia e condeno Elisa Branco Batista como incursa no art. 3º n. 9 e 10 e no art. 19 do Decreto-lei nº 431, de 19 de maio de 1938 a cumprir pena de quatro anos de prisão e no art. 129 em combinação com o art. 51 do Código Penal a cumprir pena de três meses de detenção, a pagar a taxa judiciária de Cr$ 100,00 e as custas do processo.[20]

Nos anos 1990, Elisa comentou o que pensava sobre o juiz que a condenou: "O juiz mais louco do Fórum de S. Paulo naquela época."[21]

Três dias depois, em 5 de janeiro de 1951, passados quase quatro meses de sua prisão, Elisa surgiu na primeira página no jornal comunista *Imprensa Popular*. Parece ter sido necessária a condenação para que ela se tornasse notícia naquele periódico. A matéria era sobre a sentença

---

[20] Arquivo Pessoal de Horieta Alzira Baptista Novais. Elisa Branco Baptista, *Processo político* [livro 3], s/p. "Cópia da sentença proferida nos autos do processo crime movido pela Justiça Pública contra ELISA BRANCO BATISTA", p. 7, São Paulo, 1951, Arquivo Público do Estado de São Paulo, Acervo Deops/SP. A condenação do juiz se baseou nos incisos IX e X do art. 3º do Decreto-lei nº 431/1938. Também se baseou no art. 19 do mesmo Decreto-lei: No caso do Código Penal de 1940, ainda em vigor com modificações. O art. 51, atualmente revogado, dizia: "Quando o agente, mediante mais de uma ação ou omissão, pratica dois ou mais crimes, idênticos ou não, aplicam-se cumulativamente as penas que haja incorrido. No caso de aplicação cumulativa de penas de reclusão e detenção, executa-se primeiro aquela," enquanto o art. 129, ainda em vigor, refere-se a "ofender a integridade corporal ou a saúde de outrem." A pena era de detenção de três meses a um ano.

[21] Arquivo Pessoal de Horieta Alzira Baptista Novais. Elisa Branco Baptista, *Processo político* [livro 3], s/p. "Cópia da sentença proferida nos autos do processo crime movido pela Justiça Pública contra ELISA BRANCO BATISTA", p. 7, São Paulo, 1951, Arquivo Público do Estado de São Paulo, Acervo Deops/SP.

proferida pelo juiz. Após reconstituir os acontecimentos no vale do Anhangabaú e denunciar a injusta condenação, o texto concluía: "A liberdade de Elisa Branco está nas mãos dos patriotas, especialmente das mulheres de todo o país."[22] A matéria transformou Elisa em personagem histórica e seu protesto com a faixa num símbolo da luta contra a guerra e pela paz. A partir de sua condenação pela Lei de Segurança Nacional, Elisa Branco tornou-se figura de destaque nos jornais no PCB.

---

[22] *Imprensa Popular*, Rio de Janeiro, 5 jan. 1951, pp. 1 e 4.

4. ELISA É NOTÍCIA

PRIMEIROS DIAS NO CARANDIRU

Elisa tornou-se notícia na imprensa comunista, tanto em *Voz Operária* quanto em outro jornal voltado para os militantes comunistas, bem como para outros públicos: *Imprensa Popular*. A primeira vez que ela enviou notícias do presídio não foi para falar de si mesma, mas para homenagear Luiz Carlos Prestes pela passagem de seu 53º aniversário. Demonstrava sua admiração pelo líder maior do partido, sentimento comum entre os comunistas. Na edição de 14 de janeiro, a *Imprensa Popular* publicou a seguinte mensagem da prisioneira:

> Hoje, aqui da minha cela, na Casa de Detenção de São Paulo, após ter sido condenada a quatro anos e três meses, num processo infame contra mim movido por lutar contra o envio de tropas brasileiras para a Coreia, o meu primeiro pensamento é para vós. Saudando o vosso 53º aniversário, manifesto mais uma vez a inabalável disposição de prosseguir na luta patriótica pela paz de que sois o grande líder em

> nosso país, confiante em que as forças da guerra e da opressão serão totalmente derrotadas também no Brasil.[1]

O nome de Elisa Branco, no início de 1951, tomava visibilidade entre os comunistas. O escritor, dramaturgo e jornalista Afonso Schmidt publicou um poema sobre Elisa. Os versos diziam:

> [...]Seu gesto, Elisa Branco, foi sublime!
> Houve, no entanto, quem julgasse crime
> O grito de seu nobre coração...
> E a justiça, por vê-la forte e boa
> Obedeceu a Truman: condenou-a
> A quatro longos anos de prisão![2]

A partir daí, as manifestações pela liberdade da militante foram constantes nos jornais comunistas. Em fins de janeiro de 1951, a Federação de Mulheres do Espírito Santo enviou telegrama ao Tribunal de Justiça de São Paulo protestando de maneira veemente contra a prisão de Elisa.[3] Logo foi constituída a Comissão Central de Solidariedade, sob a presidência do militante comunista Milton Lobato. Nas páginas da *Imprensa Popular*, a denúncia seguia os parâmetros instituídos pelo Manifesto de Agosto. Para o autor, o ato de Elisa Branco expressava o sentimento do povo brasileiro, que "não acompanha a situação de traição dos nossos governantes feudais burgueses e não está disposto a servir de bucha nas aventuras do imperialismo ianque".[4]

---

[1] *Imprensa Popular*, Rio de Janeiro, 14 jan. 1951, p. 2.
[2] *Idem*, 21 jan. 1951, p. 3.
[3] *Idem*, 30 jan. 1951, p. 6.
[4] *Idem*, 1º fev. 1951, p. 3.

Escrevendo em 1995, Elisa recorda os tempos vividos no presídio: "Numa prisão os dias demoram muito a passar, contam-se as horas e os minutos" até o momento da visita. E a visita era de Norberto. Durante todo o tempo de sua detenção, ele não deixou de visitá-la um único domingo.[5] Embora continuassem a viver às turras, Norberto a amava. Ele foi extremamente solidário com o sofrimento da companheira.

A vida de Elisa na prisão era atormentada pelo diretor do presídio.[6] Ele a perseguia por ser comunista. Também punia as prisioneiras de maneira cruel, jogando-as na "cela forte". Tratava-se de um cubículo apertadíssimo, mesmo para uma única pessoa, sem colchão ou vaso sanitário. Ali a presa ficava por trinta dias, dormindo no chão e sem cobertor. As mulheres sofriam, sobretudo no período menstrual, porque algumas tinham fortes cólicas, chegando mesmo a gritar por causa da dor. Nesses casos, diz Elisa em suas memórias, era necessário tomar um analgésico e aquecer o corpo. Algumas presas conseguiam pular um muro e chegar à "cela forte", sob o olhar cúmplice de uma vigilante chamada, coincidentemente, "tia Elisa". As presas recebiam o colchão, o cobertor e o analgésico, o que amenizava o sofrimento. Desde que Elisa entrou no presídio, o diretor teve dificuldades de punir as presas na "cela forte". Elisa convenceu-as a fazer um abaixo-assinado para retirar a detenta que estava no cubículo. O diretor, diante da pressão das mulheres, cedia, libertando a prisioneira. A partir daí, nenhuma das presas ficava mais de três horas na "cela forte".[7]

Outro motivo para a punição na "cela forte" é relatado por Elisa. Em suas memórias, ela descreve algo muito comum nos presídios. Não era

---

[5] Arquivo Pessoal de Horieta Alzira Baptista Novais. Elisa Branco Baptista, *Memórias* [livro 1], p. 114, não publicado.

[6] Omito propositalmente o nome do diretor do presídio.

[7] Arquivo Pessoal de Horieta Alzira Baptista Novais. Elisa Branco Baptista, *Memórias* [livro 1], pp. 114 e 166.

difícil ver "as presas se gostarem, eu via como elas namoravam olhando uma para a outra, como se fosse um casal, com seus desejos amorosos". Quando uma vigilante as flagrava, chamava um policial, que, além de surrá-las, as levava para a "cela forte".[8] Quando isso acontecia, Elisa liderava abaixo-assinados em defesa das detentas. Vale ressaltar a maneira como ela lidava com a homossexualidade. Nos anos 1950, o preconceito era enorme. Inclusive dentro do PCB, que via como "doença" ou "desvio ideológico burguês". Elisa, neste aspecto, esteve à frente de seu tempo e do próprio partido.

Em 9 de janeiro de 1951, militantes comunistas souberam que Elisa, cumprindo a pena na Casa de Detenção, teve que enfrentar as arbitrariedades da direção do presídio. Segundo Elisa, as prisioneiras viviam sob um regime de miséria e a comida era da pior qualidade, resultando "em cólicas e desarranjos". Por isso, elas adquiriram pequenos fogões para cozinhar seus alimentos. O diretor da instituição proibiu que as mulheres utilizassem seus pequenos fogareiros para prepararem, elas mesmas, suas refeições. Revoltadas com a proibição, elas os queimaram.[9] O diretor culpou Elisa pela revolta e levou-a à presença do corregedor, acusando-a de liderar a "depredação e tentativa de levante" das detentas. Segundo relato em *Imprensa Popular*, Elisa não se defendeu, preferindo acusar o diretor de maus-tratos e perseguições. Ainda segundo suas denúncias, o diretor da Casa de Detenção tentou obrigar as prisioneiras a assinar documento contra ela, ameaçando-as de espancamento. Todas, no entanto, recusaram-se a participar da farsa.[10] O diretor do presídio daquela época é figura de triste lembrança nas memórias de Elisa.

---

[8] *Ibid.*, p. 164.

[9] *Imprensa Popular*, Rio de Janeiro, 12 fev. 1951, p. 3.

[10] *Idem*, 9 jan. 1951, p. 3.

Carta a Elisa
(Publicada em *Voz Operária*)

Elisa, nossa companheira.

Nós, mulheres, não sabemos exprimir a revolta que sentimos em vê-la encarcerada nas masmorras malditas da reação. Sentimos que alguma coisa falta ao nosso lado. É a sua voz, sua fibra de mulher lutadora que grita clamando por justiça, paz e liberdade.

Elisa, o seu exemplo nos dá força e coragem. Seguiremos assim o mesmo ideal, embora isso nos custe a liberdade. Mesmo das prisões, nossas vozes correm como o vento, levando a compreensão do perigo que ameaça milhões de lares. [...]

Nós, mulheres, lutaremos pela sua liberdade, nas fileiras da classe operária.

Mulheres, unamo-nos mais fortemente para libertar nossa companheira Elisa e juntas lutarmos contra o envio de nossos filhos à guerra para defender os interesses do imperialismo na Coreia.

Nossos filhos não erguerão um braço sequer contra o heroico povo coreano, que luta pela sua libertação.

Libertemos Elisa Branco!
Abaixo os traficantes de guerra!
Tudo pela união das mulheres!

Anita Silva (Belo Horizonte)[11]

As filhas de Elisa, Florita e Horieta, receberam cartas de solidariedade. Em uma delas, assinada por Natália Canais, da cidade de Santa Maria,

[11] *Voz Operária*, Rio de Janeiro, 17 fev. 1951, p. 9.

no Rio Grande do Sul, o Supremo Tribunal Federal (STF) é definido como fascista. Natália afirma que, "solidária a essa grande lutadora, lutarei com todos os esforços e não perderei um minuto para libertar a grande Mãe Brasileira. Lutarei com mais vigor pela Paz e afirmo às amigas que não estão sós".[12] Também da cidade de Santa Maria, Enedina Barros escreveu para Florita e Horieta qualificando a Justiça de São Paulo de "vendida e servidora dos fazedores de guerra norte-americanos que condenou a Elisa. Por isso, sendo mãe e sentindo a necessidade de lutar pela Paz, faço, por intermédio desta a minha solidariedade e não medirei sacrifícios para libertar a grande mãe lutadora".[13] De Belo Horizonte, uma jovem escreveu para as filhas de Elisa afirmando que "apesar de não conhecê-las, mas sendo eu uma moça quase da idade de vocês, sinto-me revoltada com a prisão de sua Mãe. [...] Eu calculo a falta que ela está fazendo para vocês. Mas coragem! Porque ela lutou por uma causa justa, por um futuro melhor para o nosso povo, e principalmente para as moças, pois a nossa maior ambição é construirmos um lar. E como realizar nossos sonhos se estamos ameaçadas por uma nova guerra mundial".[14]

MODELO DE MILITANTE

Do anonimato característico de um militante comunista, Elisa Branco tornou-se sistematicamente notícia na imprensa do PCB. O objetivo, evidentemente, era denunciar a grave injustiça, mas também tensionar

[12] Arquivo Pessoal de Horieta Alzira Baptista Novais. Elisa Branco Baptista, *Processo político* [livro 3], s/p. não publicado. "(ilegível) que chegaram para a família de Elisa Branco", São Paulo, 1951, Arquivo Público do Estado de São Paulo, Acervo Deops/SP.

[13] *Ibid.*

[14] *Ibid.*

a militância, apresentando Elisa como um modelo de revolucionária, um exemplo de como deveria ser e atuar uma militante do PCB.[15]

Porta-voz oficial do partido e voltado para a militância, a *Voz Operária* apresentava Elisa Branco como exemplo a ser seguido. "Sua vida", afirmava a matéria no jornal, "é toda ela uma vida de lutas em favor da causa da democracia e da independência nacional." Mais ainda:

> É a dona de casa que se pôs à frente da luta contra a carestia da vida, organizando comissões femininas, é a professora de costura e alfabetização dos associados do Comitê Democrático do bairro de Fortaleza, é a destacada lutadora contra a cassação do registro eleitoral do PCB e dos mandatos comunistas. Elisa Branco é a encarnação da bravura e do nobre sentimento de solidariedade das mães brasileiras. [...] Sua figura avulta no panorama da grande luta como a de uma leal filha da classe operária brasileira.[16]

Em sua pesquisa sobre a imprensa comunista, a historiadora Juliana de la Torres afirma que o Partido Comunista expressava "uma visão tradicional do feminino, tomando o lar como espaço por excelência da mulher", associando suas lutas ao bem do próprio lar, dos filhos e da família.[17] Particularmente nas campanhas pela paz, continua De la Torres, havia "o importante papel a ser desenvolvido pelas mães e esposas e mulheres em geral".[18] Marcelly Cruz e Éder Silveira, por sua vez, afirmam que, nessa época, os comunistas investiram em um modelo ideal de militante,

---

[15] Jorge Ferreira. *Prisioneiros do mito. Cultura e imaginário político dos comunistas no Brasil (1930-1956)*, *op. cit.*, p. 91.

[16] *Voz Operária*, Rio de Janeiro, 7 jul. 1951, p. 4.

[17] Juliana de la Torres, "Imagens das mulheres na imprensa comunista brasileira (1945/1957)", *Domínios da Imagem*, ano IV, nº 7, 2010, p. 82.

[18] *Ibid.*, p. 92.

reproduzindo e reafirmando "papéis de gênero nas estruturas hierárquicas em que se organizavam os grupos comunistas".[19] O estudo de Betzaida Tavares converge no mesmo sentido, o de exaltar o modelo feminino como "companheiras abnegadas e dispostas ao sacrifício". Para a historiadora, as virtudes desse modelo eram a de reforçar o papel tradicional da mulher como "mãe exemplar" e "esposa dedicada".[20]

Nos discursos do partido, há uma dupla dimensão em que as mulheres são inseridas. Elisa Branco, como vemos, é a "dona de casa", mas que "luta contra a carestia". Ela também é a professora de costura e de alfabetização e, ao mesmo tempo, organizadora de comissões femininas. Nas páginas dos jornais comunistas, ela é situada no papel tradicional da mulher – mãe, esposa, dona de casa –, mas que atua no espaço público – professora e organizadora de comissões.

A dupla dimensão está presente em várias citações anteriores. Não apenas sobre Elisa, mas sobre as mulheres em geral. Por exemplo, no texto de *Voz Operária*, citado anteriormente, em que Elisa era admirada por "todas as mães brasileiras" pela posição tomada de acordo com o "que a sua consciência política lhe indicava". É nesse sentido que Rachel Soihet afirma, com razão, que os comunistas "mantiveram com as mulheres uma relação ambígua. Por um lado, acentuavam a necessidade de fazê-las participar de forma mais incisiva das atividades partidárias", evitando que elas sucumbissem às concepções burguesas. "Por outro lado, o movimento comunista oficial reservava às mulheres um papel subalterno" nas instâncias decisórias do partido.[21]

---

[19] Marcelly M. Cruz; Éder S. Silveira, "Gênero, educação e cultura política comunista: reflexões sobre narrativas de mulheres militantes", *Textura*, vol. 20, nº 44, 2019, pp. 273-274.

[20] Betzaida Mata M. Tavares, "Mulheres exemplares: uma análise do modelo comunista feminino a partir das trajetórias de Elisa Branco e Leocádia Prestes", in: Rodrigo Patto Sá Motta (org.), *Culturas políticas na história: novos estudos*, Belo Horizonte, Argumentum, 2009, p. 106.

[21] Rachel Soihet, "Do comunismo ao feminismo: a trajetória de Zuleika Alambert", *Cadernos Pagu* (40), 2013, p. 173.

A *Voz Operária* exigia maior esforço e dedicação da militância nas campanhas pela paz, tendo como exemplo Elisa Branco. Em poucos meses, a referência da militante para os correligionários aumentou significativamente. Em 13 de janeiro de 1951, *Voz Operária* descreveu Elisa Branco para o conjunto da militância comunista. O relato do episódio do dia 7 de setembro, quatro meses depois, apresentava algumas nuanças. Ela foi descrita como uma "operária paulista cuja tradição de luta é conhecida". Sozinha, ela tomou a iniciativa de abrir a faixa. "Atacada pelos policiais, Elisa defendeu-se com bravura e dignidade, ficando ferida." Diante do juiz, manteve sua posição e, como mãe e operária, deu "elevado exemplo às mães brasileiras". Ela defendia não apenas os seus filhos, mas toda a juventude brasileira. Condenada a quatro anos e três meses apenas por participar de "manifestação patriótica a favor da paz", Elisa, mesmo presa, demonstrou "firmeza revolucionária de quem tem consciência do que está fazendo, adotando uma posição de comunista que não teme as consequências dos seus atos e confia na vitória da causa da paz".[22] O relato de *Voz Operária* é o da conduta exemplar de uma militante comunista. Outras mulheres do PCB deveriam seguir aquele modelo de comportamento.

Voz Operária exigia maior esforço e dedicação da militância nas campanhas pela paz, tendo como referência Elisa Branco. O texto, certamente redigido por um dirigente do partido na cidade de São Paulo, criticava os partidários da paz que, na capital, promoveram a Quinzena de Luta contra a Guerra: falta de organização, pouca "atuação junto às grandes massas", inexistência de propaganda para os atos públicos, tudo isso revelando a "estreiteza" dos militantes pela paz. Ele lembra que a luta pela liberdade de Elisa Branco fez parte da Quinzena. Com

---

[22] *Voz Operária*, Rio de Janeiro, 13 jan. 1951, p. 4.

esse objetivo, o dirigente escreveu que os partidários da paz realizaram palestras em Vila Mazei e Barra Funda e colaram cartazes na Quarta Parada. "Mas só", concluiu. Ele exigiu maiores esforços da militância, para a qual não faltavam exemplos: "O povo paulista tem exemplos notáveis de bravura e audácia na luta em defesa da paz, como o de Elisa Branco, que deve servir de paradigma a todos os combatentes da paz."[23]

Como jornal voltado diretamente para as bases do PCB, *Voz Operária* tinha abordagem diferente de *Imprensa Popular*, cujo público era mais amplo. Elisa Branco era militante comunista e, como tal, disciplinada. Antes de tudo, estava o Partido, redigido com p maiúsculo, uma vez que não se tratava de um partido qualquer. Assim, certamente por determinação partidária, ela escreveu carta publicada em *Voz Operária*. O jornal necessitava urgentemente de financiamento para continuar publicando. Seus diretores promoveram campanha para que, com o apoio da militância, chamada de "ajudistas", fossem arrecadados 550 mil cruzeiros. Do presídio, Elisa Branco escreveu: "Se de alguma coisa serve a atitude que tomei, no cumprimento de meu dever de mãe, patriota e comunista, que ela inspire as ações de todos os ajudistas e amigos da VOZ OPERÁRIA."[24]

O nome de Elisa Branco chamava a atenção da militância comunista naquele momento. Tanto assim que os editores de *Voz Operária*, na campanha para arrecadação de fundos para a publicação do jornal, formaram a Comissão Nacional Patrocinadora da Campanha da Voz Operária. Vários nomes conhecidos integravam a Comissão, como Jorge Amado, Aparício Torelly (Barão de Itararé), Graciliano Ramos, Afonso Schmidt, Rui Facó, Astrojildo Pereira, Octavio Brandão, entre vários outros. E compondo a comissão estava o nome de Elisa Branco.[25]

---

[23] *Idem*, 17 fev. 1951, p. 4.
[24] *Idem*, 3 mar. 1951, p. 10.
[25] *Idem*, 3 fev. 1951, p. 11.

A referência da militante para os correligionários aumentou com o passar de poucos meses. Em junho, líderes do Movimento Juvenil pela Interdição das Armas Atômicas lançaram manifesto conclamando os jovens a lutarem pela paz e contra a participação brasileira na Guerra da Coreia. No texto, concluíram: "Tomemos em nossas mãos a bandeira de Elisa Branco e carreguemo-la bem alto."[26]

NOTÍCIAS DA PRISÃO

Quase cinco meses após a prisão de Elisa Branco, em 4 de fevereiro de 1951, a *Imprensa Popular* publicou carta redigida por ela. Iniciava relatando que, na cadeia onde se encontrava, naquela "casa de castigo", havia mulheres que poderiam ter sido úteis à "nossa Pátria, não fosse a miséria que as arrastou para o crime". E, naquele momento, em sua cela, afirmava: "Tenho o meu pensamento sempre voltado para os milhares de mães, como eu."[27] As notícias que chegavam eram poucas – prosseguia –, mas era possível perceber que, a cada dia, crescia o perigo de nova guerra e aumentava a submissão do governo brasileiro "aos americanos que desgraçam tantos povos". E continuava:

> Isso aflige meu coração. [...] Não criamos nossos filhos para a guerra. Para eles sonhamos e procuramos sem cessar um novo mundo de felicidade, de igualdade e de justiça. E está tão próxima essa nova vida, que o nosso esforço pela paz é nada quando sabemos que a guerra visa destruí-la ou retardá-la para os milhões de criaturas que por ela anseiam.[28]

---

[26] *Imprensa Popular*, Rio de Janeiro, 30 jun. 1951, p. 4.
[27] *Idem*, 4 fev. 1951, p. 5.
[28] *Ibid.*

Elisa afinava seus argumentos aos dos redatores de *Voz Operária* e *Imprensa Popular*: falava em nome do amor maternal e da defesa da vida dos filhos. Eram argumentos, sem dúvida, bastante eficazes no apelo emotivo. Mas Elisa também compartilhava de crenças comuns aos comunistas. Na imaginação deles, era certa a vitória das forças revolucionárias sobre o capitalismo. É Elisa quem escreve: "A paz vencerá; a fera guerreira que destrói a liberdade e tantas vidas será destruída pela própria guerra, se avançar na aventura de um ataque armado aos povos livres." No entanto, reconhecia que, até aquele momento, milhares de mães brasileiras ainda não haviam tomado conhecimento do perigo que ameaçava os filhos. E isso, continuava, "por culpa nossa". Os militantes, portanto, tinham que se esforçar ainda mais para conscientizar o povo. E daí Elisa pergunta:

> Que mãe não sentirá horror em só pensar que as mãos dos filhos que amamentaram e viram crescer se tinjam do sangue de tantos inocentes ou bravos patriotas, nas longínquas terras da Coreia? Que mãe deixará que seu próprio filho morra perdido nos campos gelados daquele país onde tropas estrangeiras destroem cidades e matam famílias inteiras?[29]

Elisa incentivava os militantes a se esforçarem nas tarefas das campanhas pela paz. Ela termina a carta fazendo um apelo para que as mães acordem, se unam e se organizem. E expressa o sentido da vida de um militante revolucionário: "Quando sabemos que a nossa causa tem o rumo da vitória, é bom viver pela vida dos nossos irmãos e por toda a beleza que ela encerra."[30]

Por mais que Elisa falasse na beleza da vida, a sua própria, na Casa de Detenção, era muito difícil. Ela não podia receber jornais. As visitas

---

[29] *Ibid.*

[30] *Ibid.*

ocorriam duas vezes por semana, quintas e domingos, durante trinta minutos – e mesmo assim eram permitidos apenas parentes próximos. Em entrevista a Emmo Duarte, ela diz que recebia a visita do marido e das duas filhas separados por uma tela de arame. Não podia tocar nas filhas. "No princípio", afirma, "não suportava isso. Ficava com a vista turva; tinha tonturas. Mas agora já me acostumei." Emmo Duarte reitera o heroísmo de Elisa na luta pela paz e o ódio "da reação feudal--burguesa" que se abateu sobre ela. Na entrevista, ela retomou notícia falsa sobre sua conduta, denunciando que tentavam forjar um novo processo judicial. Trata-se do caso dos fogareiros. Duas detentas foram instruídas a acusar Elisa de liderar a revolta. Mas havia, pelo menos, uma notícia boa. A entrevistada relatou que tinha ganhado uma máquina de costura, passando assim a trabalhar "para as meninas" e alguns presos.[31] Os amigos comunistas, em nome do partido, deram-lhe uma máquina de costura portátil. O trabalho na costura a ocupava todo o dia, o que lhe fazia bem.[32] Finalizou a entrevista com afirmações cada vez mais afinadas com os argumentos do PCB e dos jornais comunistas:

> Que a solidariedade do povo à minha pessoa se transforme em todo o território nacional num poderoso movimento de massas que possa impedir a partida para a guerra infame da Coreia dos soldados, nossos filhos. Confio na força dos partidários da paz. Que se agite em todos os pontos de nossa pátria e se transforme em realidade a faixa que desfraldei no vale do Anhangabaú: "Os soldados, nossos filhos, não irão para a Coreia": Haveremos de conquistar a paz![33]

---

[31] *Idem*, 12 fev. 1951, p. 3.

[32] Arquivo Pessoal de Horieta Alzira Baptista Novais. Elisa Branco Baptista, *Memórias* [livro 1], p. 162.

[33] *Imprensa Popular*, Rio de Janeiro, 12 fev. 1951, p. 3.

Vale observar que Elisa não faz referência à sua vida pessoal, às suas mágoas e aos ressentimentos com a injusta condenação e prisão. Para um comunista, os problemas pessoais são irrelevantes diante dos graves problemas vividos pelo povo, como a miséria, o desemprego e a fome. Elisa também escrevia de acordo com a linha política do partido e contribuía para tensionar a militância no esforço da Campanha pela Paz.

Em suas memórias, de 1995, Elisa relata que a comida servida às presas era uma "gororoba horrível". Ela comia aquilo para se igualar a elas. Mas, nas visitas, recebia grande variedade de alimentos. "Dava para eu comer por um mês." Ela, no entanto, tirava alguma coisa para si e o restante distribuía para as outras prisioneiras, que esperavam, com certa ansiedade, as visitas de Elisa para poderem comer frutas e doces.[34]

Elisa tornou-se muito querida pelas prisioneiras. Não apenas pela generosidade em dividir os alimentos e por costurar para elas, mas por saber defendê-las, atuando politicamente. Embora o diretor a detestasse, Elisa ganhou a simpatia de sua esposa. Uma amiga dela visitou Elisa com uma grande peça de flanela, pedindo, "por favor", que confeccionasse casacos de flanela para as presas. Havia detentas que nunca haviam vestido uma roupa de frio. Outras amigas da esposa do diretor levaram diversos tipos de tecidos e novas roupas foram feitas. Elisa convidou algumas presas que pareciam ter jeito para costura e lhes ensinou o trabalho na máquina.[35]

Em suas memórias, Elisa conta que, certa vez, apareceu uma nova presidiária. Ela tinha sido processada e condenada à prisão por participar de comício pela liberdade da própria Elisa. A mulher, ao vê-la, abraçou-a e disse: "Valeu a pena me prenderem porque assim pude lhe

---

[34] Arquivo Pessoal de Horieta Alzira Baptista Novais. Elisa Branco Baptista, *Memórias* [livro 1], p. 161.

[35] *Ibid.*, p. 167.

conhecer." Abraçadas, elas choraram juntas. Situações como essa, diz Elisa, ajudaram-na a suportar a prisão.[36]

As visitas de Norberto e das filhas aos domingos eram sua maior alegria. A meninas chegavam primeiro. Elisa não queria que elas chorassem, mas quem chorava era ela mesma. Ao final da visita, na cela, ela chorava muito e as detentas a consolavam. Nos últimos meses da detenção, Florita e Horieta já tinham conquistado a simpatia de guardas e vigilantes e ficavam com a mãe na própria cela. Com Norberto, a situação era outra. Eles se abraçavam e se beijavam sem se importarem com os guardas, embora olhassem tudo atentos, receosos de Norberto passar algo para Elisa. "O pior", escreveu ela em suas memórias, "era a despedida, aí é que eu chorava e dizia-lhe ao mesmo tempo engolindo o choro, me fazendo de forte, mas só eu sabia o que ia no meu coração, era a coisa mais triste para mim e para o Norberto, pois eu via as lágrimas em seus olhos que embargavam a voz."[37]

A direção do PCB convocou Horieta para fazer campanha pela libertação da mãe. Com apenas 15 anos, ela viajou por várias cidades do interior dos estados de Goiás, Pernambuco, Bahia e Rio de Janeiro. O partido imprimiu panfletos e pagou as passagens de avião. Horieta fazia palestras nas cidades e coletava assinaturas para a libertação da mãe. Ela discursou, inclusive, na Câmara Municipal de Anápolis, em Goiás. Na cidade de Campo Verde, no mesmo estado, o Juizado de Menores (atualmente Juizado da Infância e Juventude) proibiu que ela se manifestasse por ser ainda adolescente.[38] Importa saber que a campanha pela libertação de Elisa reverberou na sociedade.

---

[36] *Ibid.*, p. 162.

[37] Arquivo Pessoal de Horieta Alzira Baptista Novais. Elisa Branco Baptista, *Memórias* [livro 1], p. 163.

[38] Museu da Pessoa, entrevista concedida por Horieta Alzira Baptista Novais em 27 nov. 2003.

A prisão de Elisa, por exemplo, tornou-se assunto na Câmara Municipal de São Paulo. O presidente da casa, vereador André Nunes Jr., manifestou-se favorável à concessão de anistia a todos os presos políticos do país. O vereador Jânio da Silva Quadros fez pronunciamento no mesmo sentido e citou nominalmente Elisa Branco, qualificando de absurda a sentença que a condenara.[39]

Carta a Elisa

(Publicada em *Voz Operária*)

A condenação de Elisa Branco e o tratamento que lhe é dispensado na prisão reflete o ódio dos traficantes de sangue humano e da sua justiça às pessoas que, em número cada vez maior, se levantam contra a guerra.

Por que antes de condenar uma mãe extremosa partidária da Paz, esse juiz não perguntou qual a mãe que quer ver seus filhos morrerem na Coreia?

Isso vem demonstrar que estamos hoje num dilema. Quem luta pela paz é preso e condenado e quem se declara favorável à guerra, como Juraci Magalhães, ou o brigadeiro Trompowsky, que acha que a bomba atômica devia ser jogada na Coreia, recebe recompensa, melhores empregos pagos com o dinheiro do povo. [...]

Um amplo movimento, desde os abaixo-assinados e as cartas até as passeatas de protesto, comícios, etc. exigindo a sua libertação arrancará Elisa das garras dos seus algozes. É com esse objetivo

[39] *Imprensa Popular*, Rio de Janeiro, 12 fev. 1951, p. 3.

que devemos todos trabalhar. Não esquecer Elisa, falar em Elisa, apontar seu exemplo, apelar para a solidariedade a Elisa, porque ela é hoje uma bandeira de nossa grande luta.

Augusto Martins (São Paulo)[40]

Em 11 de março, *Imprensa Popular* estampou na primeira página a fotografia das duas filhas de Elisa, Horieta, com 15 anos, e Florita, com 17. As duas deram seus depoimentos sobre a prisão da mãe para o jornal. Elas praticamente repetiram o que era publicado na imprensa comunista. Horieta ressaltou a injustiça de a mãe estar presa. Ela e a irmã, acrescentou, conhecem o "profundo sentimento de solidariedade humana" que inspirara a mãe a tomar a atitude de abrir a faixa. "Sabemos", disse Horieta, "com que entusiasmo ela se bate contra o sacrifício da vida de jovens e o sacrifício também das mães brasileiras" ameaçadas de perder seus filhos. Florita, por sua vez, ressaltou o quanto ambas sofriam com a ausência da mãe. O povo, acrescentou, exige a sua liberdade pelo "exemplo de luta pela democracia, pela independência nacional e pela paz".[41]

Como a vida de qualquer presidiário, a de Elisa não era fácil. Ela pediu ao juiz da vara criminal autorização para realizar tratamento odontológico com o dentista com quem costumava se tratar. Para isso, seria necessário sair do presídio várias vezes enquanto durasse o tratamento. No DOPS, o delegado chefe do Serviço Secreto vetou o pedido, alegando que na Casa de Detenção havia dois dentistas. Para ele, tratava-se de estratagema de Elisa para retornar às atividades comu-

---

[40] *Voz Operária*, Rio de Janeiro, 24 fev. de 1951, p. 8.

[41] *Imprensa Popular*, Rio de Janeiro, 11 mar. 1951, p. 4.

nistas, uma vez que o dentista indicado por ela também era comunista, segundo prontuário do DOPS. Sua indicação era para evitar qualquer saída dela do presídio.[42] Em ofício datado de 14 de fevereiro de 1951, o juiz revogou seu próprio despacho em que autorizava a remoção de Elisa ao consultório dentário. O magistrado tomou a decisão ao ser informado de que havia dentistas no presídio. Elisa negou. Muitos anos depois, ao tomar conhecimento do ofício do juiz, ela disse tratar-se de uma mentira, e que nunca houve dentista onde estava presa.[43]

Em fevereiro de 1951, o advogado Sinval Palmeira impetrou novo *habeas corpus* a favor de Elisa Branco no Supremo Tribunal Federal (STF). O anterior fora em setembro de 1950. Ele fundamentou a ação alegando que ela não cometeu crime algum. O advogado defendeu que Elisa apenas abriu uma faixa com dizeres contra o envio de jovens para lutar na Coreia, o que estava de acordo com a Constituição, que garante a livre manifestação do pensamento. Além disso, realizar propaganda a favor da paz não poderia ser considerado um atentado contra o sistema político do país.[44]

A partir daí, em fevereiro, a imprensa comunista aumentou o número de matérias sobre Elisa Branco e sua prisão. Os relatos se repetiam, invariavelmente destacando o seu ato de coragem e ousadia ao abrir a faixa e defender a paz mundial. Discorriam sobre a injusta sentença condenatória, a prisão, a solidariedade que ela recebia, as denúncias contra

---

[42] Arquivo Pessoal de Horieta Alzira Baptista Novais. Elisa Branco Baptista, *Processo político* [livro 2], s/p. "Informação", São Paulo, 1951, Arquivo Público do Estado de São Paulo, Acervo Deops/SP.

[43] Arquivo Pessoal de Horieta Alzira Baptista Novais. Elisa Branco Baptista, *Processo político* [livro 3], s/p. "Juízo de Direito da Sétima Vara Criminal", São Paulo, 1951, Arquivo Público do Estado de São Paulo, Acervo Deops/SP.

[44] Arquivo Pessoal de Horieta Alzira Baptista Novais. Elisa Branco Baptista, *Processo político* [livro 3], s/p. "Supremo Tribunal Federal. Petição de *habeas corpus* nº 32.523 – São Paulo". São Paulo, 1950, Arquivo Público do Estado de São Paulo, Deops/SP.

os objetivos bélicos dos Estados Unidos. Em *Imprensa Popular*, colunas assinadas eram sistematicamente publicadas sobre a prisão de Elisa. Se ela não fosse o assunto principal da coluna, era citada nos temas tratados.[45]

Com a proximidade do julgamento do *habeas corpus* pelo STF, um abaixo-assinado contra a sentença condenatória de Elisa Branco foi enviado aos ministros da Corte. Assinaram políticos, como vereadores da Câmara Municipal de São Paulo e o então deputado estadual Jânio Quadros, vários professores da Faculdade de Medicina da Universidade de São Paulo (USP), entre diversos outros nomes, destacando-se Caio Prado Jr., Afonso Schmidt, Nelson Pereira dos Santos, Abguar Bastos, além de dirigentes de organizações políticas, como a Federação de Mulheres do Brasil, a Federação das Mulheres do Estado de São Paulo, a União Estadual dos Estudantes, o Grêmio da Faculdade de Filosofia, Ciências e Letras da USP e algumas comissões de solidariedade.[46]

O relator da petição de *habeas corpus* no STF foi o ministro Macedo Ludolf. Ele afirma que não se tratava apenas das garantias constitucionais de livre expressão do pensamento. A denunciada, "pertencente ao credo comunista", foi presa com panfletos e publicações de "feição comunista" na parada comemorativa de independência do Brasil. Segundo o ministro, "houve, da parte dela, o intuito indisfarçável de propagar uma ideia de luta em condições muito especiais, visando atrair para esse fim os inferiores das nossas classes armadas". Desse modo, ele avaliou como improcedente os argumentos do advogado e negou a concessão de *habeas corpus*.[47]

---

[45] Somente no mês de fevereiro, o nome de Elisa surgiu em três colunas assinadas: a de Arcelina Mochel Goto, no dia 17; a de Nair Batista, no dia 24; e a de Mary Emily Fuminelli, presidente da Associação Feminina do Distrito Federal, no dia 26.

[46] *Imprensa Popular*, Rio de Janeiro, 28 mar. 1951, p. 3.

[47] Arquivo Pessoal de Horieta Alzira Baptista Novais. Elisa Branco Baptista, *Processo político* [livro 3], s/p. "Supremo Tribunal Federal. Petição de *habeas corpus* n. 32.523 – São Paulo", São Paulo, 1950, Arquivo Público do Estado de São Paulo, Deops/SP.

Para decepção daqueles que se moviam pela libertação de Elisa Branco, em 4 de abril, por unanimidade, os ministros do STF rejeitaram o pedido de *habeas corpus*. Os ministros concordaram que a condenação na Lei de Segurança Nacional excluía a concessão de *habeas corpus*, além do mais, Elisa já tinha sido condenada em primeira instância.[48] Ao justificar o seu voto, o ministro Orosimbo Nonato faz referência ao argumento do advogado de que não havia matéria para denúncia criminal contra Elisa. Certamente ele se referia aos dizeres na faixa. No entanto, o ministro faz referência a boletins encontrados pela polícia cujos dizeres "acenam a soldados para que se levantem contra o regime vigente, encoimado de fascista". Embora os boletins não tivessem sido encontrados durante o flagrante, mas "acidentalmente com outros", havia provas suficientes para a condenação de Elisa.[49] Ela continuaria cumprindo a pena no presídio.

O desapontamento com a decisão do STF foi grande entre os militantes e, em abril, a campanha nos jornais comunistas aumentou o tom das acusações. Em 6 de abril, *Imprensa Popular* denunciou que Elisa Branco corria perigo de vida por estar com a saúde muito debilitada. O relato que saiu no jornal sobre o momento da prisão, no vale do Anhangabaú, difere dos anteriores. Noticiava que, ao ser presa, os policiais espancaram-na a ponto de quebrar "a maior parte de seus dentes". O problema de saúde de Elisa, segundo o jornal, tinha origem na sua prisão, em 1949, quando ela fora espancada com "requintes de sádica bestialidade". Eles bateram sobretudo na região dos rins. Elisa estava grávida e, devido à violência, abortou o feto. Desde aquele dia, passara a sofrer frequentes hemorragias. Mais tarde, um médico constatou a existência de um tumor

[48] *Imprensa Popular*, Rio de Janeiro, 6 abr. 1951, p. 3.

[49] Arquivo Pessoal de Horieta Alzira Baptista Novais. Elisa Branco Baptista, *Processo político* [livro 1], s/p. "Petição de *habeas corpus* n. 31.523", São Paulo, 1951, Arquivo Público do Estado de São Paulo, Acervo Deops/SP.

uterino. O tratamento com radioterapia amenizou o problema, mas a prisão, em 1950, e os novos espancamentos resultaram na volta das hemorragias. Uma ordem judicial para que ela recebesse cuidados médicos especiais foi expedida, mas desobedecida pelos policiais do DOPS. O deputado estadual Jânio Quadros exigiu providências em um discurso na Assembleia Legislativa, mas também não obteve sucesso. A matéria do jornal concluía reiterando que Elisa estava com a vida ameaçada.[50]

As denúncias contidas na matéria de *Imprensa Popular* merecem ser investigadas em sua veracidade. É verdade que a prática policial no Brasil, tanto naquela época quanto nos dias atuais, é conhecida pela atroz violência. No entanto, não há registros de que, no ato de sua prisão, no vale do Anhangabaú, ela tenha perdido a maioria dos dentes. Com relação à prisão, em 1949, nenhum relato anterior fez referências a um aborto, muito menos a um tumor uterino. Houve, na matéria, exagero propagandístico.

Elisa era seguida de perto por agentes do DOPS desde o início de sua militância em Barretos. Mas, a partir de abril de 1951, outra instituição passou a ter interesse por ela. No dia 14 daquele mês, o comandante do Quartel-General da 4ª Zona Aérea enviou ofício ao diretor do DOPS. No documento, o comandante dizia: "Solicito a V.S. a fineza de remeter a este Comando, em caráter secreto, o que consta neste Departamento sobre ELISA BRANCO BATISTA."[51] O nome de Elisa tornou-se conhecido para além das fichas do DOPS de São Paulo. A partir daí, policiais que estavam no encalço de Elisa tiveram certeza de que setores da área de informação da Aeronáutica também se interessaram por ela.

---

[50] *Imprensa Popular*, Rio de Janeiro, 6 abr. 1951, pp. 1 e 4.

[51] Arquivo Pessoal de Horieta Alzira Baptista Novais. Elisa Branco Baptista, *Processo político* [livro 2], s/p. Ministério da Aeronáutica, São Paulo, 1951, Arquivo Público do Estado de São Paulo, Acervo Deops/SP.

5. UM ANO DE PRISÃO

O SURGIMENTO DE UM SÍMBOLO

A causa para libertar Elisa Branco foi assumida por nomes de expressão dentro do PCB. Em fevereiro de 1951, cinco meses após sua prisão, o escritor comunista Dalcídio Jurandir publicou artigo em *Imprensa Popular*. Ele repetiu o argumento que se tornou comum nos relatos oficiais do partido: Elisa tinha agido por iniciativa própria na defesa dos jovens, lutando para que eles não morressem na Coreia. Para Jurandir, "Elisa sentiu em sua dor de mãe o que sentiriam todas as mães brasileiras cujos filhos fossem arrastados para o massacre na Coreia. E soltou o seu grito em plena rua, abriu o seu coração puro e cheio de vozes maternais".[1] Foi a atitude de uma "mãe" que expressou o sentimento de "todas as mães", e não o ato de uma militante comunista. O texto de Dalcídio Jurandir é um marco na história de Elisa porque ele a transformou em um símbolo:

> Como nós nos orgulhamos dela! Como nos dá ela uma medida da grandeza e da confiança que há em nosso povo! [...] Seu caráter

[1] *Imprensa Popular*, Rio de Janeiro, 16 fev. 1951, p. 2.

> levou-a para o protesto. Sua honra e sua razão levaram-na a enfrentar, como um dever simples, o ódio dos Ademares, a bestialidade policial, a mentira e a infâmia dos propagandistas da guerra. Que aconteceu com ela? Aconteceu a sua grandeza. Grande e querida Elisa Branco! [...] Jovens brasileiros, olhai para esse cárcere. Ali está também a vossa honra, a vossa estrela, um coração que, em plena rua, foi como um canto em vossa defesa. Arrancai-a do cárcere, porque é vossa mãe também.[2]

Outro autor muito prestigiado entre os comunistas e na vida literária brasileira a homenagear Elisa Branco foi Jorge Amado. Em artigo que honrou Olga Benário, ele dedica suas palavras às mulheres brasileiras que lutavam pela paz, "simbolizando-as" em Elisa Branco – "condenada pelos servos dos provocadores de guerra a quatro anos de prisão".[3] Jorge Amado assumiu a causa da libertação de Elisa. Em maio, viajou para Moscou a convite da União dos Escritores Soviéticos. Em entrevista à Agência Tass, entre diversos temas tratados, ele fez referência à militante, "simples mulher e mãe brasileira", presa e condenada, mas ainda na luta dentro do presídio. "Suas palavras", afirmou Jorge Amado, "ressoam em todo o país e aumentam as fileiras dos partidários da paz."[4]

Abaixo-assinado

(Publicado em *Voz Operária*)

Solidariedade a Elisa Branco

Nós, infra-assinados, residentes nesta cidade de Goiandira, estado de Goiás, vimos protestar veementemente contra o ato

[2] *Ibid.*

[3] *Idem*, 4 mai. 1951, p. 3.

[4] *Idem*, 18 mai. 1951, p. 3.

arbitrário da polícia desta capital, prendendo d. Elisa Branco e contra a mesma movendo processo criminal.

Em qual lei é que a Polícia se baseou para prender Elisa Branco? Certamente as leis ESTADONOVISTAS, porque não há um só dispositivo em nossa Carta Magna que ordene prisão desta natureza e de nenhuma outra forma.

Qual crime que d. Elisa Branco praticou para merecer tal castigo? Parece que o infame projeto de lei de segurança já está em vigor nessa capital, antes de sua aprovação pelo Congresso. Um ato deste jaez só pode se basear na lei de repressão que se cogita aprovar, mas que ainda não se acha nem na pauta de discussão de nosso Parlamento.

Esclarecer ao povo que não devemos consentir que nossos filhos sejam enviados à Coreia é crime? Cremos e temos certeza que todos os brasileiros honestos, patriotas e amantes da paz não reconhecem isto como crime.

[Seguem três nomes acrescidos de 58 assinaturas][5]

No dia 15 de abril, cerca de oitenta a noventa pessoas aproximaram-se da Casa de Detenção exigindo visitar Elisa. O agente penitenciário de plantão, em seu relatório, afirmou que tentou dissuadi-las. Diante da recusa, ele escreveu que elas "ameaçavam praticar atos de violência". Possivelmente o agente penitenciário exagerou em seu relatório. Não é costumeiro que manifestantes comunistas pratiquem violência, pelo menos em situações como aquela. Seja como for, o agente acionou a

[5] *Voz Operária*, Rio de Janeiro, 3 fev. 1951, p. 9.

tropa de choque do Batalhão Policial, dispersando o grupo.[6] Em março, Florita foi revistada na entrada do presídio. Segundo relatório do diretor, os policiais encontraram em sua bolsa recortes de jornal, cartas datilografadas e escritas à mão. Todo o material foi confiscado.[7]

Vale observar a participação de Jânio Quadros, seja como vereador ou como deputado estadual por São Paulo, na campanha pela libertação de Elisa. Em 11 de junho de 1951, o presidente da Câmara de Vereadores da cidade de Rio Claro, São Paulo, enviou ofício ao secretário de Segurança do estado. Ele comunicava que o plenário tinha debatido os termos da exposição do deputado estadual Jânio Quadros na Assembleia Legislativa. Os vereadores de Rio Claro concordaram com as considerações de Jânio: "Seja à detenta Elisa Branco dispensado tratamento condizente com sua condição de presa política, sem vida pregressa."[8] Elisa, portanto, era reconhecida por membros dos legislativos estadual e municipal paulista como presa política.

O nome de Elisa, em meados de 1951, era citado não só por importantes personalidades da vida brasileira, como Jorge Amado, mas também do exterior, como Pablo Neruda. Em artigo escrito em conjunto, os dois escritores se dirigiram "aos intelectuais, aos homens progressistas, às organizações culturais e de massa de todo o mundo". Denunciaram o terror desencadeado pelos Estados Unidos para eliminar as liberdades democráticas e as intenções de seus governantes de desencadear uma

---

[6] Arquivo Pessoal de Horieta Alzira Baptista Novais. Elisa Branco Baptista, *Processo político* [livro 2], s/p, não publicado. "Relatório do Plantão", São Paulo, 1951, Arquivo Público do Estado de São Paulo, Acervo Deops/SP.

[7] Arquivo Pessoal de Horieta Alzira Baptista Novais. Elisa Branco Baptista, *Processo político* [livro 1], s/p, não publicado. "Serv. Exp. nº 03379", São Paulo, 1951, Arquivo Público do Estado de São Paulo, Acervo Deops/SP.

[8] Arquivo Pessoal de Horieta Alzira Baptista Novais. Elisa Branco Baptista, *Processo político* [livro 2], s/p. "Secretaria da Segurança Pública", São Paulo, 1951, Arquivo Público do Estado de São Paulo, Acervo Deops/SP.

nova guerra. Em certo momento, Amado e Neruda fizeram referências a Elisa Branco, "uma simples mãe de família" que, por protestar contra o envio de jovens brasileiros para a Coreia, foi presa e "torturada pela polícia a tal ponto que, estando grávida, perdeu seu filho". Para os escritores, "o bárbaro tratamento e a condenação de Elisa Branco não são fatos casuais". O objetivo era amedrontar as mães da América Latina e impedir qualquer protesto contra o envio de tropas militares para a guerra na Coreia.[9]

É curioso como os comunistas insistiam na possibilidade de o governo brasileiro enviar tropas para compor o contingente militar liderado pelos Estados Unidos na guerra contra a Coreia do Norte. Quando o conflito começou, em junho de 1950, não houve, por parte do governo brasileiro, nenhuma manifestação sobre o envio de tropas, mesmo da cúpula militar. Tampouco houve apoio ao assunto na imprensa, como ocorrera nos anos 1940, durante a Segunda Guerra Mundial.[10] Somente um ano depois, em junho de 1951, quando Elisa já estava presa, a Secretaria Geral da ONU solicitou o envio de tropas brasileiras para lutar na Coreia. O presidente Getúlio Vargas convocou o Conselho de Segurança Nacional. A avaliação do presidente e dos membros do Conselho foi a de que o país não tinha como arcar com os custos da mobilização. A contribuição brasileira se restringiria a fornecer minerais estratégicos, tendo como contrapartida 50 milhões de dólares para aparelhar o Exército do país. A resposta brasileira serviu de base para o Acordo Militar Brasil-Estados Unidos, assinado em março de 1952. Porém, mesmo no Acordo, não houve qualquer referência ao envio de tropas brasileiras para a Coreia.

---

[9] *Imprensa Popular*, Rio de Janeiro, 8 jul. 1951, p. 3.

[10] Axel Semm, *"Carne pra canhão?" – A imprensa comunista e o Acordo Militar Brasil-Estados Unidos (1950-1953)*, Rio de Janeiro, Universidade do Estado do Rio de Janeiro, 2016, p. 72, Dissertação (Mestrado em História).

UM ANO DE DETENÇÃO

Com a decisão do STF de negar o *habeas corpus* a Elisa Branco, o PCB mudou sua estratégia de luta. Em junho, lançou a campanha pela anistia para presos políticos. Em *Voz Operária*, o título da matéria era: "Getúlio mantém os cárceres cheios de patriotas e lutadores da paz." Seguindo a linha radical estabelecida pelo Manifesto de Agosto, os redatores do jornal culpavam Getúlio Vargas pela existência de presos políticos. Afirmavam, porém, que a anistia era tradição consagrada no direito brasileiro. Vários eram os nomes citados, a maioria de militantes comunistas. Mas três eram bastante conhecidos: Luiz Carlos Prestes, líder máximo do partido; Agliberto Vieira de Azevedo e Elisa Branco.[11]

Nesse aspecto, vale citar o caso de Agliberto Vieira de Azevedo, personagem de destaque na insurreição comunista de novembro de 1935. Em 1950, ele foi preso, acusado de atuar politicamente nas Forças Armadas. Julgado pelo Conselho de Justiça da Aeronáutica, foi condenado a quatro anos e quatro meses de prisão. Após cumprir toda a pena, Agliberto foi levado para as dependências do DOPS, onde continuou detido, sendo libertado mediante impetração de *habeas corpus*. A situação de Agliberto foi denunciada pela imprensa partidária, mas não houve campanha sistemática por sua libertação, como ocorreu no caso de Elisa.

A linha política adotada pelo PCB com o Manifesto de Agosto de 1950 começou no governo de Eurico Dutra e teve continuidade no governo Vargas. Embora eleito democraticamente e governando dentro da institucionalidade democrática, Vargas sofreu implacável oposição das direitas, tendo na linha de frente a UDN e seu grande expoente Carlos Lacerda, mas também à esquerda, com as contundentes críticas do PCB.

---

[11] *Voz Operária*, Rio de Janeiro, 2 jun. 1951, p. 11.

Em junho de 1951, quando Elisa ainda estava presa, *Voz Operária* denunciou que nos cárceres do governo de Vargas existiam mais presos políticos do que no governo de Dutra. Os motivos eram a submissão de Vargas ao "imperialismo americano". Greves e revoltas populares tinham como resposta "o terror e a repressão sangrenta". Ainda segundo a compreensão dos comunistas naquele momento,

> Getúlio não somente enche as prisões com os patriotas que lutam contra a escravização aos Estados Unidos e a remessa de nossa juventude para o matadouro da Ásia ou da Europa, como também persegue de acordo com os métodos fascistas americanos o grande Prestes e seus companheiros de luta, contra os quais foi decretada uma ordem de prisão preventiva.[12]

Nesse sentido, a luta pela anistia unia "a todos os patriotas, a todas as pessoas dignas e amantes da justiça".[13]

Pedro Pomar, destacado militante e dirigente partidário, na época suplente do Comitê Central, também escreveu sobre Elisa Branco. Os argumentos se repetiam, denunciando a injustiça da condenação "de uma mulher pobre, mãe de duas filhas jovens, esposa exemplar". Recorrendo à linha política do Manifesto de Agosto, Pomar afirma que a condenação, embora aplicada por juízes, foi "por ordem direta dos patrões norte-americanos", uma vez que a atitude de Elisa constituiu "uma ameaça para os imperialistas e seus lacaios".[14] Naquele momento, em julho de 1951, a palavra de ordem dos dirigentes comunistas era

---

[12] *Idem*, 28 jul. 1951, p. 8.
[13] *Ibid.*
[14] *Idem*, 21 jul. 1951, p. 11.

a anistia política – única maneira, segundo avaliação do momento, de libertar Elisa e outros comunistas presos.

Quando Elisa completou um ano de detenção, no dia 7 de setembro de 1951, o próprio Luiz Carlos Prestes escreveu longo texto publicado conjuntamente em *Imprensa Popular* e *Voz Operária*. Para os militantes comunistas, não se tratava de mais um artigo. Era um texto do líder máximo do proletariado continental. Prestes iniciou referindo-se à injustiça daquela "incrível condenação". Lembrou que a Constituição assegurava a livre manifestação do pensamento e condenava a guerra. O que Elisa fez, segundo ele, foi "rigorosamente constitucional", além de ter traduzido os "sentimentos mais nobres do amor materno".

A denúncia contra a condenação de Elisa foi oportunidade para Prestes acusar o imperialismo norte-americano, a colonização do país e a subserviência dos governos de Dutra e Vargas. Prestes, no entanto, retornou ao tema central do seu texto: a libertação de Elisa. Ele conclamou a militância para a "ação contínua, tenaz, diária, crescente". Em particular, para exercer pressão sobre deputados e senadores para que, no parlamento, fosse votada anistia aos presos políticos. Mas alcançar a anistia, como ocorreu em 1945, exigia a criação de comitês em todo o país, nas fábricas, fazendas, escolas, escritórios, casas comerciais. "O povo quer a liberdade de Elisa e há de libertá-la!", concluiu o líder comunista.[15]

Naquele mesmo dia, *Imprensa Popular* noticiou julgamento de outro *habeas corpus*, pelo STF, para libertar Elisa Branco. No entanto, para grande decepção, o julgamento foi mais uma vez adiado devido à ausência, na cidade, do revisor do processo, ministro Mário Guimarães.[16]

---

[15] *Imprensa Popular*, Rio de Janeiro, 5 set. 1951, pp. 1 e 4. O texto foi publicado em *Voz Operária* em 8 de setembro.
[16] *Idem*, 7 set. 1951, p. 1.

Na edição de 9 de setembro, *Imprensa Popular* dedicou uma página inteira à situação de Elisa na Casa de Detenção de São Paulo. Naquele momento, o diretor do presídio impediu os profissionais do veículo de visitá-la. Elisa estava incomunicável.[17] Eles tomaram a decisão de ir até a residência da família de Elisa e souberam que, anteriormente, os dois advogados responsáveis pelo processo, Sinval Palmeira e Altivo Ovando, junto com Florita e Horieta, tinham conseguido visitar a prisioneira. Segundo o depoimento das filhas, Elisa "não é mais senão uma sombra do que era".[18]

Na residência, os profissionais de *Imprensa Popular* conversaram com Norberto e Florita. Também estava presente a mãe de Elisa, Carolina, com quase 70 anos, que morava com a filha e o genro. Os enviados de *Imprensa Popular* tiveram acesso a cartas que chegavam para Elisa. Uma delas dizia: "Elisa, você é uma heroína. Só uma heroína pode ter uma decisão como a que você teve." Em outra carta, uma menina de 14 anos escreveu: "Mamãe me pergunta o que eu desejo ser na vida. Eu disse que desejo ser como Elisa Branco." Ao ler as cartas, Norberto e Florita se emocionaram. Norberto foi enfático: "Orgulho-me de minha companheira." Carolina arrematou: "Elisa sempre foi carinhosa com os filhos. Aliás, desde pequena ela tinha carinho maternal com os bonecos. O gesto dela foi o gesto de mãe. Ela estava preocupada em defender os filhos. Os seus e os dos outros." Florita completou: "Sei que minha mãe vai ser libertada. Tenho essa certeza porque aprendi com ela a confiar no povo."[19]

A seguir, eles mostraram aos profissionais de *Imprensa Popular* uma carta de Elisa para Norberto e as filhas:

---

[17] *Idem*, 9 set. 1951, p. 6.
[18] *Ibid.*
[19] *Ibid.*

Querido companheiro e filhas,

Escrevo ainda dentro das grades, em que a reação me encarcerou, arrancando-me do convívio de vocês, do meu lar, o lar simples e honesto em que sempre vivi, pensando talvez que eu me curvasse e que me vendesse por 30 dinheiros, como se vendem esses canalhas que me prendem aqui.

Mas cada dia que passo aqui, os horrores que vejo, as arbitrariedades que me fazem, negando-me o que de mais justo peço, mais me revoltam contra eles, e mais me encorajam para lutar contra a guerra, a miséria e pela emancipação de minha pátria. Aproveito esta para enviar a vocês os primeiros fios de cabelos brancos – pois foi para as colegas de xadrez uma novidade encontrarem cabelos brancos em mim – criados aqui neste cárcere.

Como veem, criei cabelos brancos aqui dentro destas quatro paredes, onde Getúlio e Garcez me encarceram, mas podem crer que aqui criei também mais ódio a esses sugadores do sangue do povo. Criei também mais consciência de luta e me retemperei para as lutas vindouras.

Levem às companheiras de Santos e aos mais modestos camponeses e operários, que me têm trazido sua solidariedade e têm me ajudado a suportar estas algemas tão pesadas, os meus mais sinceros agradecimentos. Lembranças a minha afilhada Stalina Prestes Viva, cujo nome há de ser o exemplo do socialismo em nossa Pátria. Recebam as minhas saudades e muitos abraços de sua mãe e companheira.

Elisa[20]

---

20 *Imprensa Popular*, Rio de Janeiro, 9 set. 1951, p. 6.

Mesmo em momento mais doloroso, escrevendo ao marido e às filhas, Elisa não deixou de ser a militante comunista. O conteúdo da carta é eminentemente político. Quando se refere ao surgimento de cabelos brancos, o faz para denunciar a opressão dos governantes. Apenas na última linha ela manifesta sentimentos pessoais. Na avaliação de Gérard Vincent, entre os comunistas "a vida familiar é inteiramente subordinada às exigências da militância".[21] Todas as dimensões da vida estão voltadas para a política, inclusive o que chamamos de vida pessoal e familiar. Ao aderir ao comunismo, o militante adquire nova identidade social e maneira de ser no mundo, esforçando-se para superar o individualismo, o sentimentalismo e a vaidade pessoal. A carta de Elisa deve ser compreendida observando as crenças e os valores revolucionários. Contudo, ela sofria muito. Páginas atrás, vimos o quanto ela sentia a falta das filhas e de Norberto.

Por vezes, o presídio era visitado por juízes ou promotores para conhecer as instalações onde viviam as prisioneiras. Na véspera, elas eram obrigadas a limpar as instalações. Em uma dessas visitas, a de um juiz corregedor, Elisa e outras presas estavam em greve de fome. Ela aproveitou a oportunidade para denunciar as péssimas condições do presídio. O juiz entrou em sua cela e pegou uma toalha. Nela, Elisa havia bordado o símbolo da foice e do martelo. Ele olhou e abanou a cabeça em sinal negativo. Mas as denúncias de Elisa foram consideradas pelo juiz. Ela alegou que a detenta havia se incompatibilizado com o diretor e que, portanto, deveria ser transferida para outro presídio. Policiais militares a levaram para o bairro da Mooca, onde estava o presídio do Hipódromo.[22]

---

[21] Gérard Vincent, "Ser comunista? Uma maneira de ser", in: Antoine Prost e Gérard Vincent (orgs.), *História da vida privada: da Primeira Guerra a nossos dias*, São Paulo, Companhia das Letras, 1992, p. 442. (Coleção História da Vida Privada, vol. 5).

[22] Arquivo Pessoal de Horieta Alzira Baptista Novais. Elisa Branco Baptista. *Memórias* [livro 1], pp. 115-116.

A transferência de Elisa da Casa de Detenção para o presídio do Hipódromo melhorou muito suas condições de vida. Ela chegou e deu continuidade à greve de fome. Estava sem comer e, inclusive, sem beber água havia cinco dias. O diretor do presídio ficou seriamente preocupado. Ele procurou Elisa e alegou que não tinha responsabilidade sobre o que tinha acontecido a ela na Casa de Detenção. No Hipódromo, sob sua administração, ela poderia receber visitas. Ele cumpriu a palavra. No domingo seguinte, todos os presos, inclusive Elisa, receberam suas visitas. Ela soube que ocorreu o mesmo com os prisioneiros da Casa de Detenção.[23]

Elisa escreve nas memórias

Recebia as visitas com grande alegria porque para quem está na prisão, a visita para os presos é o que há de melhor, é o conforto que se recebe quando vemos que alguém ainda lembra-se de nós. [...] Quando as minhas filhas e meu marido iam embora, eu começava a chorar e as companheiras de xadrez me diziam, para me consolar; não chore d. Elisa, a senhora vai sair...[24]

O esforço do diretor do presídio do Hipódromo foi grande para que ela suspendesse a greve de fome. "Dona Elisa, peça o que quiser que mandarei buscar", disse-lhe. Elisa aceitou uma xícara de chá e um biscoito. O diretor retrucou: "Mas é pouco o que a senhora pede, não se acanhe de pedir."[25] O tratamento no presídio do Hipódromo foi completamente diferente daquele na Casa de Detenção. Certamente porque sua

---

[23] *Ibid.*, p. 116.
[24] *Ibid.*, pp. 116 e 161.
[25] *Ibid.*, p. 116.

condenação e prisão estavam repercutindo e a greve de fome agravava o cenário. Além disso, faltava pouco para o julgamento de novo *habeas corpus* no STF.

Da prisão, ela escreveu longa carta à militância do partido publicada no dia 17 de setembro em *Voz Operária*. A carta repetia muitos dos argumentos conhecidos. Ela escreveu aos militantes pedindo que se esforçassem para o sucesso do "Apelo por um pacto de paz" e que recolhessem ainda mais assinaturas para enviar à ONU os abaixo-assinados. "Que não fique uma só fábrica, uma só rua, uma só casa sem assinar o poderoso APELO que fará recusar a minoria dos que querem a guerra para seu próprio interesse." Ela termina a carta exclamando "Viva a Paz!" e "Viva o nosso grande líder Luiz Carlos Prestes!".[26]

A longa carta de Luiz Carlos Prestes em defesa de Elisa publicada no dia 5 de setembro e a carta dela mesma no dia 9 pareciam prenunciar alguma novidade. Os advogados entraram com recurso no STF insistindo em sua liberdade. Possivelmente para pressionar os ministros do Supremo, Elisa Branco e mais duas presas entraram, no dia 10, em nova greve de fome. A notícia em *Imprensa Popular* alegava que a greve de fome era contra os maus-tratos que recebiam no presídio, mas também devido à proximidade do julgamento.[27]

Deu em *Voz Operária*

Em Pompeia, São Paulo, nasceu na segunda semana de agosto no seio de uma família camponesa uma criança que recebeu o nome de Elisa Branco. A homenagem foi prestada pelos pais da criança.

---

[26] *Voz Operária*, Rio de Janeiro, 22 set. 1951, p. 6.

[27] *Imprensa Popular*, Rio de Janeiro, 11 set. 1951, p. 1.

> [...] Elisa Branco, a mãe brasileira condenada pelo seu amor à vida de nossa juventude, recebeu assim mais uma prova de gratidão da gente simples de nosso país que mostra, dessa maneira, compreender a grandeza de seu exemplo e de uma luta que não é dela somente, mas de todas as pessoas dignas: a luta pela paz."[28]

No dia 7 de setembro, exatamente um ano após Elisa abrir a faixa durante o desfile militar no vale do Anhangabaú, diversos militantes comunistas compareceram ao mesmo festejo do Dia da Independência. Três grupos de militantes abriram faixas e distribuíram panfletos. Segundo o Serviço Secreto do DOPS, "mais ou menos idênticos àqueles distribuídos por Elisa Branco". Policiais dispersaram os manifestantes, mas prenderam em flagrante cinco militantes comunistas. Todos foram enviados para a Casa de Detenção para aguardar o andamento do processo.[29]

No dia 19, data marcada para o julgamento do *habeas corpus*, houve novo adiamento. Elisa, sem dúvida, vivia um suplício com essas protelações.[30] Mas, no dia seguinte, os ministros do STF decidiram o destino de Elisa Branco.

O ministro Hanneman Guimarães votou pela absolvição; o ministro Abner de Vasconcelos acompanhou o voto, afirmando ser muito compreensível uma senhora ir às ruas para dizer que os filhos não iriam à guerra; Nelson Hungria também votou pela absolvição, argumentando que os

---

[28] *Voz Operária*, Rio de Janeiro, 1º set. 1951, p. 4.

[29] Arquivo Pessoal de Horieta Alzira Baptista Novais. Elisa Branco Baptista, *Processo político* [livro 2], s/p. "Informação Reservada", São Paulo, 1951, Arquivo Público do Estado de São Paulo, Fundo Deops/SP.

[30] *Imprensa Popular*, Rio de Janeiro, 20 set. 1951, p. 3.

jornais e os jornalistas é que deveriam ser condenados por promoverem campanha favorável à guerra. Diferente foi o voto do ministro Rocha Lagoa, que preferiu manter a condenação, mas com redução da pena; o mesmo fez o ministro Luis Galloti, que justificou sua decisão pelo fato de Elisa ser comunista; o ministro Mário Guimarães votou pela manutenção da pena. Com o empate, quem decidiu com o voto de Minerva foi o presidente do STF, ministro Orozimbo Nonato, que deliberou pela absolvição. Em seu julgamento, ele afirmou: "Sempre desempato a favor do réu, mas agora votaria de qualquer modo pela absolvição, pois não vejo crime no gesto de Elisa Branco." Os mesmos ministros que, anteriormente, recusaram por unanimidade libertar Elisa, agora tomavam outra decisão. Elisa, por sua vez, foi econômica ao receber a decisão do STF: "Fico satisfeita com mais essa vitória do povo. Precisamos arrancar os outros [da cadeia]. Quanto a mim, a luta continua."[31]

A militante somente foi libertada no dia 22 de setembro de 1951. Uma multidão a recebeu, segundo relato de *Imprensa Popular*, com "emoção e caloroso entusiasmo". Podiam-se ouvir fogos de artifício e flores foram jogadas ao chão para que ela caminhasse. Todos foram em passeata até a Câmara Municipal, e três vereadores a saudaram em nome do presidente da Casa.[32] Elisa certamente estava agradecida pela manifestação de vários vereadores a favor de sua libertação. No dia anterior, dois deles falaram na tribuna comemorando sua libertação.[33] Depois a passeata prosseguiu até a sede do Sindicato dos Bancários, para, em seguida, visitar a redação do jornal comunista *Hoje*. A manifestação terminou na sede da Federação das Mulheres do Estado de São Paulo, onde tudo começou.[34]

---

[31] *Idem*, 21 set. 1951, p. 1.

[32] *Idem*, 25 set. 1951, p. 1.

[33] *Correio Paulistano*, São Paulo, 22 set. 1951, p. 2.

[34] *Imprensa Popular*, Rio de Janeiro, 25 set. 1951, p. 1.

DOPS de olho em Elisa

Um reservado informa que o almoço, constituído de uma feijoada, levada a efeito por elementos comunistas, no dia 22 corrente, às 13h40, na Cantina Gallotti, à rua da Mooca, [...] em regozijo à decisão do STF que absolveu a comunista ELISA BRANCO, decorreu em perfeita ordem.

Entre os presentes foram anotados muitos intelectuais comunistas, entre os quais Omar Catunda.

Após a feijoada, houve um leilão entre os presentes de um pequeno pacote, contendo cigarros, tendo o seu produto revertido em favor da "Federação das Mulheres do Estado de S. Paulo".

Outras arrecadações também foram procedidas.

Não houve discursos.

Ao almoço seguiu-se um baile, que por sinal pouco concorrido.

O nº dos presentes foi calculado em 50.[1]

---

[1] Arquivo Pessoal de Horieta Alzira Baptista Novais. Elisa Branco Baptista, *Processo político* [livro 3], s/p. "Informação Reservada", São Paulo, 1951, Arquivo Público do Estado de São Paulo, Acervo Deops/SP.

6. ELISA E O PRÊMIO

O RECONHECIMENTO DA HEROÍNA

Libertada da prisão, Elisa imediatamente recebeu várias homenagens. Uma das primeiras, em 26 de setembro de 1951, foi a da Associação Feminina Fluminense, com sede na travessa Manoel Coelho, na cidade de São Gonçalo, Rio de Janeiro.[1] No mesmo mês, o Movimento Carioca pela Paz lançou concurso voltado para as organizações partidárias que cumprissem, corretamente e no tempo certo, suas cotas e tarefas visando a realização do III Congresso Brasileiros pela Paz. Vários eram os títulos dos prêmios, correspondentes a medalhas e flâmulas. O prêmio de maior valor era o que recebia o nome de Elisa Branco, com a "medalha vermelha".[2]

No mês seguinte, outubro, Elisa participou do III Congresso dos Partidários da Paz nas dependências da Associação Brasileira de Imprensa (ABI), no Rio de Janeiro. Em entrevista concedida à *Imprensa Popular*, ela afirmou: "Só a vontade do povo unido pode garantir a paz

---

[1] *Imprensa Popular*, Rio de Janeiro, 27 set. 1951, p. 3.
[2] *Idem*, 30 set. 1951, p. 2.

que tanto almejamos. E esse congresso é a grande oportunidade para manifestarmos nosso sentimento. Concito todas as mulheres, homens, jovens, enfim, o povo brasileiro para, em torno da Bandeira da Paz, cerrar fileiras em defesa da vida de nossos filhos, irmãos, maridos, noivos etc." Aproveitando a oportunidade, Elisa incentivou a Federação de Mulheres do Brasil, com representante no Congresso, a cumprir a sua cota: colher 750 mil assinaturas nos abaixo-assinados pela paz e pelo desarmamento mundial. E completou: "Tudo para que nosso povo não seja massacrado na guerra; tudo por esse povo a quem devo minha liberdade."[3]

Sua libertação foi noticiada no jornal *Pravda*, órgão oficial do Partido Comunista da União Soviética (PCUS).

Deu em *Voz Operária*

Nós, mulheres soviéticas, soubemos com a maior satisfação que foi libertada Elisa Branco, a intrépida filha do povo brasileiro e ardente lutadora da causa da paz.

Lídia Petrova, primeira-secretária do
Comitê Antifascista das Mulheres Soviéticas

Saudamos entusiasticamente a tua liberdade como novo triunfo dos Partidários da Paz e da solidariedade mundial.

Arnedo Alvares, secretário do Partido Comunista da Argentina[4]

---

[3] *Imprensa Popular*, Rio de Janeiro, 6 out. 1951, p. 1.
[4] *Voz Operária*, Rio de Janeiro, 13 out. 1951, p. 3.

Em 12 de novembro de 1951, Elisa foi homenageada em solenidade na Associação dos Empregados do Comércio, na rua Riachuelo. Vários oradores enalteceram Elisa, defenderam a paz mundial e criticaram o sistema judiciário brasileiro. Um poema foi recitado em sua homenagem. Ao final, a própria Elisa Branco agradeceu a manifestação, afirmando que continuaria lutando pela paz e por seus ideais. O leilão de uma boneca foi realizado a seguir. O maior lance foi de 400 cruzeiros. O dinheiro seria utilizado para custear uma cirurgia de que ela necessitava. Também houve leilão de um bolo, este para auxiliar na campanha pela paz.[5]

Elisa recebeu várias homenagens em diversas cidades do país. Em 3 de novembro de 1951, ela foi convidada especial do III Congresso Gaúcho de Defesa da Paz, realizado em Porto Alegre.[6] Muito aplaudida, ela participou da mesa de encerramento dos trabalhos.

Um dos momentos de maior reconhecimento foi durante os trabalhos do III Congresso dos Partidários da Paz, realizado durante dois dias de novembro, na cidade de Niterói. Em um desses dias, o presidente do evento convidou Elisa para participar da mesa. Segundo relato do jornal *Voz Operária*, ela foi ovacionada pelo púbico durante cinco minutos. Todos os delegados presentes no auditório se levantaram e, durante cinco minutos, de pé, aplaudiram-na, repetindo seu nome: "Elisa! Elisa! Elisa!"[7] Uma das resoluções do Congresso foi indicar para o Movimento Brasileiro pela Paz dois prêmios. Para o primeiro lugar, o Prêmio Joliot-Curie, destinado à personalidade que mais influíra na defesa da paz;

---

[5] Arquivo Pessoal de Horieta Alzira Baptista Novais. Elisa Branco Baptista, *Processo político* [livro 1], s/p, não publicado. "Relatório nº 134", São Paulo, 1951, Arquivo do Estado de São Paulo, Acervo Deops/SP.

[6] *Voz Operária*, Rio de Janeiro, 3 nov. 1951, p. 4.

[7] *Idem*, 17 nov. 1951, p. 12, e 18 nov. 1951, p. 1.

para o segundo, o Prêmio Elisa Branco, uma medalha de ouro para o melhor organizador de coleta de assinaturas.[8]

Em fins de novembro, Elisa visitou três capitais do nordeste brasileiro. Em Salvador, durante evento em sua homenagem, o jornal *Imprensa Popular* relata que uma senhora, de idade avançada, abraçou Elisa e disse-lhe: "Tenho dezoito filhos. A senhora me ajudou a protegê-los." Elisa ficou impressionada com a recepção em sua homenagem na Vila Rui Barbosa, onde a esperavam 5 mil moradores. Em Fortaleza, ela participou de ato público promovido pela Federação de Mulheres do Ceará, falando para cerca de quinhentas pessoas. Na cidade do Recife participou de ato no bairro operário de Casa Amarela em evento patrocinado pelo Centro de Estudos e Defesa do Petróleo, com aproximadamente duzentas pessoas.[9]

Carta a Elisa

(Publicada em *Imprensa Popular*)

Prezada Senhora:

Esta carta é mais uma exteriorização necessária de quem acompanhou com interesse a sua atitude desassombrada, desfraldando em plenos festejos comemorativos do "7 de setembro" a faixa cujos dizeres representavam o grito uníssono dos corações das mães brasileiras, naquele momento representado pelo seu coração corajoso e excepcional. [...]. Do cárcere, a sua coragem, o seu entusiasmo e a sua convicção enfrentando os sofrimentos e vexames, emocionou

[8] *Idem*, 1º dez. 1951, p. 6.

[9] *Imprensa Popular*, Rio de Janeiro, 30 nov. 1951, p. 1.

a todos os brasileiros. As mães brasileiras lhe expressaram solidariedade e admiração e eu, como jovem brasileiro, me orgulho da senhora. O meu agradecimento é profundo e sincero. Obrigado d. Elisa Branco! O seu exemplo perdurará e nós não sairemos de nossa terra para servir a interesses estranhos. Obrigado d. Elisa Branco! É o meu coração de filho que se regozija com o seu coração de mãe: obrigado d. Elisa Branco.

Cordialmente,
José Paulo Vieira da Cunha[10]

Cinco dias depois ela recebeu nova homenagem. Dessa vez na localidade de Santo Aleixo, no município de Magé, Rio de Janeiro. O prefeito e o subdelegado da cidade compareceram. O ato público, segundo avaliação de agente do DOPS e do jornal *Imprensa Popular*, reuniu cerca de trezentas pessoas. O prefeito, inclusive, pronunciou-se a favor da paz mundial e disse ser um admirador da "heroína brasileira". Vereadores discursaram, como também representantes da Associação Feminina Fluminense, da União Feminina de Santo Aleixo e do Movimento Juvenil pela Paz.[11] A seguir, Elisa foi para Barra Mansa, ao sul do estado, receber nova homenagem. Ela falou pelos microfones da Rádio Sul Fluminense e, à noite, participou de ato público, também transmitido pelo rádio. O prefeito da cidade se solidarizou com ela. Entidades participaram do evento, como a União Feminina de Barra Mansa.[12]

---

[10] *Idem*, 24 out. 1951, p. 2.

[11] Arquivo Pessoal de Horieta Alzira Baptista Novais. Elisa Branco Baptista, *Processo político* [livro 1], s/p.; *Imprensa Popular*, Rio de Janeiro, 5 dez. 1951, p. 2. "Tópico de Boletim Quinzenal nº 11", São Paulo, 1951, Arquivo do Estado de São Paulo, Acervo Deops/SP.

[12] *Imprensa Popular*, Rio de Janeiro, 6 dez. 1951, p. 2.

A polícia política, no entanto, não deixava de vigiar Elisa. No dia 5 de fevereiro de 1952, ela foi a uma festa de aniversário. Vale destacar que o agente revelou seu preconceito ao relatar que "havia muita gente, inclusive uns quinze pretos". Durante a festa, Elisa discursou. Não poderia ser diferente. Ela era uma celebridade entre os comunistas. Contudo, para o agente do DOPS, a interpretação foi outra: "A festa era apenas uma camuflagem. Na realidade era uma reunião comunista."[13]

Um dos eventos de maior repercussão nas campanhas pela paz foi a Conferência Continental Americana Pela Paz, realizada em Montevidéu, em março de 1952. Participaram do evento trezentos delegados de todos os países das Américas. Elisa integrou a delegação brasileira que participou do evento na capital uruguaia, formada por vinte pessoas. Entre eles estavam juízes, militares, jornalistas, romancistas, artistas plásticos, cineastas, professores, músicos, parlamentares e conhecidos ativistas comunistas, como Valério Konder.[14] Durante o evento, Elisa foi novamente homenageada. Ela foi uma das personalidades que, representando o Brasil, discursaram no encerramento do encontro clamando pela união dos povos das Américas e exigindo o estabelecimento imediato da paz na Coreia.[15]

No mesmo mês, Elisa Branco compôs a mesa que dirigiu os trabalhos para a conferência do criminalista Jorge Rodrigues, intitulada "A guerra bacteriológica e o direito internacional". O evento, com cerca de 150 pessoas, foi no salão das Classes Laboriosas, na rua do Carmo. É interessante como o agente do DOPS terminou seu relatório: "A assistência era composta apenas de elementos comunistas. Foi lançada

---

[13] Arquivo Pessoal de Horieta Alzira Baptista Novais. Elisa Branco Baptista, *Processo político* [livro 1], s/p. "Relatório de 18/02/1952", São Paulo, 1952, Arquivo Público do Estado de São Paulo, Acervo Deops/SP.

[14] *Imprensa Popular*, Rio de Janeiro, 30 mar. 1952, Segundo Caderno, p. 102.

[15] *Voz Operária*, Rio de Janeiro, 21 jun. 1952, p. 4.

no salão uma grande quantidade de gás lacrimogênio. Apesar desta situação, a assistência permaneceu no recinto."[16]

Na militância nas campanhas pela paz, Elisa participou da fundação da Cruzada Humanitária pela Proibição das Armas Atômicas, seção de São Paulo. O evento ocorreu em uma sala na avenida Rangel Pestana. Cerca de trezentas pessoas – a maioria operários, segundo observação de agente do DOPS – participaram do evento, que teve início às 21 horas. A mesa era composta por dez pessoas, entre elas Jorge Amado, Caio Prado Jr. e a própria Elisa Branco.[17]

A Comissão Nacional Organizadora da Primeira Assembleia Nacional de Mulheres, ocorrida na cidade de São Paulo, indicou Elisa Branco como representante da assembleia em âmbito nacional. A assembleia foi promovida pela Federação de Mulheres do Brasil (FMB), organização fundada em 1949, por Alice Tibiriçá, e presidida por ela. A organização não era propriamente comunista. Alice não era comunista. Ela estava engajada nas lutas nacionalista e pelos direitos das mulheres. A FMB era a organização que defendia a pauta reivindicatória das mulheres e nela participavam vários movimentos de esquerda, sendo o peso maior o do PCB. Talvez por Alice Tibiriçá ter participado da reunião da Federação Democrática Internacional de Mulheres, em Moscou, em 1949, a FMB tenha sido identificada com o comunismo.

Elisa Branco discursou na abertura da assembleia nacional, na cidade do Rio de Janeiro. Em seu discurso, enfatizou que o projeto era aliar a função de mãe e esposa com outra, mais larga, que tornasse a mulher

---

[16] Arquivo Pessoal de Horieta Alzira Baptista Novais. Elisa Branco Baptista, *Processo político* [livro 1], s/p. "Conferência do Snr. J. Rodrigues Mereje ontem, nas classes laboriosas", São Paulo, 1952, Arquivo Público de São Paulo, Acervo Deops/SP.

[17] Arquivo Pessoal de Horieta Alzira Baptista Novais. Elisa Branco Baptista, *Processo político* [livro 1], s/p. "Inauguração da sede da Cruzada Humanitária pela proibição das Armas Atômicas", São Paulo, 1952, Arquivo Público de São Paulo, Acervo Deops/SP.

uma "batalhadora do ideal magnífico de uma vida digna e feliz para nossos filhos, de uma vida de progresso para o nosso país". Na pauta de reivindicação das mulheres, Elisa ressaltou que:

> – Os nossos filhos sejam felizes! Tenham creches, jardins de infância, colônia de férias etc.
> – A vida se torne melhor com a baixa do custo de vida, a construção de escolas, hospitais, etc.
> – Os nossos direitos, os cumpridos e que os que ainda não temos nos seja assegurado.
> – A Paz seja o caminho trilhado [...][18]

O prestígio político de Elisa Branco continuou ao longo de 1952. Em setembro, ela foi indicada para formar o Conselho Consultivo Nacional do Movimento Brasileiro dos Partidários da Paz (MBPP). Ao seu lado estavam os escritores Jorge Amado e Graciliano Ramos, o arquiteto Oscar Niemeyer, o jurista Evandro Lins e Silva, o artista plástico Candido Portinari, o antropólogo Edson Carneiro e o compositor Guerra Peixe, para citar os mais conhecidos. O Conselho também era integrado por oficiais militares, jornalistas, cientistas, desembargadores, professores, cineastas e parlamentares.[19] Na Reunião da Paz, realizada em Porto Alegre, foi eleita em assembleia, por aclamação, vice-presidente do MBPP.[20]

No início de dezembro, ela foi homenageada pela União Feminina do Município de Nova Iguaçu, no Rio de Janeiro.

---

[18] Arquivo Pessoal de Horieta Alzira Baptista Novais. Elisa Branco Baptista, *Processo político* [livro 3], s/p. Manuscrito de Elisa Branco, São Paulo, 1952, Arquivo Público do Estado de São Paulo, Acervo Deops/SP.

[19] *Voz Operária*, Rio de Janeiro, 6 set. 1952, p. 4.

[20] *Imprensa Popular*, Rio de Janeiro, 25 dez. 1952, p. 1.

O CONGRESSO DE VIENA

Em meados de dezembro de 1952, o Movimento Brasileiro dos Partidários da Paz listou os delegados que participariam do Congresso de Viena. Havia, entre eles, cinco sindicalistas; quatro integrantes do MBPP e três professores universitários, da USP e da Universidade do Brasil, atual Universidade Federal do Rio de Janeiro (UFRJ). Com dois representantes cada um, havia parlamentares do PTB, juristas, oficiais militares, atores e escritores. Também constavam da lista um jornalista, um maestro, um líder espírita kardecista, um fazendeiro, um camponês, um boxeador, um professor e a presidente da Federação de Mulheres do Brasil. Entre os nomes mais conhecidos estavam o cientista e professor da USP Mario Schenberg, a atriz Maria Della Costa e o escritor Jorge Amado.[21] Elisa Branco entrou na lista posteriormente. Como vice-presidente do MBPP, ela foi indicada para representar o estado de São Paulo no congresso.

DOPS de olho em Elisa

Informe do Serviço Secreto do DOPS de 14 de novembro de 1952

Cumpre-me levar ao conhecimento de V.S. que segue de viagem com destino ao Rio de Janeiro, pelo Expresso Cometa precisamente às 24 horas de hoje, o marido de Elisa Branco Batista, onde vai avistar-se com esta que se acha na Capital Federal em preparativos de seguir viagem para Viena.[22]

---

[21] *Idem*, 14 dez. 1952, p. 3.

[22] Arquivo Pessoal de Horieta Alzira Baptista Novais. Elisa Branco Baptista, *Processo político* [livro 1], s/p. "Assuntos Gerais Sobre Serviços", São Paulo, 1952, Arquivo Público de São Paulo, Acervo Deops/SP.

Para noticiar o congresso, *Imprensa Popular* enviou Osvaldo Peralva para Viena. Ele relatou que o evento começou no dia 19 de dezembro, reunindo milhares de pessoas em imenso salão. Encontravam-se representantes de vários países do mundo com o objetivo de discutir e buscar a paz mundial.

O evento foi possível devido às articulações feitas pelo presidente do Conselho Mundial da Paz, Jean Frédéric Joliot-Curie, filho de Pierre e Marie Curie. Joliot-Curie e sua mulher Irène demonstraram a existência do nêutron e da radioatividade artificial, motivo pelo qual ganharam o Prêmio Nobel de Química, em 1935. Em 1950, ele recebeu o Prêmio Stalin da Paz.

A pluralidade de tendências políticas e religiosas e o multinacionalismo foram marcantes no congresso. O economista indiano Kumara, discípulo de Gandhi, estava ao lado de um operário da Light, da combatente coreana Kim Sem You e de Hayward, delegado representando os Estados Unidos. Mas também de reverendos da Igreja Anglicana e da Igreja Ortodoxa russa, bem como de um bispo católico, um pastor metodista, um sacerdote muçulmano e um líder budista. Participaram também o filósofo e escritor Jean-Paul Sartre, parlamentares argentinos peronistas e grupos nacionalistas árabes. Segundo Peralva, a força e a importância do congresso provinham de diversos movimentos dispersos, sem ligações (ou mesmo divergentes), mas que haviam se juntado pelo ideal da paz mundial. Ainda segundo Osvaldo Peralva, o que unia a todos no congresso era "unicamente uma coisa: que participassem do princípio da coexistência pacífica".[23]

No dia 23 de dezembro de 1952, o jornal *Imprensa Popular*, na primeira página, publicou nota do Movimento Brasileiro dos Partidários

[23] *Imprensa Popular*, Rio de Janeiro, 29 dez. 1952, p. 8.

da Paz. A notícia era verdadeiramente surpreendente: Elisa Branco ganhara o Prêmio Stalin da Paz, uma das maiores honrarias que um comunista poderia receber.

ELISA, STALIN E O PRÊMIO

Em fins de dezembro de 1952 e início de 1953, o nome de Elisa Branco novamente circulou entre a militância comunista. Ainda em Viena, em dezembro, ela soube que ganhara o Prêmio Internacional Stalin pelo Fortalecimento da Paz entre os Povos, conhecido tão somente como Prêmio Stalin da Paz.

O prêmio foi instituído em 21 de dezembro de 1949, no 70º aniversário de Stalin. Na história do movimento comunista, foi o Presidium do Soviete Supremo da URSS quem instituiu o prêmio. Mas é muito possível que a ideia tenha surgido de alguém do círculo de poder de Stalin ou dele mesmo. Os escolhidos para o prêmio eram indicados por um comitê composto por artistas e intelectuais. O comitê que escolheu Elisa tinha como presidente o acadêmico soviético Dmitri Skobeltsin, enquanto os vice-presidentes eram o renomado poeta francês Louis Aragon e o escritor chinês Kuo Mo-jo. Eles decidiram quem seriam os premiados entre os dias 17 e 20 de dezembro.

Para o movimento comunista da época, tratava-se de uma honraria inestimável. Algo equivalente ao Prêmio Nobel da Paz. O primeiro brasileiro a ser premiado foi o escritor Jorge Amado, em 1951. No ano seguinte foi a vez de Elisa Branco. O terceiro e último brasileiro a receber o prêmio foi o arquiteto Oscar Niemeyer, em 1963, embora com outro título: Prêmio Lênin da Paz. A mudança de nome do prêmio ocorreu no governo de Nikita Khrushchev. Com o processo de desestalinização iniciado por ele em 1956, o nome de Lênin substituiu o de Stalin.

Seja como for, Elisa estava ao lado de dois nomes de destaque da cultura brasileira, Jorge Amado e Oscar Niemeyer. Mas não apenas desses dois brasileiros. Ao longo dos anos, foram laureadas personalidades como Pablo Neruda, Bertolt Brecht, Lázaro Cárdenas, Fidel Castro, Pablo Picasso, Dolores Ibárruri, Miguel Ángel Asturias, Salvador Allende, Samora Machel, Agostinho Neto, Angela Davis, Indira Gandhi, entre muitos outros.

Elisa não foi a única ganhar o prêmio em 1952. Era comum várias personalidades serem premiadas no mesmo ano. Naquela ocasião, ao lado de Elisa estavam o alemão oriental Johannes Becher, escritor e membro do alto escalão do Partido Comunista e ministro da Cultura do país; o ucraniano Ilya Ehrenburg, escritor e jornalista; o reverendo canadense James Gareth Endicott, partidário da paz e ativista socialista; o francês Yves Farge, jornalista e participante dos movimentos pela paz; o indiano Saifuddin Kitchlew, advogado, membro do Congresso Nacional Indiano e líder do movimento pela paz; o estadunidense Paul Robeson, artista, atleta e ativista dos direitos civis. Elisa, portanto, integrava grupo formado por pessoas de diversos países com histórias de destaque nos movimentos socialistas e pela paz.

Elisa soube da premiação ainda no Congresso de Viena. Durante uma reunião de delegados de países latino-americanos, Carmem de Santis, delegada italiana presente no evento, entrou na sala e pediu cinco minutos para fazer um importante comunicado. Ela falou em francês e Elisa nada entendeu. Mas se surpreendeu quando todos os delegados presentes se levantaram para abraçá-la e beijá-la. Segundo depoimento da própria Elisa, anos mais tarde: "Fiquei atônita e quando me disseram que havia sido laureada com o Prêmio Stalin da Paz, quase perdi a respiração."[24] Logo, jornalistas da rádio de Moscou pediram uma entrevista. Elisa preferiu escrever um texto, receosa de errar nas palavras. "Mas, pensa que foi fácil lê-las ao microfone? As letras sumiam dos meus olhos, a voz não passava pela garganta, enquanto as lágrimas me rolavam pela face." Elisa ficou muito emocionada. Ela ainda relata: "Eu nunca poderia esperar que viesse a receber tão grandiosa homenagem e que meu modesto nome figurasse ao lado de Ilya Ehrenburg, Paul Robeson e outras pessoas conhecidas em todo o mundo e cuja contribuição em favor da paz foi considerada excepcional."[25]

Deu em *Imprensa Popular*

(Elisa Branco, em Viena, fala nos microfones da rádio de Moscou)

Este é o maior momento de minha vida. O povo brasileiro vem ser agraciado com a mais alta homenagem que se pode almejar. Meu pensamento volta-se para a mulher brasileira que luta para evitar que seus filhos sejam enviados para a Guerra da Coreia. É com o maior respeito que recebo esta homenagem. Stalin é hoje o clarão que ilumina os povos do mundo inteiro. Todos aqueles que desejam a paz têm em Stalin a garantia de que a paz será salva.[26]

Durante três dias, Elisa viajou da capital da Áustria para Moscou. Ao parar em Budapeste às 3 horas da manhã, um grupo de mulheres a esperava para lhe entregar um ramalhete de flores, atitude que a emocionou.

---

[24] Augusto Buonicore e Fernando Garcia, "Elisa Branco, heroína internacional da Paz", *Fundação Maurício Grabois*. Disponível em: <www.grabois.org.br/cdm/artigos/145985/2010-08-31/elisa-branco-heroina-internacional-da-paz>. Acesso em: 13 nov. 2020.

[25] *Ibid.*

[26] *Imprensa Popular*, Rio de Janeiro, 25 dez. 1952, p. 1.

Elisa passou o Natal dentro do trem, chegando em Moscou no dia 26 de dezembro, durante o mais rígido inverno soviético. Talvez por isso tenha adoecido, vítima de forte resfriado, tendo que ser atendida por médicos. Para ela foi algo frustrante. Segundo seu próprio depoimento, "esse resfriado foi um verdadeiro azar... Enquanto os outros membros da delegação brasileira partiam para visitas... eu ficava ali, em cima de uma cama, perdendo uma oportunidade com que vinha sonhando há anos de conhecer ao máximo como é a vida na União Soviética".[27] Sem dúvida, para um militante comunista a maior alegria de sua vida era conhecer o país dos sovietes e andar pela Praça Vermelha. Deve ter sido grande a sua frustração.

Recuperando-se em um quarto de hospital, os jornalistas da Rádio Moscou, para entretê-la, telefonavam para ela dando notícias do Brasil. Em uma dessas conversas, Elisa soube da continuidade da greve dos têxteis no Rio de Janeiro, além de numerosas prisões de trabalhadores em Belo Horizonte. Elisa relata que ficou muito triste. "Senti uma saudade e uma angústia tão grandes que não pude sequer terminar de ouvir as notícias e comecei a chorar." Nesse momento, uma enfermeira entrou no quarto e, vendo-a em prantos, ficou muito preocupada e fazia perguntas para Elisa em língua russa. Por mais que Elisa lhe dissesse que "não era nada", a enfermeira continuou com perguntas e falava repetidamente: "Elisa Brancô, Elisa Brancô." Médicos logo chegaram para novos exames. A partir daí, um intérprete ficou à sua disposição no quarto. Além de ter passado o Natal no trem, Elisa também comemorou seu aniversário no quarto de hospital.[28]

---

[27] Augusto Buonicore e Fernando Garcia, *op. cit.*

[28] *Idem.*

Saudação de Elisa Branco ao povo brasileiro na passagem do ano

De Moscou, maravilhosa capital da União Soviética, quero, no início deste novo ano, dirigir as minhas calorosas felicitações ao querido povo brasileiro. [...] Os poucos dias que estou na pátria do socialismo me permitiram ver de perto quão imenso é o amor pela paz do grande povo soviético. A existência da URSS à frente de todos os povos do mundo, e dirigida pelo muito amado Camarada Stalin, é uma garantia de que os horrores da guerra poderão ser afastados e que os povos poderão construir um futuro feliz e pacífico.[29]

No dia da premiação, Elisa estava muito nervosa. A mesa era composta pelo presidente do comitê que indicou os nomes para a premiação, o acadêmico soviético Dmitri Skobeltsin, a presidente do Comitê Antifascista de Mulheres Nina Popova, e os escritores Verassimov, Ilya Erenburg e Jorge Amado. Vários oradores falaram sobre a causa da paz, a contribuição do povo brasileiro e as campanhas contra a guerra na Coreia.

Elisa discursou. Iniciou homenageando, conforme se expressou, "nosso grande Prestes". Ela repetiu suas palavras dizendo que "o povo brasileiro jamais pegará em armas contra o nobre povo soviético". E que a faixa que abrira no Anhangabaú continuaria sendo o grande lema das mães brasileiras.[30]

---

[29] *Imprensa Popular*, Rio de Janeiro, 4 jan. 1953, p. 2.

[30] Augusto Buonicore e Fernando Garcia, *op. cit.*

O eleito ganhava diploma, medalha de ouro com a efígie de Stalin e prêmio em dinheiro: 100 mil rublos. Na moeda brasileira da época, cerca de 750 mil cruzeiros. Segundo o depoimento da própria Elisa, o equivalente a 25 mil dólares. Mas qual o poder aquisitivo dessa quantia em cruzeiros no Brasil, em 1º de janeiro de 1953? Converter cruzeiros para reais, com data de dezembro de 1952, é praticamente inviável. Utilizar o dólar também é problemático, uma vez que, daquela data até hoje, a moeda sofreu desvalorizações com a inflação nos Estados Unidos. Uma alternativa para avaliar o significado de 750 mil cruzeiros é cotejar o preço de determinadas mercadorias daquela época no Brasil.

Consultando dois importantes jornais, o *Correio da Manhã* e o *Jornal do Brasil* naquela data, encontrei os preços de dois automóveis importados, ambos zero quilômetro. Um Buick custava 175 mil cruzeiros, enquanto o preço de um Chrysler modelo New Yorker era de 280 mil cruzeiros. Pequenas fortunas para a época, considerando que eram produtos importados e adquiridos somente por pessoas de alta renda. Cotejando com os preços dos imóveis, um apartamento novo na rua General Góes Monteiro, no bairro de Botafogo, Rio de Janeiro, composto por sala, saleta, duas varandas, dois quartos e área de serviço custava 335 mil cruzeiros. O prédio não tinha garagem. Mas, na época, isso não importava tanto, uma vez que poucos podiam ser proprietários de automóveis. O prêmio recebido por Elisa poderia comprar dois desses apartamentos, sobrando ainda 80 mil cruzeiros. Mas o prêmio daria para comprar um apartamento, também novo, na rua Tonelero, no bairro de Copacabana, Rio de Janeiro, com sala, três quartos, área de serviço e garagem. O valor do apartamento era de 660 mil cruzeiros. Sobrariam ainda 90 mil cruzeiros. Vale ainda observar que o primeiro prêmio da Loteria Federal era de 2 milhões de cruzeiros. Enfim, o Prêmio Stalin da Paz equivalia a uma pequena fortuna.

Osvaldo Peralva, destacado jornalista da imprensa comunista e posteriormente bastante crítico aos dirigentes partidários, revela em seu livro de memórias que os premiados, Jorge Amado e Elisa Branco, ficaram com a medalha e o diploma, entregando todo o dinheiro à direção do partido. Elisa, a quem Peralva define "como uma mulher muito pobre", entregou o dinheiro e recusou a oferta dos dirigentes comunistas de ficar com 200 mil cruzeiros para comprar uma casa.[31]

Em palestra, Elisa disse que recebeu 25 mil dólares pelo Prêmio Stalin, mas que a maior parte do dinheiro foi destinada ao PCB, restando-lhe apenas 100 mil cruzeiros. Da quantia, ela usou 30 mil cruzeiros para pagar dívidas e custear as passagens para Moscou, a sua e a do irmão que a acompanhou, Antonio Branco.[32] Há indicações de que Elisa também tenha comprado uma máquina de escrever.[33]

É verdade que a cúpula do PCB queria o dinheiro. Certamente para custear as grandes despesas de uma máquina partidária, ainda mais na clandestinidade. Mas também é verdade que um militante comunista engajado na luta não necessitava de quantias vultosas. Se recebesse grandes somas, caso de Elisa, esse dinheiro deveria ser revertido para a causa revolucionária, para o bem da coletividade – e não para benefício individual.

Contudo, há indícios de conflitos familiares. Horieta ficou indignada com a entrega de todo o dinheiro ao PCB. Afinal, a família vivia com dificuldades. Também há notícias de que Elisa foi pressionada pelo

---

[31] Osvaldo Peralva, *O retrato*, Rio de Janeiro, Centro Edelstein de Pesquisas Sociais, 2009 (primeira edição de 1960), p. 340.

[32] Arquivo Pessoal de Horieta Alzira Baptista Novais. Elisa Branco Baptista, *Processo político* [livro 1], s/p. "Departamento de Ordem Política e Social, Reservado", São Paulo, 1953, Arquivo Público do Estado de São Paulo, Acervo Deops/SP.

[33] Horieta comentou com a filha, Ana Lúcia, sobre a compra da máquina de escrever. Entrevista concedida por Ana Lúcia Novais ao autor.

Comitê Central a ceder a quantia ao partido.[34] Seja como for, entre o dinheiro e o partido, Elisa preferiu o ideal revolucionário.

A premiação de Elisa foi amplamente divulgada no Brasil pela imprensa comunista. Ainda no dia 25 de dezembro, *Imprensa Popular*, na primeira página, publicou manifesto do Movimento Brasileiro dos Partidários da Paz elogiando Elisa pelo recebimento do prêmio. A Federação de Mulheres do Brasil enviou mensagem ao Comitê Antifascista de Mulheres Soviéticas ressaltando que o prêmio conferido a Elisa Branco era uma honra concedida ao povo brasileiro, especialmente às mulheres. O escritor Pablo Neruda referiu-se à Elisa como "heroína de todos os povos latino-americanos".[35] Elisa também foi elogiada pela Mocidade Brasileira pela Paz.[36]

Ela recebeu o prêmio no dia 15 de janeiro, no Palácio do Kremlin. Segundo seu relato, várias mulheres soviéticas estavam presentes na cerimônia. Uma delas a abraçou e, chorando, falou algo em língua russa. Um intérprete traduziu o que ela disse: "Eu sei que você esteve presa porque não quer que nenhum soldado brasileiro vá para a Coreia. É por isso que estamos aqui. Você vale o Brasil que não quer a guerra."[37] Elisa então compreendeu por que a mulher lhe dissera estas palavras chorando. Afinal, milhões de mulheres soviéticas haviam perdido seus filhos durante a Segunda Guerra.

---

[34] Entrevista concedida por Ana Lúcia Novais ao autor.

[35] *Imprensa Popular*, Rio de Janeiro, 27 dez. 1952, p. 1.

[36] *Ibid.*, p. 2.

[37] *Idem*, 28 jan. 1953, p. 1.

Declaração de Elisa Branco ao receber, no Kremlin, o Prêmio Internacional Stalin da Paz

Sinto-me feliz e honrada de levar ao povo brasileiro o Prêmio Internacional Stalin da Paz. Sei que meus méritos pessoais não são bastantes para tamanha honraria. Foi o povo brasileiro que mereceu e obteve esse prêmio, ao qual o nome do camarada Stalin dá tão profunda significação. [...]

O Movimento dos Partidários da Paz no Brasil ampliou-se e aprofundou-se sensivelmente nos últimos anos. [...] Não posso deixar de mencionar uma outra vitória que me é particularmente grata. Até agora nenhum soldado brasileiro partiu para a Coreia [...]. Participei pessoalmente dessa campanha e a luta do povo brasileiro contra o envio de tropas para a Coreia esteve intimamente ligada à luta contra minha prisão, porque declarei que nossos filhos jamais guerreariam contra o povo coreano. Não só o povo brasileiro me libertou como impediu até agora que o governo atendesse às reiteradas ordens de Wall Street. Esta é também uma vitória do povo brasileiro.

A realização do Congresso dos Povos em Defesa da Paz e as decisões nele aprovadas constituem uma das poderosas derrotas do imperialismo norte-americano. [...]

O Prêmio Internacional Stalin da Paz é a maior recompensa que um ser humano pode receber nos dias de hoje. Aceitei o prêmio como uma honraria conferida à luta do meu povo e o transmito a todos os brasileiros partidários da paz, sem distinção de credo político, crença religiosa ou classe social. [...]

O povo brasileiro admira a União Soviética e é grato ao governo da URSS e ao povo soviético pelo imenso trabalho que têm realizado

> em defesa da Paz Mundial. O povo brasileiro ama profundamente o camarada Stalin. [...] No Brasil, é maior do que nunca a gratidão dos trabalhadores e do povo do Brasil ao grande porta-bandeira da paz mundial e da felicidade humana, ao melhor amigo do povo brasileiro, o camarada Stalin.[38]

Elisa regressou ao Brasil, em 27 de janeiro, desembarcando no aeroporto do Galeão, no Rio de Janeiro. Ela foi recebida por dezenas de pessoas. Um grupo de mulheres e crianças recepcionou-a, levantando uma faixa com os dizeres: "As famílias dos militares patriotas presos saúdam Elisa Branco." Elisa comentou que receber o Prêmio Stalin da Paz no Kremlin foi o dia mais feliz de sua vida. Contudo, a modéstia, característica de uma autêntica militante comunista, levou-a a falar menos de si e mais do congresso em Viena.[39]

Em fevereiro de 1953, Elisa foi convidada, pela Cruzada Pela Paz e pela Proibição das Armas Atômicas, para fazer uma fala na cidade de Santos, com sede na rua São Francisco. Vários oradores enalteceram a luta de Elisa pela paz mundial e sua dedicação ao PCB. Um deles se lembrou de que Elisa tinha feito parte da delegação brasileira no Congresso dos Povos pela Paz, realizado em Viena, bem como de sua visita à União Soviética, onde recebeu o Prêmio Stalin da Paz. Elisa agradeceu e, em seu discurso, destacou sua viagem à União Soviética.[40]

---

[38] *Voz Operária*, Rio de Janeiro, 31 jan. 1953, p. 4.

[39] *Imprensa Popular*, Rio de Janeiro, 28 jan. 1953, p. 1.

[40] Arquivo Pessoal de Horieta Alzira Baptista Novais. Elisa Branco Baptista, *Processo político* [livro 1], s/p. "Relatório Reservado n. 55-53", São Paulo, Arquivo Público de São Paulo, Acervo Deops/SP.

Carta a Elisa

(Publicada em *Voz Operária*)

Ansioso por elevar minhas congratulações à Elisa Branco por conta do Prêmio Stalin, peço-vos a publicação destas poucas linhas dirigidas a essa heroína brasileira nas colunas desse semanário. [...] Lembro-me do teu gesto heroico no meio do povo diante de milhares de soldados que desfilavam naquela manhã de 7 de setembro em S. Paulo. [...] Todos os povos conhecem a tua faixa, saúdam o teu nome. Estás figurando entre os que mais se destacaram no mundo na luta pela Paz e o galardão e o [ilegível] que recebeste – o Prêmio Stalin Internacional da Paz – bem o disseste: "pertence ao povo brasileiro" que tanto amas. Congratulo-me contigo, Elisa, por essa grande conquista e coloco-me ao teu lado para, com os meus companheiros e amigos, lutar mais entusiasticamente até que, de uma vez para sempre, nenhum jovem brasileiro sinta a ameaça de ir para o matadouro de uma nova guerra.

Álvaro Santiago de Gusmão[1]

O recebimento do prêmio reforçou a vigilância que o DOPS exercia sobre Elisa. Em Relatório Reservado, datado de fevereiro de 1953, agente do DOPS alertou para a livre atuação dos comunistas em São Paulo, particularmente a Federação das Mulheres e "esta infeliz patrícia, Elisa Branco, fanática quinta-colunista, há pouco premiada pela sua traição à Pátria, com o Prêmio Stalin da Paz". O autor do relatório define o nazismo como racista e prepotente, mas o iguala ao comunismo: "Se um

[1] *Voz Operária*, Rio de Janeiro, 24 jan. 1953, p. 2.

brasileiro qualquer recebesse um prêmio Hitler de qualquer 'virtude' desse jaez, teríamos já o encarcerado, no mínimo." O agente do DOPS alerta seus superiores para a expansão do comunismo no estado. Para ele, como se não bastasse a existência da Federação das Mulheres, surgiu, naquele momento, a Federação da Juventude.[2]

[2] Arquivo Pessoal de Horieta Alzira Baptista Novais. Elisa Branco Baptista, ***Processo político*** [livro 2], s/p. "Cópia de Tópico de Relatório Reservado datado de fevereiro de 1953", São Paulo, 1953, Arquivo Público de São Paulo, Acervo Deops/SP.

7. A LUTA CONTINUA

ELISA ENTRE DUAS MORTES

Na edição do dia 5 de março de 1953, a primeira página de *Imprensa Popular* estampava um grande retrato de Stalin. Em letras garrafais, a manchete anunciava: "Stalin enfermo." A notícia era de que ele padecia de um acidente vascular cerebral (AVC), chamado comumente "derrame cerebral". Na verdade, Stalin tinha falecido naquele mesmo dia.

Os comunistas brasileiros, no entanto, ainda não sabiam. Luiz Carlos Prestes, em nome do Comitê Nacional do PCB, emitiu nota de solidariedade ao Comitê Central do Partido Comunista da União Soviética. A nota foi publicada na primeira página do jornal. Logo abaixo da nota de Prestes, estava publicada nota de solidariedade de Elisa Branco. Na primeira página de *Imprensa Popular*, Elisa surgia logo abaixo de Prestes. Uma honraria, mas nada casual, considerando que ela havia ganhado o Prêmio Stalin da Paz.

A confirmação da morte de Stalin repercutiu no movimento comunista de todos os países do mundo. Partidos comunistas emitiram notas de pesar. Militantes e intelectuais expressaram tristeza e consternação. A notícia de sua morte atuou de maneira impactante. Afinal, para os comunistas de todo o mundo, Stalin realizara feitos grandiosos que haviam beneficiado a humanidade: foi o construtor do socialismo na União Soviética, derrotou as forças militares alemãs na Segunda Guerra e, a seguir, lutou pela paz mundial. Vale ressaltar que, como o Super-Homem, Stalin, na língua russa, significa "homem de aço".[1] Nikita Khrushchev assumiu a liderança do país após dura luta pelo poder dentro do Partido Comunista.

Deu em *Imprensa Popular*

"Nosso Mestre e Nosso Pai" – Elisa Branco
(Artigo publicado em *Gazeta Literária* de Moscou
e reproduzido em *Imprensa Popular*)

Nossas lágrimas correm por Stalin, lágrimas das mulheres, das donas de casa, das operárias e das camponesas em seu duro trabalho, das mães que velam pela vida de seus filhos, das moças que sonham com um futuro feliz e um lar ao abrigo das desgraças da guerra. Nossas lágrimas correm por Stalin, nossos corações estão dilacerados de dor. Essa perda atingiu profundamente a cada um de nós, porque sempre vimos em Stalin o maior defensor de nossos direitos e aspirações, o defensor máximo da vida de nossos filhos. [...] Entristecidas e em lágrimas como estamos, pela perda do grande e querido mestre e guia, José Stalin, sabemos, entretanto, que sua glória viverá eternamente, coroada pela vitória da causa à qual deu o melhor de seus esforços – a Paz.

[1] Jorge Ferreira, *Prisioneiros do mito. Cultura e imaginário político dos comunistas no Brasil (1930-1956)*, *op. cit.* Ver capítulo 8, "Stalin: o homem de aço".

Elisa não mudou sua rotina, dedicando-se às tarefas partidárias, em particular às campanhas pela paz e pelos direitos das mulheres. Esta última luta não deve ser confundida com o que posteriormente ficou conhecido como feminismo, ou seja, a luta das mulheres pelos mesmos direitos que os homens. Aqui, trata-se de outro tipo de reivindicação, como a luta contra a carestia, pelo congelamento dos preços das mercadorias de primeira necessidade, pelo acesso a creches, a sistema de água e esgotos, calçamento das ruas, bem como pela igualdade salarial com os homens e a instituição do divórcio, entre outras.

As filhas, Florita e Horieta, atuaram na militância estudantil, na União Paulista de Estudantes Secundaristas (Upes). Nas campanhas pela paz, recolheram assinaturas, chegando a ser presas por policiais em Sorocaba. Além dos abaixo-assinados, elas organizavam bailes e piqueniques com o intuito de arrecadar dinheiro – o objetivo era fazer melhorias nas escolas.[2]

Em junho de 1953, Elisa Branco viajou para Copenhague, na Dinamarca, para participar do Congresso Mundial das Mulheres. O evento foi convocado pela Federação Democrática Internacional de Mulheres. Segundo matéria publicada em *Voz Operária*, a Federação estava organizada em 65 países. No congresso foram discutidas questões relativas à paz mundial, às guerras na Coreia, na Malásia e no Vietnã, aos direitos das mulheres e a um futuro melhor para as crianças de todo o mundo. A delegação brasileira foi composta por dezoito mulheres, entre elas Elisa Branco, na época vice-presidente do Movimento Brasileiro dos Partidários da Paz.[3]

---

[2] Arquivo Pessoal de Horieta Alzira Baptista Novais. Elisa Branco Baptista, *Memórias* [livro 2], não publicado, pp. 34-35.

[3] *Voz Operária*, Rio de Janeiro, 6 jun. 1953, p. 10.

Durante os trabalhos do Congresso Mundial das Mulheres, Elisa foi eleita vice-presidente da Federação Democrática Internacional de Mulheres. No mês seguinte, junto a outras seis personalidades brasileiras, tornou-se membro do Conselho Mundial da Paz. Os nomes revelam que o movimento pela paz não era exclusivamente comunista. Dos novos integrantes, somente dois eram assumidamente membros do PCB: Elisa Branco e o ex-oficial da aviação militar Ivan Ramos Ribeiro. Os outros eram Abel Chermont, político de longa carreira no estado do Pará e que defendia bandeiras nacionalistas; o general Edgard Buxbaum, integrante da ala nacionalista do Exército, fundador e presidente da Liga de Emancipação Nacional; o monsenhor Costábile Hipólito; o pianista Arnaldo Estrella e o compositor Claudio Santoro, ambos reconhecidos internacionalmente pelo talento artístico. Comunistas, nacionalistas civis e militares, artistas e um religioso, eis os novos membros brasileiros no Conselho Mundial da Paz em agosto de 1953.[4]

Enquanto isso, agentes do DOPS continuavam a vigiar os comunistas de perto. Qualquer reunião, comício, encontro ou ato público era motivo para detalhado relatório. Em março de 1954, a Federação das Mulheres do Estado de São Paulo promoveu uma reunião para discutir a necessidade do congelamento dos preços e do combate à carestia. O agente do DOPS escreveu: "Cerca de trezentas pessoas assistiram a esta reunião, entre as quais tiveram destaque os velhos conhecidos desse Departamento." Entre os nomes citados estava o de Elisa.[5] Mesmo que

---

[4] Arquivo Pessoal de Horieta Alzira Baptista Novais. Elisa Branco Baptista, *Processo político* [livro 3], s/p, não publicado. "Tópico do Boletim Reservado de informações, n. 41", São Paulo, 1953, Arquivo Público do Estado de São Paulo, Acervo Deops/SP.

[5] Arquivo Pessoal de Horieta Alzira Baptista Novais. Elisa Branco Baptista, *Processo político* [livro 1], s/p, não publicado. "Destaques", São Paulo, 1954, Arquivo Público do Estado de São Paulo, Acervo Deops/SP.

o agente tenha, propositalmente, reduzido o número de presentes, um total de trezentos participantes não era pouca coisa.

DOPS de olho em Elisa

Levamos ao conhecimento dessa Chefia que, ontem, por volta das 19h45, chegou ao Aeroporto de Congonhas um avião da "Cruzeiro do Sul", dele desembarcando todos os passageiros. Quando a referida aeronave já tinha sido conduzida para o hangar, desembarcou da mesma a comissária de bordo, em companhia de outra mulher, cujos traços fisionômicos coincidiam com o de ELISA BRANCO BATISTA, apesar de nosso observador, ali destacado, não a conhecer pessoalmente. Imediatamente, nosso observador procurou verificar a lista de passageiros daquela Companhia, constatando que na mesma não figurava o nome da referida comunista. Supomos, portanto, que ELISA BRANCO BATISTA tenha chegado do Rio de Janeiro, com o nome trocado e protegida, em seu desembarque, pela comissária de bordo acima referida.[6]

Ainda em março, a Federação das Mulheres do Estado de São Paulo e o Movimento Nacional de Emancipação Nacional promoveram uma reunião na sede do Clube União e Mocidade de Vila Alpina. O evento contou com 26 participantes, a maioria moradores do bairro. A reivindicação principal era luz elétrica e calçamento para o local. Elisa Branco discursou, enfatizando a vitória da luta das mulheres que impediram

---

[6] Arquivo Pessoal de Horieta Alzira Baptista Novais. Elisa Branco Baptista, *Processo político* [livro 1], s/p. "Secretaria da Segurança Pública", São Paulo, sem data, Arquivo Público do Estado de São Paulo, Acervo Deops/SP.

o Brasil de enviar soldados para a Guerra da Coreia. Em nome do Movimento Nacional de Emancipação Nacional, discursou o general Leônidas Cardoso. Ele falou sobre as necessidades do bairro e criticou o imperialismo norte-americano.[7] O general participou ativamente da campanha *O petróleo é nosso* e, nas eleições de outubro daquele ano, seria eleito deputado federal pelo PTB. Não casualmente Elisa, nos anos 1990, demonstraria grande simpatia pelo filho do general que alcançaria a Presidência da República, Fernando Henrique Cardoso.

Embora o PCB estivesse na ilegalidade, com registro cassado desde 1947 pelo TSE, os comunistas continuaram atuando no jogo político eleitoral, lançando candidatos a cargos legislativos por outras siglas, em particular PTB e PSP. No entanto, no início de 1954, tornaram-se mais ousados, criando organizações eleitorais com nomes diversos. Foi o que ocorreu em abril de 1954, quando, na cidade de Santos, os militantes inauguraram o escritório eleitoral da Frente Única, organização cuja finalidade era agregar candidatos comunistas para as eleições de outubro daquele ano. Também tinha como objetivo a propaganda eleitoral de seus candidatos e arregimentar eleitores. Um agente do DOPS participou do evento de instalação do escritório eleitoral. Ele anotou os nomes de todos os que discursaram, entre eles, Elisa Branco. Segundo as anotações do policial, Elisa ressaltou os benefícios eleitorais para a população da cidade e "conclamou a todas as mulheres de Santos a se qualificarem a fim de, com o título de eleitor, lutarem por uma vida mais barata, elegendo para os parlamentos nacional e estadual, para o governador de estado e Presidência da República os melhores filhos

---

[7] Arquivo Pessoal de Horieta Alzira Baptista Novais. Elisa Branco Baptista, *Processo político* [livro 1], s/p. "Relatório n. 168", São Paulo, 1954, Arquivo Público do Estado de São Paulo, Acervo Deops/SP.

do povo indicados pela Frente Única".[8] Ela candidatou-se a deputada federal naquele ano, mas não foi eleita.[9]

Os agentes do DOPS se infiltravam até mesmo em encontros de militantes comunistas. Foi o que ocorreu também em abril de 1954. Um agente participou da reunião do Secretariado do Comitê da Zona de Santo André, no bairro de Vila Prudente. Pelo texto que consta em seu relatório, tudo indica que ele gravou as falas dos presentes. Também naquele mês o agente esteve na residência de um militante comunista onde foi instalado o Escritório Eleitoral da Frente Única. Elisa Branco discursou no encontro. O agente relatou que o PCB participaria das eleições de outubro infiltrado em outros partidos, já tendo, inclusive, uma lista de candidatos. Também foram espionadas as atividades que ocorreram no auditório da Biblioteca Municipal, promovidas pela Cruzada Humanitária pela Proibição das Armas Atômicas, em julho de 1954. Elisa também estava presente ao evento.[10]

O PCB ainda seguia a linha radical do Manifesto de Agosto, embora muitos militantes, sobretudo aqueles atuando no movimento sindical, demonstrassem contrariedade com as diretrizes sectárias do documento. Os sindicatos, por exemplo, foram considerados "órgãos do Estado e do governo burgueses e latifundiários" e, logo, submissos a eles. Os militantes comunistas foram obrigados a abandonar os sindicatos e a

---

[8] Arquivo Pessoal de Horieta Alzira Baptista Novais. Elisa Branco Baptista, *Processo político* [livro 1], s/p. "Relatório reservado n. 90-54", São Paulo, 1954, Arquivo Público do Estado de São Paulo, Acervo Deops/SP.

[9] Arquivo Pessoal de Horieta Alzira Baptista Novais. Elisa Branco Baptista, *Processo político* [livro 3], s/p. Secção de Arquivo e Fichários do "SS", São Paulo, sem data, Arquivo Público do Estado de São Paulo, Acervo Deops/SP.

[10] Arquivo Pessoal de Horieta Alzira Baptista Novais. Elisa Branco Baptista, *Processo político* [livro 1], s/p. "Relatório n. 543", São Paulo, 1954, Arquivo Público do Estado de São Paulo, Acervo Deops/SP.

fundar sindicatos paralelos, algo que não deu resultados. Os operários não deixaram as associações tradicionais para se juntarem a organizações sem respaldo institucional.

A mudança ocorreu quando o presidente Getúlio Vargas, em junho de 1953, nomeou João Goulart para o Ministério do Trabalho, Indústria e Comércio. Jango, como Goulart era conhecido, entre diversas medidas favoráveis aos trabalhadores e ao movimento sindical, suspendeu ações repressivas do ministério contra os comunistas. Por exemplo, no caso de uma chapa composta por comunistas ganhar a eleição em um sindicato, o ministério não interviria, dando posse aos eleitos. Goulart incentivava o diálogo entre sindicalistas trabalhistas e comunistas desde o ano anterior, quando, em maio de 1952, assumiu a presidência do PTB.

Não casualmente, na mesma época em que Goulart assumiu a presidência do PTB e procurou aproximar seu partido dos comunistas no âmbito sindical, militantes de base do PCB defenderam o retorno da organização revolucionária aos sindicatos, inclusive em aliança com os trabalhistas. O Comitê Central do PCB, reconhecendo que a política sindical orientada pelo Manifesto de Agosto se tornara insustentável, publicou documento conhecido como "Resolução Sindical". Os dirigentes do PCB, sem abrir mão da radicalidade do Manifesto de Agosto, autorizaram seus militantes a atuar nos sindicatos e a estabelecer alianças com os trabalhistas. A decisão veio ao encontro das expectativas de Goulart, dos sindicalistas comunistas e trabalhistas e, sobretudo, dos próprios operários.[11]

Os agentes do DOPS continuaram vigiando Elisa. Consta, no relatório do investigador da polícia da cidade de Jundiaí, a descrição de

[11] Jorge Ferreira, *João Goulart. Uma biografia*, Rio de Janeiro, Civilização Brasileira, 2014, capítulo 3.

comício realizado no bairro Ponte de São João, em julho de 1954. Os comunistas o chamaram "Comício de Campanha Cívica". Tratava-se da mobilização para as eleições que ocorreriam em outubro. Na boleia de um caminhão, Elisa Branco discursou utilizando um alto-falante. Ela defendeu os "candidatos populares", criticou os parlamentares e elogiou Luiz Carlos Prestes e o "glorioso" Partido Comunista.[12] Outro comício foi realizado no ponto final do ônibus Vila Alpina, às 20 horas do dia 17 de julho daquele ano. Falando para cerca de duzentas pessoas, outra vez na boleia de um caminhão, Elisa agradeceu às mulheres de Vila Alpina por se unirem contra o envio de soldados brasileiros para lutar na Coreia. Ela pediu votos para três "candidatos populares" nas próximas eleições de 3 de outubro. A luta dos três seria para derrubar o presidente Getúlio Vargas e o governador do estado Lucas Garcez, ambos, segundo Elisa, ligados ao imperialismo. Ela ainda propôs debate sobre a igualdade salarial entre homens e mulheres e a aprovação do divórcio no Brasil.[13]

Contudo, dirigentes e militantes comunistas foram pegos de surpresa com o suicídio de Vargas. A aliança com os trabalhistas estava restrita ao plano sindical. Na política, valia a radicalidade do Manifesto de Agosto. Até a manhã de 24 de agosto, momentos antes do suicídio, o PCB fazia feroz oposição a Vargas. Os comunistas entoavam coro com a direita udenista contra o presidente. Para as direitas, Vargas era o demagogo que abriria caminho para o peronismo e o comunismo; para os comunistas,

[12] Arquivo Pessoal de Horieta Alzira Baptista Novais. Elisa Branco Baptista, *Processo político* [livro 1], s/p. "Delegacia de Polícia de Jundiaí", São Paulo, 1954, Arquivo Público do Estado de São Paulo, Acervo Deops/SP.

[13] Arquivo Pessoal de Horieta Alzira Baptista Novais. Elisa Branco Baptista, *Processo político* [livro 3], s/p. "Campanha Cívica de Mobilização Eleitoral", São Paulo, 1954, Arquivo Público do Estado de São Paulo, Acervo Deops/SP.

ele também era o demagogo, mas a serviço do imperialismo dos Estados Unidos. Com o suicídio, os comunistas presenciaram a tristeza e a dor dos mais pobres nas ruas. Em cidades como Rio de Janeiro e Porto Alegre, a população partiu para atos de violência contra a oposição de direita, mas também contra os comunistas.[14] Atônitos, os militantes comunistas se viram atacados pelos próprios trabalhadores e igualados à oposição direitista da UDN. Após a morte de Vargas, o PCB mudou radicalmente de posição em relação a ele, defendendo seu legado nacionalista. Os comunistas, a partir daí, não podiam mais desconhecer a importância de Vargas para os trabalhadores. A crise de agosto de 1954 foi decisiva para as mudanças de rumos do PCB no sentido de superar e abandonar as diretrizes do Manifesto de Agosto.

Deu em *Voz Operária*

O documento [Manifesto Eleitoral do PCB] retrata fielmente a atual situação e denuncia o estado de degradação a que chegou o governo de Vargas, com sua política de traição nacional e fome e terror policial contra o povo. Mostra-nos a camarilha de Vargas submetida inteiramente aos interesses dos monopolistas norte-americanos, que oprimem e espoliam o país, anulando passo a passo a independência da pátria e tornando cada vez mais difícil e insuportável a situação de miséria das massas.

(*Voz Operária*. Rio de Janeiro, 14 de agosto de 1954, 1º página)

---

[14] Sobre a morte de Vargas e suas repercussões entre os trabalhadores, ver: Jorge Ferreira, *O imaginário trabalhista. Getulismo, PTB e cultura política popular, 1945-1964*, Rio de Janeiro, Civilização Brasileira, 2005, capítulo 3, "O carnaval da tristeza: os motins urbanos do 24 de agosto".

> E quando o golpe foi consumado, Getúlio Vargas levado ao suicídio e sua carta tornada pública, as massas populares, em toda parte, saíram à rua para manifestar sua revolta e indignação, em pujantes demonstrações de repúdio que assumiram as proporções de choques sangrentos com a polícia. [...] Vargas, antes de morrer, soube denunciar os responsáveis e mandantes do golpe, os imperialistas americanos. [...] A carta de Vargas, no momento culminante de seu drama, concita a manter "vibração sagrada para a resistência" para que o povo não seja mais "escravo de ninguém".
>
> (*Voz Operária*. Rio de Janeiro, 4 de setembro de 1954, p. 6)

Elisa continuou na luta revolucionária. O tempo que passou na prisão, a morte de Stalin e o reconhecimento da importância de Vargas entre os trabalhadores não abalaram suas crenças no comunismo.

Em 1955, as campanhas pela paz não diminuíram seu ritmo. Agentes do DOPS, infiltrados em reuniões, relataram que, no dia 20 de fevereiro, mais de cem pessoas participaram de atividade na sede da Cruzada Humanitária pela Proibição das Armas Atômicas. A reunião foi presidida pelo secretário-geral da Cruzada, Valério Konder. Vários oradores, entre eles o cientista Mario Schenberg, ressaltaram a necessidade de interdição das armas nucleares.[15]

Elisa continuou atuando nos dois movimentos: o da paz e o das mulheres. Em 17 novembro de 1955, ela participou da assembleia realizada pela Comissão Contra a Carestia da Vida, no Teatro Colombo, reunindo

---

[15] Arquivo Pessoal de Horieta Alzira Baptista Novais. Elisa Branco Baptista, *Processo político* [livro 3], s/p. "Relatório 67", São Paulo, 1955, Arquivo Público do Estado de São Paulo, Acervo Deops/SP.

cerca de 120 pessoas, segundo avaliação de agentes do DOPS. Após a intervenção de vários oradores, a Comissão concluiu pela necessidade do congelamento dos preços da água, da energia elétrica, do pão, da carne e de gêneros de primeira necessidade.[16]

JUNTOS COM JK

Para concorrer às eleições presidenciais de outubro de 1955, Juscelino Kubitschek, do Partido Social Democrático (PSD), estabeleceu aliança com João Goulart, do PTB. A chapa tinha grandes chances de vitória. A máquina eleitoral do PSD tinha como aliado o partido que mobilizava o voto dos trabalhadores e com inserção no movimento sindical urbano. Goulart era o herdeiro político de Vargas, enquanto Juscelino sempre apoiou o ex-presidente, inclusive durante a crise de agosto de 1954.

Para as oposições de direita, a chapa PSD-PTB representava o perigo da volta do "getulismo". As preocupações dos grupos direitistas aumentaram quando Luiz Carlos Prestes apoiou publicamente a eleição de Juscelino e Jango. Ao fazê-lo, Prestes reconhecia a legitimidade das instituições da democracia liberal no Brasil. Não se tratava mais de "governo feudal-burguês a serviço do imperialismo" que deveria ser derrubado pelas armas. Naquele momento, o Manifesto de Agosto tornara-se um texto descolado da prática política do partido. Oficialmente o Manifesto ainda estava em vigor, mas a linha política radical deu lugar ao engajamento na disputa político-partidária, entendida como necessária para o avanço democrático do país.

---

[16] Arquivo Pessoal de Horieta Alzira Baptista Novais. Elisa Branco Baptista, *Processo político* [livro 3], s/p. "Relatório da Delegacia de Polícia", São Paulo, 1955, Arquivo Público do Estado de São Paulo, Acervo Deops/SP.

O agente do DOPS infiltrado no partido que ouviu confidências da própria Elisa dizia que ela atuava com "grande atividade". Ela lhe dissera que, nos dias que se seguiriam, o PCB intensificaria a luta pela paz. Também comentou que a Inglaterra estava interessada em invadir militarmente a Malásia, fato que levava os comunistas a temerem uma nova guerra.[17]

Kubitschek venceu as eleições. Grupos políticos e militares minoritários tentaram dar um golpe de Estado para impedir sua posse. Contudo, eles não esperavam que o ministro da Guerra (atualmente, o cargo equivale ao de comandante do Exército), general Henrique Teixeira Lott, com o apoio dos generais, reagisse aos golpistas, garantindo a continuidade da legalidade democrática. Juscelino tomou posse na Presidência da República em 31 de janeiro de 1956.

Dias mais tarde, Luiz Carlos Prestes publicou na imprensa comunista um informe avaliando a conjuntura política e apontando novas tarefas ao partido. Várias foram as manifestações de apoio às considerações de Prestes. Elisa Branco, com base nas declarações do líder comunista, avaliou que a vitória de Juscelino e Goulart resultou da luta das massas. Embora no ministério de Juscelino estivessem alguns ministros reacionários, o PCB esperava que o presidente fizesse um bom governo e uma política independente. Isso significava o reatamento de relações diplomáticas e comerciais com a União Soviética, a China e as democracias populares. Elisa esperava, também, a anistia para Luiz Carlos Prestes e a legalização do PCB.[18]

---

[17] Arquivo Pessoal de Horieta Alzira Baptista Novais. Elisa Branco Baptista, *Processo político* [livro 1], s/p. "Relatório n. 875", São Paulo, 1955, Arquivo Público do Estado de São Paulo, Acervo Deops/SP.

[18] Arquivo Pessoal de Horieta Alzira Baptista Novais. Elisa Branco Baptista, *Processo político* [livro 1], s/p. "Do comunicado n. 117", São Paulo, 1956, Arquivo Público do Estado de São Paulo, Acervo Deops/SP.

Relatório "reservado" do DOPS, datado de dezembro de 1955, dizia que Elisa estava organizando um grupo de ativistas do Movimento pela Paz no bairro do Ipiranga, na rua Silva Bueno. No mês seguinte, em 12 de janeiro de 1956, Elisa fundou uma nova organização, a Associação Cultural Recreativa em Defesa da Paz. Naquele dia foi realizada a reunião de fundação da entidade, com várias pessoas presentes. O evento começou às 20 horas e, por aclamação, ela foi indicada para a secretaria-geral. Após debates foi aprovado o manifesto-programa da entidade. Participaram da reunião um sociólogo e um bispo da Igreja Metodista do Brasil. Eram quase 23 horas quando o encontro terminou. Elisa, naquele momento, dirigia uma organização para atuar nas campanhas pela paz.[19]

Em fevereiro, a Associação realizou nova reunião. Vários oradores falaram e Elisa, além de discorrer sobre o movimento pela paz, afirmou sua confiança no governo de Juscelino Kubitschek, ressaltando que ele reataria relações comerciais e diplomáticas do Brasil com a União Soviética.[20] Elisa tinha motivos para o otimismo. Kubitschek, de fato, reatou as relações comerciais em fins de 1959, mas somente em novembro de 1961, no governo de João Goulart, as relações diplomáticas foram restabelecidas entre os dois países.

O DOPS acompanhava os passos de Elisa. Parecia que nada escapava de seus agentes. Em junho de 1956, o informe dizia o seguinte: "Elisa Branco Batista está fora de S. Paulo, desde o dia 10 último, viajando com tarefas do PCB. Encontra-se em Barretos, onde está inspecionando os Comitês do PCB. Segundo soubemos, já visitou os referidos Comitês

[19] Arquivo Pessoal de Horieta Alzira Baptista Novais. Elisa Branco Baptista, *Processo político* [livro 1], s/p. "Relatório n. 38", São Paulo, 1956, Arquivo Público do Estado de São Paulo, Acervo Deops/SP.

[20] Arquivo Pessoal de Horieta Alzira Baptista Novais. Elisa Branco Baptista, *Processo político* [livro 2], s/p. "Relatório n. 79", São Paulo, 1956, Arquivo Público do Estado de São Paulo, Acervo Deops/SP.

CADERNO DE IMAGENS

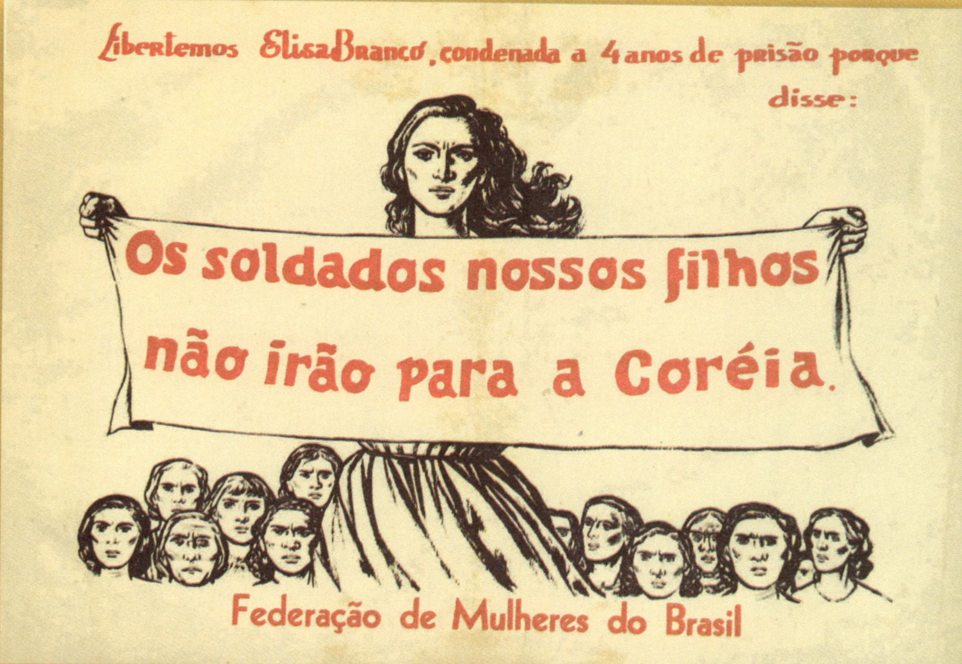

Jornais do PCB, de federações de mulheres, de sindicatos e outras organizações que lutaram pela liberdade de Elisa Branco invariavelmente utilizavam a frase na faixa aberta por ela durante a solenidade de 7 de Setembro de 1950: "Os soldados nossos filhos não irão para a Coreia." A imagem foi, neste caso, publicada pela Federação de Mulheres do Brasil.

ARQUIVO PÚBLICO DO ESTADO DO RIO DE JANEIRO

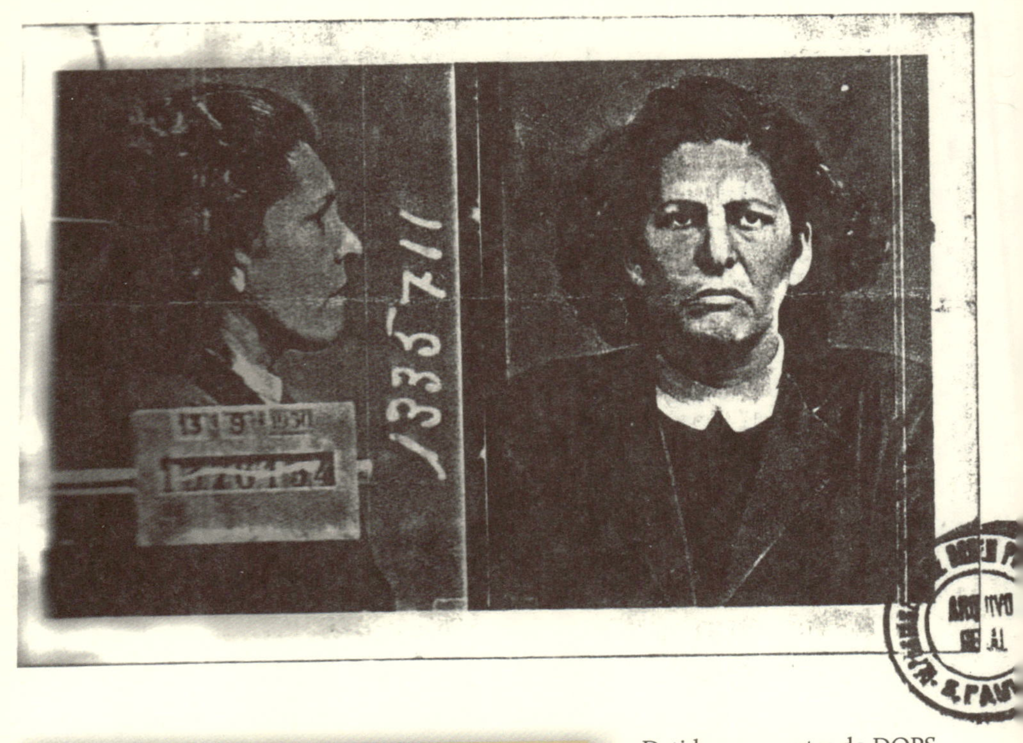

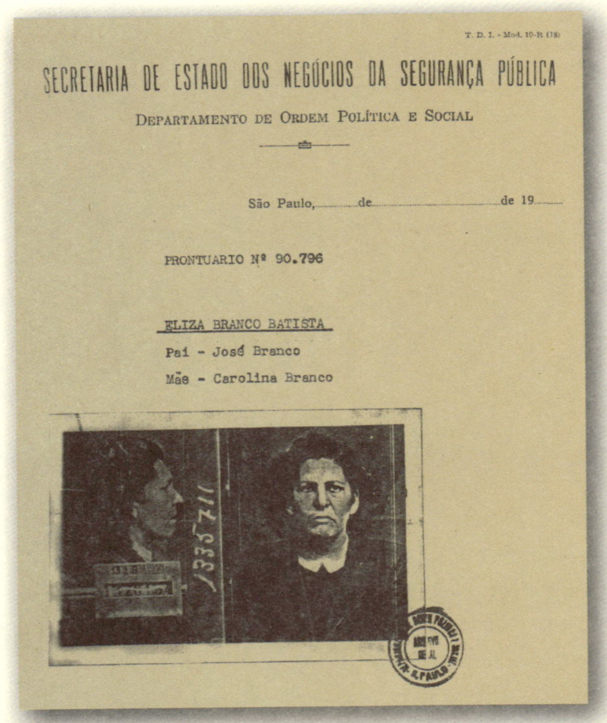
T. D. I. - Mod. 10-R (18)

SECRETARIA DE ESTADO DOS NEGÓCIOS DA SEGURANÇA PÚBLICA

DEPARTAMENTO DE ORDEM POLÍTICA E SOCIAL

São Paulo, ... de .... de 19....

PRONTUARIO Nº 90.796

ELIZA BRANCO BATISTA

Pai - José Branco

Mãe - Carolina Branco

Detida por agentes do DOPS no dia 7 de setembro de 1950, Elisa teve o prontuário produzido pelo órgão policial, com data do dia 13.

ARQUIVO PESSOAL DE HORIETA ALZIRA BAPTISTA NOVAIS. ELISA BRANCO BAPTISTA, *PROCESSO POLÍTICO* [LIVRO 1], S/P. ARQUIVO PÚBLICO DO ESTADO DE SÃO PAULO, ACERVO DEOPS/SP

À ESQUERDA: Panfletos defendendo a liberdade de Elisa Branco eram distribuídos nas ruas. Esta fotografia é, sem dúvida, a imagem dela mais publicada nos jornais comunistas. A frase "Não criamos nossos filhos para a guerra" é variação da original: "Os soldados nossos filhos não irão para a Coreia."

ARQUIVO PÚBLICO DO ESTADO DO RIO DE JANEIRO

ABAIXO: A venda de bônus foi muito utilizada na campanha pela libertação de Elisa Branco. O objetivo era o de arrecadar fundos para financiar cartazes e eventos.

ARQUIVO PESSOAL DE HORIETA ALZIRA BAPTISTA NOVAIS. ELISA BRANCO BAPTISTA, *PROCESSO POLÍTICO* [LIVRO 1], S/P. ARQUIVO PÚBLICO DO ESTADO DE SÃO PAULO, ACERVO DEOPS/SP

Agentes do DOPS prendem participantes de manifestação promovida pela Federação das Mulheres do Estado de São Paulo. Vale destacar os dois policiais, ao fundo, que escondem o rosto. A força policial chegou a imobilizar as mulheres torcendo o punho delas, causando muita dor. Não se sabe a data do acontecimento, mas o vestuário indica ser na década de 1950.

ARQUIVO NACIONAL – FUNDO CORREIO DA MANHÃ

UNIÃO GERAL DOS TRABALHADORES DO ESTADO DE SÃO PAULO (UGT)

Os trabalhadores do Estado de São Paulo, que aspiram a paz e se opõem ao envio de brasileiros para a Coréia, dirigem-se ao Supremo Tribunal Federal, pela imediata libertação de ELISA BRANCO BATISTA, condenada porque protestou contra o envio de soldados para a guerra de agressão à Coréia, desfraldando uma faixa no desfile de 7 de Setembro, com os dizeres: 1950
«NOSSOS FILHOS NÃO IRÃO PARA A CORÉIA».

Na campanha pela libertação de Elisa Branco, a mobilização também recorria a abaixo-assinados. Neste caso, a União Geral dos Trabalhadores do Estado de São Paulo, uma das intersindicais que surgiram no período, apelava ao Supremo Tribunal Federal pela libertação de Elisa Branco, utilizando os argumentos referentes à guerra na Coreia.

ARQUIVO PESSOAL DE HORIETA ALZIRA BAPTISTA NOVAIS. ELISA BRANCO BAPTISTA, *PROCESSO POLÍTICO* [LIVRO 3], S/P. ARQUIVO PÚBLICO DO ESTADO DE SÃO PAULO, ACERVO DEOPS/SP

Nos anos 1990, Elisa Branco encontrou esta fotografia no acervo do Deops/SP. Não há data, mas possivelmente a manifestação ocorreu enquanto ela estava no presídio ou logo após sua libertação – portanto, em 1951. Na margem lateral direita, Elisa, já com idade avançada, escreveu: "Queridas amigas, eu as saúdo por esse gesto de amor e gratidão. Elisa Branco." Na parte de baixo, continuou: "É a Jandira a responsável pelo trabalho no interior, sendo minha homenagem à mulher tão valorosa que não podemos esquecê-la. Onde estará? Elisa."

ARQUIVO PESSOAL DE HORIETA ALZIRA BAPTISTA NOVAIS. ELISA BRANCO BAPTISTA, *PROCESSO POLÍTICO* [LIVRO 2], S/P. ARQUIVO PÚBLICO DO ESTADO DE SÃO PAULO, ACERVO DEOPS/SP

ABAIXO, À ESQUERDA: O cartaz anunciando o III Congresso Brasileiro dos Partidários da Paz expressava o projeto de estabelecimento de acordos visando ao entendimento entre Estados Unidos, União Soviética, China, França e Reino Unido, sendo os dois primeiros possuidores de armas nucleares.

ARQUIVO PÚBLICO DO ESTADO DO RIO DE JANEIRO

ABAIXO, À DIREITA: Elisa Branco tornou-se personagem muito conhecida por sua prisão, pela condenação e pela ampla campanha promovida pelos comunistas por sua libertação. Sua imagem ficou muito vinculada ao lema da paz mundial.

ARQUIVO PESSOAL DE ANA LUCIA NOVAIS

Elisa saiu do presídio no dia 22 de setembro de 1951. Imediatamente engajou-se no movimento pela paz. Em novembro, participou do III Congresso Brasileiro dos Partidários da Paz, realizado na cidade do Rio de Janeiro, incentivando os representantes de diversas delegações a colherem assinaturas nos abaixo-assinados pelo desarmamento mundial.
ARQUIVO PÚBLICO DO ESTADO DO RIO DE JANEIRO

Os comunistas eram os mais duros críticos do Acordo Militar Brasil-Estados Unidos. O Acordo foi assinado por Getúlio Vargas e Harry Truman em 15 de março de 1952 e estabelecia, basicamente, o reaparelhamento do Exército brasileiro em troca de minerais.
ARQUIVO PÚBLICO DO ESTADO DO RIO DE JANEIRO

ABAIXO: As campanhas pela paz recorriam muito à imagem infantil em seus cartazes. Não se tratava de recurso exclusivo de movimentos contra as guerras, mas utilizado por outras organizações, em particular o PCB. À esquerda, um cartaz da Federação das Mulheres do Brasil. À direita, na Conferência Continental Americana pela Paz, novamente a imagem infantil, conjugada à figura da mãe, utilizada como recurso mobilizador na luta pela paz.
ARQUIVO PÚBLICO DO ESTADO DO RIO DE JANEIRO

PÁGINA AO LADO: O Dia Internacional da Mulher era lembrado pela Federação de Mulheres do Brasil. O cartaz, no entanto, acrescenta a expressão "pela paz", e novamente recorre à imagem de uma criança junto à mãe, com o objetivo de mobilizar as mulheres na defesa da vida de seus filhos.
ARQUIVO PÚBLICO DO ESTADO DO RIO DE JANEIRO

Dia INTERNACIONAL da MULHER

8 DE MARÇO

Pela PAZ

Em defesa de nossos filhos unamonos

FEDERAÇÃO de MULHERES do BRASIL

Ao deixar a prisão, Elisa Branco participou de inúmeros congressos – no Brasil e no exterior – e foi homenageada em diversos encontros. Neste, sem identificação, ela é a primeira à direita na foto.

ARQUIVO PESSOAL DE ANA LUCIA NOVAIS

Em liberdade, Elisa participou dos movimentos pela paz, e também viveu momentos de descontração com amigos e familiares, muitos deles militantes do PCB.

ARQUIVO PESSOAL DE ANA LUCIA NOVAIS

Cresceram as Lutas em Favor da Paz Após o Lançamento do Manifesto

CONCIDADÃOS! TRABALHADORES!

Não vos deixeis arrastar como gado de corte para a carnificina de uma nova guerra imperialista! — (Do Manifesto de Agosto)

As campanhas contra as armas atômicas e por um pacto de paz — "Os soldados, nossos filhos, não irão para a Coréia" — Manifestações contra a Conferência dos Chanceleres, pela volta dos marujos e outras lutas ★★★ Reportagem de JORGE RIBEIRO

Nas campanhas pela paz e na propaganda contra a guerra na Coreia, a imagem das mulheres pedindo paz foi publicada por diversas vezes na imprensa comunista. O lema de Elisa em sua faixa era reiteradamente utilizado pelos militantes. Neste exemplo, a ilustração foi reproduzida em matéria publicada no jornal *Imprensa Popular*, em 3 de agosto de 1952.
ACERVO DA FUNDAÇÃO BIBLIOTECA NACIONAL

VOZ OPERÁRIA

RIO DE JANEIRO, 10-1-1953

« Os Soldados, Nossos Filhos, Não Irão Para a Coréia »

Em dezembro de 1952, Elisa Branco soube que foi indicada para receber o Prêmio Internacional Stalin da Paz. No mês seguinte, na edição de 10 de janeiro de 1953, ela surgiu na primeira página do jornal *Voz Operária*. Os editores recorreram a uma montagem para recordar o episódio em que ela abriu a faixa com os dizeres contra a guerra na Coreia. Elisa, de perfil, se sobrepunha a imagens da parada militar brasileira do dia 7 de Setembro.

ACERVO DA FUNDAÇÃO BIBLIOTECA NACIONAL

Elisa Branco

(Prêmio Stalin Internacional)

HEROINA DO BRASIL NA LUTA PELA PAZ

A faixa de Elisa Branco está hoje traduzida em todas as línguas. E' famosa como os romances de Jorge Amado, como os poemas de Pablo Neruda. Em todos os países seu nome é pronunciado com carinho e admiração, um comum sentimento de amor à paz associa a figura de Elisa Branco às mães da Bélgica e da Austrália, dos Estados Unidos e da França, do Irã ou da Índia. Na Coréia longínqua e heróica é também de gratidão o sentimento do povo para com a heroína brasileira. Elisa Branco recebeu o Premio Stalin internacional «Pelo reforçamento da paz entre os povos». A que mais elevada honra pode aspirar um partidário da paz!

«A paz será mantida e consolidada se os povos tomarem em suas mãos a causa da manutenção da paz e a defenderem até o fim». Estas sábias palavras do campeão da paz o grande Stalin, infundem no coração das pessoas simples a fé e a confiança na vitória da causa da paz. Dão-lhes energia e coragem para os mais belos gestos, como o de Elisa Branco. Com o seu exemplo pessoal, Elisa abriu para milhões de brasileiros uma ampla e bela perspectiva, mostrou-lhes como as pessoas simples podem tomar em suas mãos a causa da manutenção da paz. Os jovens brasileiros não estão morrendo na Coréia. Também a Elisa Branco devem as mães brasileiras essa incomparavel felicidade. Assim, quando Elisa recebe o Premio Stalin internacional o nosso povo aplaude de todo o coração o acerto da escolha.

O COMITÊ DISTRIBUIDOR DOS PREMIOS

A 22 de dezembro de 1949 — em homenagem ao 70.º aniversario do grande Stalin — o Presidium do Soviet Supremo da URSS instituiu os Premios Stalin internacionais «Pelo reforçamento da paz entre os povos». Cada pessoa distinguida com essa alta honra recebe um diploma de laureado com o Premio Stalin internacional, uma medalha de ouro com a efígie de Stalin e um premio em dinheiro no valor de 100 mil rublos [...]

[...] lo Pablo Neruda, o cientista polonês Jan Dembowski, o romancista rumeno Miguel Sadoveanu, o escritor dinamarquês M. Anderson-Nexo e os escritores soviéticos I. Ehrenburg e A. A. Fadeev.

Numa época como a em que vivemos quando se multiplicam as ações heróicas em defesa da paz e em que tantas figuras de projeção ampliam, com sua adesão, o invencível campo da paz, é de ver a honra que significa um Premio Stalin internacional.

OS PREMIOS STALIN

Anteriormente, já por duas vezes, o Comitê Distribuidor dos Premios Stalin internacionais galardoou representantes das forças democraticas mundiais por seus relevantes meritos na luta em prol da paz. Na primeira resolução do Comitê estão inscritos os nomes de Joliot-Curie; de Sung-Ching-Lin, presidente da Associação Chinesa de Assistencia Popular; do reverendo Hewlett Johnson, deão de Canterbury; de mme. Eugenie Cotton, diretora honoraria da Escola Normal Superior de Sèvres, na França; da heroica Pak-Den-Ai, presidente da União Democratica das Mulheres da Coréia e do general Heriberto Jara, ex-ministro da Marinha no Mexico.

A 20 de dezembro de 1951, aparecia a segunda resolução do Comitê. Ali figuravam os nomes de Kuo-Mo-Jo, presidente da Academia de Ciencias da China; Pietro Nenni, presidente do Partido Socialista Italiano; Ikuo Oyama, professor e deputado japonês; Monica [...]

ELISA BRANCO — Desenho de Otávio Araujo

Uma vida simples e generosa

[...]

UMA HOMENAGEM À MULHER BRASILEIRA

[...]

JOSUÉ ALMEIDA

«Os Soldados, Nossos Filhos, Não Irão Para a Coréia»

Na mesma edição de 10 de janeiro de 1953, *Voz Operária* publicou matéria de página inteira noticiando sua premiação como "a mais elevada honra" para um partidário da paz.

ACERVO DA FUNDAÇÃO BIBLIOTECA NACIONAL

Após receber o Prêmio Stalin da Paz, Elisa Branco juntou-se a várias personalidades para a fotografia do evento. Relacionando apenas os brasileiros, pode-se reconhecer (1) Elisa Branco; (4) Jorge Amado; (6) a atriz Maria Della Costa; (8) Sandro Polloni, marido de Maria Della Costa; (10) Satva, filha de Octávio Brandão; (12) Edgar Buxbaum, general da ala nacionalista e democrática do Exército brasileiro. Há referências à presença, no grupo, de Calil Chade, vereador eleito pelo PCB para a Câmara Municipal de São Paulo, em 1946, que teve o mandato cassado após o partido ser declarado ilegal, em 1947. Entretanto, não foi possível identificá-lo na imagem.

ARQUIVO PESSOAL DE ANA LUCIA NOVAIS

Ao retornar de Moscou, após receber a premiação, Elisa Branco esteve na residência de Jorge Amado, em março de 1953.

ARQUIVO PESSOAL DE ANA LUCIA NOVAIS

ABAIXO: Norberto e Elisa de braços dados com amiga soviética. Eles estavam em Moscou, possivelmente na viagem de setembro de 1965, quando ela foi convidada a trocar a medalha com a efígie de Stalin pela de Lênin.

ARQUIVO PESSOAL DE ANA LUCIA NOVAIS

Em 1959, Norberto entrou na igreja com a filha Horieta, na cerimônia de casamento dela.

ARQUIVO PESSOAL DE ANA LUCIA NOVAIS

Durante o ato de registro civil do casamento, Horieta e Fernando Novais, ambos de perfil, ouvem o juiz de paz, enquanto Elisa, de blusa estampada, assiste à cerimônia.

ARQUIVO PESSOAL DE ANA LUCIA NOVAIS

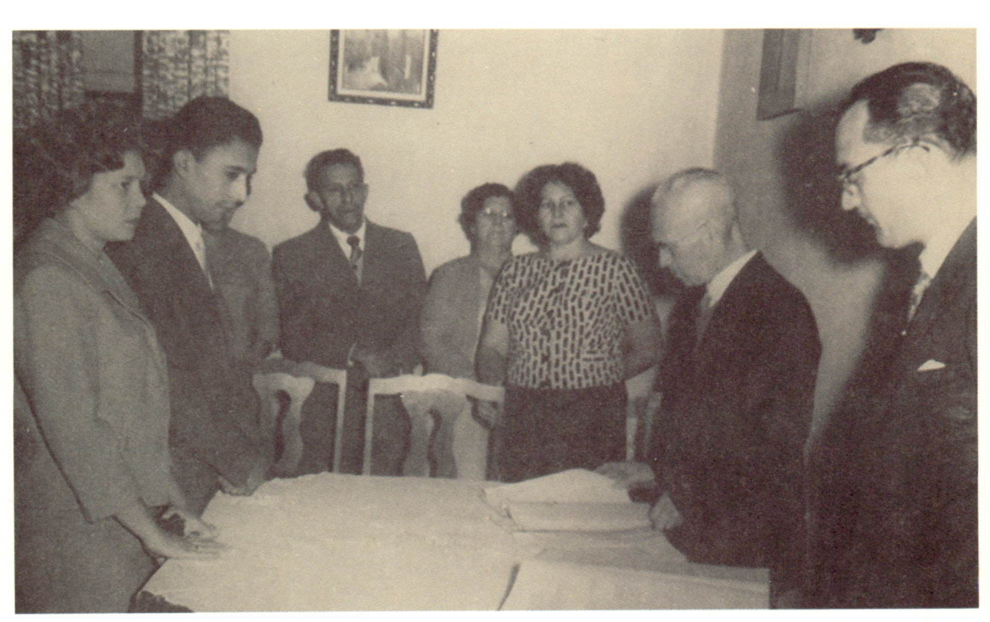

Desde o início dos anos 1960, Elisa Branco frequentava a casa do casal Prestes, estabelecendo forte amizade com Maria. Na fotografia, Elisa carrega a filha deles, Zoia Prestes, pouco antes do golpe civil-militar de 1964, trágico evento que mudaria a vida de todos eles.

ARQUIVO PESSOAL DE ANA LUCIA NOVAIS

Na década de 1980, completando 70 anos de idade, Elisa, afastada da militância comunista, continuou admiradora de Luiz Carlos Prestes, mas surpresa com a crise e posterior desmoronamento do bloco soviético.

ARQUIVO PESSOAL DE ANA LUCIA NOVAIS

Em final da década de 1980, ao lado do marido, Norberto, que, na faixa dos 80 anos, era acometido da doença de Alzheimer.

ARQUIVO PESSOAL DE ANA LUCIA NOVAIS

ABAIXO: Com idade avançada, sentada ao lado da filha Horieta (à direita). Por toda a vida, Elisa sempre pôde contar com o amparo das filhas Florita e Horieta, além do apoio da amiga Elza Soares.

ARQUIVO PESSOAL DE ANA LUCIA NOVAIS

Testemunhas do Século

Elisa Branco, 87 anos

A costureira que ganhou o Prêmio Stalin

Fábio Bittencourt

Em 1922, então com 10 anos, Elisa Branco abandonou os bancos escolares depois de se desentender com a professora em um desfile de 7 de setembro, em Barretos, no interior de São Paulo. O motivo da discussão: a roupa amassada. "Chorei o dia todo", relembra. Decidida a não mais voltar à escola, a família tratou de substituir a cartilha da menina por jornais da capital. A conseqüência foi seu despertar para a política, impressionada com as andanças de Luís Carlos Prestes pelo País, no movimento que ficou conhecido como a Coluna Prestes. Filha de um português, dono de um armazém e uma pensão, a pequena burguesa morava com os cinco irmãos em uma casa de 21 cômodos. A boa situação financeira, porém, não a impediu de se aproximar do Partido Comunista Brasileiro (PCB) e, por conseqüência, do grande ídolo. "Nunca fiz sacrifícios pelo partido. Prestes cativava as pessoas por sua inteligência", afirma.

Vinte e oito anos depois de deixar a escola, já casada e com duas filhas, Elisa teve sua trajetória marcada por outro ato de rebeldia. Tudo começou em uma reunião da Federação das Mulheres de São Paulo, entidade ligada ao PCB, da qual fazia parte desde que se mudara para a capital. Naquela época, ela trabalhava como costureira de "madames do high society" e já não vivia com a mesma prosperidade da juventude, já que a morte do pai acabou com o sustento da família. Por um rádio de válvula, ouviu o presidente da República Eurico Gaspar Dutra anunciar o apoio do Brasil aos Estados Unidos na Guerra da Coréia – o que implicaria enviar tropas brasileiras ao continente asiático. "Vamos protestar", bradou às companheiras. O grupo dividiu-se, mas não houve argumento que a fizesse mudar de idéia. No dia 7 de setembro de 1950, ela seguiu para o Vale do Anhangabaú, em São Paulo, local dos festejos do Dia da Independência. Diante do palanque oficial, abriu uma faixa com a inscrição "Os soldados nossos filhos não irão para a Coréia". Não teve

78 22/5/2000 IstoÉ Gente-42

Profissionais da revista *IstoÉ Gente* souberam da existência de Elisa Branco e perceberam a importância de suas lutas políticas. A entrevista foi realizada em seu apartamento, e Elza Soares escolheu a blusa que ela vestia. Seu sorriso demonstra a satisfação em ser reconhecida. Elisa Branco morreu exatamente um ano depois da publicação dessa reportagem, em junho de 2001.

ISTOÉ GENTE, EDIÇÃO 42, 22 MAI 2000, P. 78.

FOTO: PITI REALI / AG. ISTOÉ

da Alta Sorocabana."[21] Dois anos depois, em abril de 1958, agente do DOPS informava que Elisa promoveria em sua residência uma "festa de confraternização entre comunistas" oferecendo aos convidados uma feijoada.[22] Uma informação desprovida de qualquer importância.

Elisa escreve nas memórias

Eu nos entreveros políticos, com os meganhas da polícia ao me dar voz de prisão, não aceitava sem saber o motivo. Porque eu sempre não aceitava de mãos beijadas voz de prisão, porque eu tinha consciência de estar com a Constituição que garantia o direito de pensar e de ser comunista.[1]

Em 27 de fevereiro outra reunião ocorreu na sede da Associação Cultural Recreativa em Defesa da Paz, agora com título complementar: "Grito do Ipiranga." Várias pessoas falaram, a maioria militantes comunistas. A tônica da reunião foi a necessidade de reatamento de relações diplomáticas, econômicas e culturais com a União Soviética, a China comunista e os países da Europa Oriental – chamados "democracias populares".[2]

---

[21] Arquivo Pessoal de Horieta Alzira Baptista Novais. Elisa Branco Baptista, *Processo político* [livro 1], s/p. "Tópico do rel. n. 439 do SOG de 18-06-1956", Arquivo Público do Estado de São Paulo, São Paulo, 1956, Acervo Deops/SP.

[22] Arquivo Pessoal de Horieta Alzira Baptista Novais. Elisa Branco Baptista, *Processo político* [livro 2], s/p. "Serviço Secreto", São Paulo, 1958, Arquivo Público do Estado de São Paulo, Acervo Deops/SP.

[1] Arquivo Pessoal de Horieta Alzira Baptista Novais. Elisa Branco Baptista, *Memórias* [livro 2], p. 19.

[2] Arquivo Pessoal de Horieta Alzira Baptista Novais. Elisa Branco Baptista, *Processo político* [livro 1], s/p. "Relatório n. 131", Arquivo Público do Estado de São Paulo, São Paulo, 1956, Acervo Deops/SP.

À frente da Associação, Elisa promoveu muitas atividades. Em setembro de 1956, ela organizou comício no ponto final da linha do bonde Fábrica. Ela e outros oradores discursaram contra a Conferência Militar do Atlântico Sul e a entrega da ilha de Fernando de Noronha ao governo dos Estados Unidos. Outros discursos defenderam que as relações comerciais com a União Soviética e a China fossem restabelecidas. Durante o comício, Elisa vendeu dísticos onde se lia "Fernando de Noronha é Nossa" ao preço de 20 cruzeiros. Ela dizia que o dinheiro arrecadado serviria para cobrir as despesas com o comício.[3]

É interessante observar como alguns agentes do DOPS valorizavam Elisa Branco. Em um relatório, o agente afirma que ela tomou a decisão de participar de movimentos sociais porque estava "assoberbada pelos problemas que afetam em nossos dias o lar do trabalhador". Após a prisão em 1947, concluiu o agente em seu relatório, "sua vida tem sido um corolário de lutas e inteira dedicação do PCB". Até mesmo agentes policiais do DOPS reconheceram as virtudes e as lutas de Elisa.[4]

---

[3] Arquivo Pessoal de Horieta Alzira Baptista Novais. Elisa Branco Baptista, *Processo político* [livro 1], s/p. "Tópico Relatório Reservado", São Paulo, 1956, Arquivo do Estado de São Paulo, Acervo Deops/SP.

[4] Arquivo Pessoal de Horieta Alzira Baptista Novais. Elisa Branco Baptista, *Processo político* [livro 1], s/p. "Informação Reservada", São Paulo, 1956, Arquivo Público do Estado de São Paulo, Acervo Deops/SP.

8. RUMO AO ESQUECIMENTO

O MITO SOB ATAQUE

O Partido Comunista da União Soviética, sob a liderança de Nikita Khrushchev, realizou, em fevereiro de 1956, em Moscou, o seu XX Congresso. Foi o primeiro após a morte de Stalin, ocorrida em março de 1953.

Dois meses depois, em meados de abril, notícias do Congresso foram publicadas na imprensa comunista brasileira. Para surpresa geral, os militantes comunistas, em um jornal comunista, leram pela primeira vez texto com críticas a Stalin. O artigo não era assinado e foi publicado em *Voz Operária*. A crítica era ao chamado "culto à personalidade", prática que resultava em elogios desmedidos a um indivíduo. No artigo, lia-se que se tratava de algo equivocado e estranho ao marxismo-leninismo. A seguir, o autor anônimo nomeou o beneficiário do culto: Stalin. O artigo ressaltava que, embora digno de muitos méritos por sua atuação na Revolução Soviética, na guerra civil, na construção do socialismo, na luta contra os opositores de esquerda e direita no PCUS e na Segunda Guerra, Stalin, estimulando o culto a si mesmo, causou grandes prejuízos à causa do socialismo.[1] Novos artigos se sucederam com críticas similares e cada vez mais aprofundadas.

As afirmações dos textos eram graves e desconcertantes. Os militantes não sabiam se acreditavam ou não. Os dirigentes do PCB estavam completamente desinformados sobre o que ocorrera no XX Congresso e preferiram o silêncio. Luiz Carlos Prestes, no entanto, diante da desorientação no partido, adiantou-se. Seu receio era que as dúvidas chegassem a tal ponto que atingissem a coesão partidária. Em maio, ele publicou nota em *Voz Operária*. Os informes do XX Congresso, afirmou Prestes, apenas reafirmavam a necessidade do princípio leninista da direção coletiva, prática que "fora esquecida", mas retomada após a morte de Stalin. Para Prestes, não se pode diminuir os méritos de Stalin, como fazem os anticomunistas. "Trata-se da crítica necessária de certos erros, feita à maneira leninista, franca e aberta."[2] Prestes não tinha informações sobre o que ocorrera em Moscou, mas tentava dar uma resposta adequada. Embora se esforçasse, ele parecia não convencer.

Em julho, *Voz Operária* publicou a Resolução do Comitê Central do PCUS sobre a superação do culto à personalidade na União Soviética. No texto, o secretário-geral do PCUS, Nikita Khrushchev, iniciou o processo conhecido como "desestalinização". O novo líder soviético denunciou a vaidade e o autoritarismo de Stalin, afirmando que, após a sua morte, o "núcleo leninista" sobrevivente no PCUS restabeleceu a direção coletiva, de acordo com os ensinamentos de Lênin.[3] Vale ressaltar que este foi o documento público que resultou do XX Congresso de PCUS. Mas havia outro documento, o mais importante e contundente: o Informe Secreto. Na verdade, ele não foi tão secreto assim, porque

---

[1] *Voz Operária*, Rio de Janeiro, 14 abr. 1956, p. 4.

[2] *Voz Operária*, Rio de Janeiro, 5 mai. 1956, p. 3.

[3] *Idem*, 14 jul. 1956, p. 6.

logo foi publicado na grande imprensa mundial. Em junho o Informe Secreto foi publicado no jornal carioca *Diário de Notícias* e, no mês seguinte, em *O Estado de S. Paulo*.[4]

Discurso de Khrushchev
em 25 de fevereiro de 1956
(Informe Secreto do XX Congresso do PCUS)

[...] É estranho ao espírito do marxismo-leninismo criar uma pessoa para transformá-la em super-homem, dotado de características sobrenaturais semelhantes às de um deus. Supõe-se que um homem desta natureza seja dotado de conhecimentos inesgotáveis, de uma visão extraordinária, de uma capacidade de pensamento que lhe permite prever tudo, e também de um comportamento infalível. Essa atitude foi assumida entre nós em relação a um homem, especialmente em relação a Stalin, por muitos anos. [...] Stalin inventou o conceito de "inimigo do povo". [...] Este termo possibilitou o uso dos métodos mais cruéis de repressão, violando assim todas as normas da legalidade revolucionária, sempre que alguém discordasse de Stalin ou se suspeitasse de uma intenção hostil ou simplesmente porque ele tinha uma má ideia. [...] Stalin lançou o Partido e o NKVD a uma política de terror quando as classes exploradoras de nosso país foram liquidadas, para o qual não havia razão para justificá-lo. O objetivo desse terror não era eliminar os restos das classes exploradoras, mas perseguir os trabalhadores honestos do Partido e do Estado Soviético; Acusações difamatórias, falsas e absurdas foram levantadas

[4] *O Estado de S. Paulo*, São Paulo, 7 jul. 1956, Caderno Especial, pp. 2-11.

> contra eles, atribuindo intenções ocultas de espionagem, sabotagem e preparação de tramas fictícias, etc. [...] Muitos milhares de comunistas inocentes e honestos morreram como resultado dessas falsificações monstruosas e como consequência do fato de que todos os tipos de confissões difamatórias obtidas à força foram aceitas e nas quais houve autoacusações e acusações ao outro. [...] Camaradas! O culto ao indivíduo atingiu proporções monstruosas principalmente por causa de Stalin, já que ele utilizou todos os meios concebíveis para se exaltar. [...] Um dos exemplos mais característicos da maneira como Stalin se exaltava é encontrado na total falta de modéstia que ele exibe em sua "Breve Biografia" publicada em 1948. Este livro é a expressão da adulação mais servil e um exemplo de como um homem é deificado, transformando-o em um sábio infalível, o maior líder, o estrategista mais sublime de todos os tempos e de todas as nações. É impossível encontrar palavras que possam aproximá-lo do céu. [...][5]

As revelações de Khrushchev no Informe Secreto eram muito graves. Stalin era um homem violento e grosseiro. Seu estímulo ao "culto à personalidade" deu origem "a uma série de perversões, cada vez mais sérias". Para perseguir seus adversários políticos, Stalin incentivou a fabricação de processos falsos. As confissões de crimes eram obtidas sob tortura. Milhares de cidadãos soviéticos que não tinham culpa alguma foram mortos. Submetidos a bárbaras torturas, eles não resistiam, admitindo culpas que não tinham e denunciando inocentes. Khrushchev também

[5] Nikita Khrushchev, "Informe Secreto al XX Congreso del PCUS". Disponível em <www.marxists.org/espanol/khrushchev/1956/febrero25.htm>. Acesso em 15 dez. 2020. Tradução livre do espanhol.

criticou a liderança de Stalin na Segunda Guerra. Embora informado do ataque iminente da Alemanha, não preparou o país para o confronto. Suas táticas militares eram toscas e provocaram a morte inútil de milhões de soldados soviéticos. Havia também a propaganda política que o equiparava a um deus, sábio infalível, o "maior dos chefes", "locomotiva da História", entre outros elogios exagerados. No Informe Secreto de Khrushchev há de tudo: autoritarismo, megalomania, deformações de caráter, arbitrariedades, prisões ilegais, campos de trabalhos forçados, torturas, propaganda mentirosa, deportações de nacionalidades, entre outros atos genocidas. Khrushchev, ao final, incitou o partido a abolir definitivamente o culto à personalidade, algo estranho ao marxismo-leninismo, e a construir o comunismo na União Soviética.

Os comunistas brasileiros e de outras partes do mundo demostraram dúvidas quanto às denúncias de Khrushchev. Mas não demoraram a saber que as revelações contidas no Informe Secreto eram verdadeiras. O mais grave foi quando souberam que Khrushchev não revelou tudo: as atrocidades cometidas por Stalin eram ainda maiores e piores.

Militantes comunistas brasileiros lendo o Informe Secreto

Fui para casa com o calhamaço, jantei, e só então peguei para ler. Aquela aflição foi me subindo de volta – campos de concentração, tortura etc... comecei a passar mal, quase vomitei o jantar. Fiquei aterrorizado. Fé... Nossa convicção era uma questão de fé. Era nossa fé que estava sendo pulverizada. Não dava para entender mais nada. Era uma verdadeira tragédia.

Hércules Corrêa[6]

[6] Hércules Corrêa, *op. cit.*, p. 65.

> Senti uma dor no estômago, percebi que a vista estava-me escurecendo e, com náuseas, tive uma vontade irresistível de vomitar. O choque era tremendo. Desmoronavam-se, de um golpe, velhos sonhos e ilusões que enchiam, há mais de vinte anos, toda a minha imaginação de admirador entusiasta e incondicional de Stalin e daquilo que eu supunha ser sua grandiosa obra.
>
> Agildo Barata[7]
>
> E se tudo fosse mentira? Ah, como desejaria que fosse mentira, mas sabia que não era, estava já irremediavelmente convencido de que o relatório existia e contava a verdade. Tive vontade de chorar, de chorar com todo o corpo, chorar alto, soluçando, o pranto correndo em abundância, para que meus nervos se relaxassem e eu caísse em estado de prostração... e adormecesse.
>
> Osvaldo Peralva[8]

A partir daí, desencadeou-se dentro do PCB acirrada luta interna. Um grupo de intelectuais, sobretudo jornalistas, sob liderança de Agildo Barata, deu início à oposição ao núcleo dirigente: Luiz Carlos Prestes, Diógenes Arruda Câmara, João Amazonas, Maurício Grabois, Pedro Pomar e Carlos Marighella. Os jornais *Voz Operária*, *Imprensa Popular* e *Notícias de Hoje*, sob a liderança do grupo renovador, abriram amplo debate. Muitos intelectuais fizeram autocrítica, perguntando-se como

[7] Agildo Barata, *Vida de um revolucionário: memórias*, São Paulo, Alfa-Ômega, 1978, pp. 225-336.

[8] Osvaldo Peralva, *op. cit.*, p. 195.

puderam acreditar em tudo o que se dizia sobre Stalin. Outros abandonaram o partido, como o escritor Jorge Amado.

A crise do stalinismo no Brasil foi vivida intensamente pelos grupos sociais médios e intelectualizados do PCB. A crise também ficou registrada em memórias de militantes de destaque no partido, como Agildo Barata, Hércules Correa, Osvaldo Peralva, João Falcão, entre outros. O Informe Secreto, no entanto, não teve os mesmos significados para os militantes de base. Para estes, Stalin, como mito político, permaneceu ileso. Imunes às críticas, as imagens que exaltavam Stalin entre os militantes sofreram poucos abalos com as denúncias de Khrushchev. Desde o início dos anos 1930, em particular após a Segunda Guerra, Stalin, para os comunistas de todo o mundo, era considerado, nas palavras do historiador Gérard Vincent, "o homem que mais amamos". Como odiá-lo ou desacreditar nele de uma hora para outra?[9]

Nos debates abertos pelos jornais, militantes de base apoiavam abertamente a repressão política liderada por Stalin. Argumentavam sobre a necessidade de consolidar o socialismo livrando-se de seus opositores. A violência era justificada pelos inúmeros inimigos da União Soviética, "internos e externos". Além disso, diversos militantes afirmavam que todos sabiam que Stalin era um homem violento. Khrushchev, por sua vez, não era reconhecido como liderança autêntica, sendo acusado pela militância de base, inclusive, de trotskista.[10]

O debate tornou-se perigoso, porque as críticas se aproximavam do próprio Prestes. Ele encerrou os debates sobre o Informe Secreto com texto que ficou conhecido como "Carta Rolha". O partido, escreveu o líder, não era "um clube de discussões" e três princípios teriam de ser

---

[9] Gérard Vincent, *op. cit.*, p. 428.

[10] Jorge Ferreira, *Prisioneiros do mito. Cultura e imaginário político dos comunistas no Brasil (1930-1956)*, Rio de Janeiro/Niterói, Mauad/Eduff, 2002. Ver capítulo 10.

observados para permanecer na organização: nenhuma crítica à União Soviética e ao seu Partido Comunista; nenhum questionamento ao marxismo-leninismo; nenhuma crítica à organização partidária nos moldes leninistas.[11]

Para restabelecer a disciplina partidária, o núcleo dirigente, em fevereiro de 1957, recorrendo à violência de militantes portuários, expulsou das redações dos jornais todos os jornalistas rebeldes. Dos 32 redatores da imprensa comunista, 27 foram afastados.[12] Com o controle dos jornais, em abril, o Comitê Central do PCB encerrou os debates.

Agildo Barata teve papel de relevo na dissidência aberta no partido. Seu objetivo era democratizar o Partido Comunista. Um agente do DOPS, afirmando ter uma "fonte reservada" infiltrada entre a militância, revelou que, em julho de 1957, Agildo Barata inaugurou o Centro de Cultura Euclides da Cunha, no 16º andar do Prédio América. Cerca de quarenta pessoas participaram do evento. O informante do DOPS comentou que havia militantes fiéis ao Comitê Central espionando o evento. Agildo, portanto, era espionado pelo DOPS e pelo próprio núcleo dirigente comunista.[13]

A luta interna no partido parece ter atingido a própria família de Elisa Branco. As filhas aderiram ao grupo "renovador" liderado por Agildo Barata. Horieta, anos mais tarde, disse que ficou muito abalada com as revelações de Khrushchev. A União Soviética não era o paraíso que pensavam ser.[14]

---

[11] *Imprensa Popular*, Rio de Janeiro, 24 nov. 1956, p. 3.

[12] Leôncio Martins Rodrigues, "O PCB: os dirigentes e a organização", in: Boris Fausto (org.), *op. cit.*, p. 424.

[13] Arquivo Pessoal de Horieta Alzira Baptista Novais. Elisa Branco Baptista, *Processo político* [livro 1], s/p. não publicado. "Comunicado n. 268", São Paulo, 1957, Arquivo Público do Estado de São Paulo, Acervo Deops/SP.

[14] Museu da Pessoa, entrevista concedida por Horieta Alzira Baptista Novais em 27 nov. 2003.

AS RAZÕES DE ELISA

E como se posicionou Elisa Branco durante a crise vivida pelo partido em 1956? Tanto em relação à crítica a Stalin quanto à crise interna vivida pelo PCB? Relatório produzido pelo serviço secreto do DOPS reproduziu suposta fala de Elisa: "Elisa Branco disse que não admite críticas contra Stalin, pois o adora e lhe deve grandes favores e gentilezas."[15] Não há como conferir a veracidade da afirmação. Elisa pode ter dito, mas também pode ser invenção do agente policial.

Outro documento do DOPS possibilita maior segurança para o historiador, uma vez que há informações que podem ser comprovadas. O texto não está datado, mas faz referência à "corrente renovadora" liderada por Agildo Barata, citado textualmente pelo policial. Portanto, é documento produzido ainda em 1956. O agente do DOPS informa sobre alterações na estrutura de comando do partido em São Paulo, tendo sido eliminados os comitês de zonas, substituídos por comitês municipais e pelo Comitê Estadual. Desse modo, em determinada região da cidade, quatro comitês distritais foram dissolvidos e, em seu lugar, surgiram três que formavam, juntos, o Distrital do Cambuci, sob orientação de Elisa Branco. Sua função era a de dar apoio ao Comitê Regional. A reorganização visava retirar dos cargos militantes comprometidos com Agildo Barata.[16] Elisa, portanto, continuou alinhada com o Comitê Central sob liderança de Prestes.

---

[15] Arquivo Pessoal de Horieta Alzira Baptista Novais. Elisa Branco Baptista, *Processo político* [livro 1], s/p. "Tópico do Relatório n. 239 de 5-4-1956", São Paulo, 1956, Arquivo Público do Estado de São Paulo, Acervo Deops/SP.

[16] Arquivo Pessoal de Horieta Alzira Baptista Novais. Elisa Branco Baptista, *Processo político* [livro 2], s/p. "Relatório sem título", São Paulo, sem data, Arquivo Público do Estado de São Paulo, Acervo Deops/SP.

Elisa era comunista, mas sobretudo "prestista". Mantinha por Luiz Carlos Prestes profundo respeito, admiração e fascínio. Ela era militante disciplinada e se alinhou com o Comitê Central do PCB, apoiando as orientações de Prestes e mantendo-se afastada do grupo "renovador". Tudo indica que Elisa seguiu e apoiou os três preceitos impostos por Prestes na "Carta Rolha". O debate sobre as denúncias de Khrushchev estava encerrado. Para Elisa, certamente era a melhor saída política no momento. A luta continuaria, de qualquer maneira.

Sobre as críticas a Stalin formuladas por Khrushchev, não encontrei nenhuma informação de Elisa. Não há como dizer, com segurança, qual foi o seu posicionamento diante das denúncias dos crimes de Stalin contidas no Informe Secreto. Mas é possível, sim, formular conjecturas.

Elisa, como a maioria da militância comunista, tinha imensa admiração por Stalin. Ganhou, inclusive, o prêmio que levava seu nome. Pesquisando sobre os debates nos jornais comunistas, é bastante nítido que o Informe Secreto pouco abalou a crença em Stalin dos militantes de base.[17] É possível sugerir que Elisa estava alinhada com eles – e não com os intelectuais e jornalistas críticos no partido.

Para aqueles que conheceram militantes de base naquela época, as denúncias de Khrushchev sinalizavam que algo estava errado. Mas procuravam explicações no momento histórico vivido pela União Soviética e o próprio Stalin. Afinal, houve uma guerra destrutiva e Stalin liderou o povo soviético na luta contra as forças militares alemãs. O melhor seria virar a página, seguir em frente e não discutir. O que importava de verdade era o fato de que a União Soviética estava preservada e o socialismo vivo para eles. E Elisa pensava dessa maneira.[18]

---

[17] Jorge Ferreira, *Prisioneiros do mito. Cultura e imaginário político dos comunistas no Brasil (1930-1956), op. cit.*, capítulo 10 ("O colapso dos mitos").

[18] A avaliação é de Carlos Eduardo Baptista Fernandes em entrevista ao autor.

Ela tinha características típicas de um militante de base, aquele que apoiou Stalin e se espelhou nele. Era, no jargão partidário, uma "tarefeira" ou "praticista". As expressões nomeavam, de maneira pejorativa, os militantes que se dedicavam exclusivamente às suas tarefas, ao trabalho prático, não se preocupando com os estudos teóricos. Embora os dirigentes partidários criticassem o "praticismo" e indicassem a necessidade do estudo da teoria, a maior parte da militância não lia textos marxistas ou leninistas, preferindo dedicar-se às suas tarefas. Os militantes tinham acesso à teoria, ou ao que entendiam por teoria, em artigos de jornais comunistas e pela tradição oral dentro do partido. Por mais que os dirigentes partidários exigissem dos militantes o estudo da teoria, o "praticismo" era a norma dentro do PCB. Até mesmo porque, segundo o historiador Nicolas Werth, o próprio Stalin afirmava que o partido não necessitava de militantes que conhecessem as complexidades do marxismo-leninismo ou que se enveredassem por questões teóricas. O partido necessitava, sim, de "práticos", de militantes que executassem, à risca, as tarefas determinadas pelos dirigentes partidários. Eles deveriam ser dedicados, entusiasmados, reservados e modestos.[19] Essa foi a tradição que se impôs no partido.

E assim era Elisa. Uma ativista dedicada às suas tarefas. Ao longo da pesquisa, não encontrei uma única referência a textos marxistas citados por ela. Elisa estava, sim, engajada nas campanhas pela paz e pelos direitos das mulheres, seja em comícios, em encontros, em congressos, colhendo assinaturas em abaixo-assinados nas ruas. Suas publicações em jornais eram voltadas sobretudo para a denúncia do imperialismo norte-americano e as ameaças de guerras.

---

[19] Nicolas Werth, *Être communiste em URSS sous Staline*, Paris, Gallimard/Julliard, 1981, p. 42.

Nesse aspecto, há de se considerar o machismo dentro dos partidos comunistas e entre os próprios comunistas. Vimos, anteriormente, que estudiosos apontaram para o discurso dúbio do Partido Comunista com relação às mulheres. Em uma dimensão, a mulher deveria atuar, por exemplo, no espaço público, na luta contra a carestia, contra as guerras e nas organizações sociais. Em outra, o partido reforçava a maneira tradicional de interpretar o papel da mulher na sociedade, reforçando o tema do lar como seu lugar exclusivo. A mulher lutava pela paz no espaço público, mas não poderia abdicar de seu papel de dona de casa, esposa e mãe. Sua real libertação somente poderia ocorrer com a instauração do socialismo.

Vale citar o caso de Zuleika Alambert, que concorreu à vaga de deputada estadual nas eleições de 1947 por São Paulo pelo PCB, tendo alcançado a primeira suplência com apenas 23 anos. Com a exclusão do candidato eleito, ela assumiu a cadeira na Assembleia Legislativa. Foi a primeira mulher a assumir cargo no legislativo eleita pela sigla do PCB. Mas as mulheres não exerciam cargos de direção no PCB. No Comitê Central, a única mulher que dele participou foi exatamente Zuleika Alambert, mesmo assim admitida no início dos anos 1970 – lembrando que o PCB foi fundado em 1922. A própria Zuleika afirma que se tornar membro do Comitê Central era algo inacessível para as mulheres e que sua indicação foi um "álibi" dos dirigentes. Ela afirma: "Eu era um álibi. Usada pra dizer 'tem uma mulher lá' e tal." Segundo suas próprias palavras:

> O machismo imperava, e isto aparecia, nitidamente, na divisão dos trabalhos. As mulheres atuavam como datilógrafas, taquígrafas nas reuniões do Partido. Serviam café, cozinhavam, limpavam os chama-

> dos "aparelhos". Nas comissões políticas de trabalho eram geralmente eleitas para as comissões gerais, ou seja, aquelas onde cabia de tudo. Para representar o Partido nos Congressos Internacionais jamais eram eleitas e assim por diante.[20]

A referência a Zuleika Alambert visa avaliar a trajetória de Elisa Branco. Embora sua atuação fosse reconhecida nas páginas dos jornais comunistas, e ela tenha sido elevada à condição de "heroína do povo brasileiro", Elisa nunca exerceu cargo de direção no partido. Apesar de ter sido a única mulher brasileira a receber a maior honraria do movimento comunista – o Prêmio Stalin da Paz –, jamais exerceu qualquer cargo, incluindo diretórios municipais e estadual. Elisa ora presidiu ou exerceu a vice-presidência de organizações de mulheres ou que lutavam pela paz e o nacionalismo. A exceção foi a indicação do partido para participar, como membro oficial, de congressos internacionais pela paz. E nem poderia ser diferente. Afinal, ela tinha ganhado o Prêmio Stalin da Paz. Mas nunca foi indicada para cargos de direção.

ESQUECENDO ELISA

Elisa Branco tornou-se nome bastante conhecido entre a militância no início dos anos 1950. Sua ousadia em abrir a faixa de protesto e os sofrimentos que passou durante um ano no presídio mobilizaram os comunistas. Os dirigentes partidários lutaram pela libertação dela, mas também se utilizaram da imagem de Elisa para mobilizar a militância a cumprir as tarefas nas campanhas pela paz. Ela era a militante, a mãe e a esposa, presa por se manifestar contra a guerra.

---

[20] Citada em Rachel Soihet, *op. cit.*, pp. 172-173.

Pela libertação de Elisa, publicaram cartas nos jornais comunistas os escritores Afonso Schmidt, Dalcídio Jurandir, Jorge Amado e Pablo Neruda. Pela sua libertação, assinaram seus nomes em abaixo--assinados Abguar Bastos, Caio Prado Jr., Nelson Pereira dos Santos, professores da Faculdade de Medicina da Universidade de São Paulo, o deputado estadual Jânio Quadros, entre muitos outros. O próprio Luiz Carlos Prestes escreveu longa carta denunciando a injustiça de sua condenação.

Em liberdade, Elisa foi integrante de diversas organizações, bastando citar que foi membro do Conselho Mundial da Paz e integrou a diretoria e o Conselho Consultivo do Movimento Brasileiro dos Partidários da Paz, ao lado de Jorge Amado, Graciliano Ramos, Oscar Niemeyer, Evandro Lins e Silva, Candido Portinari, Edson Carneiro e Guerra Peixe. Elisa participou de vários congressos nacionais e internacionais.

Em fins de 1952, o nome de Elisa Branco continuou a circular entre a militância comunista por ter recebido o Prêmio Stalin da Paz.

Elisa esteve permanentemente na imprensa comunista ao longo do ano de 1951. *Imprensa Popular* era jornal diário, com exceção de domingo e das segundas-feiras, dias em que não circulava. Em 1951, o periódico teve, no total, 281 edições. Elisa foi citada em 125 delas – o equivalente a 44,4% dos exemplares do ano. Isso significa que ela estava presente em quase metade da edição anual.

Voz Operária, porta-voz oficial do PCB, saía em edição semanal. Durante aquele ano, quando Elisa esteve presa e grande campanha foi promovida para sua libertação, o jornal teve, no total, 53 edições. Dessas, o nome de Elisa apareceu em 37 – ou seja, em 69,8% dos exemplares do periódico daquele ano.

Quero, com esses dados, ressaltar que Elisa Branco tornou-se muito conhecida pela militância do partido, como também por artistas, intelectuais, jornalistas e dirigentes. A iniciativa de abertura da faixa, a condenação, a prisão e a campanha pela sua libertação eram eventos que os militantes conheciam muito bem. O recebimento do Prêmio Stalin da Paz foi o auge de sua militância comunista.

Elisa Branco continuou nas páginas de *Imprensa Popular*. Em 1952 e 1953, ela foi citada, mas em números bem menores. A mudança visível acontecerá nos anos seguintes: sete vezes em 1954, seis em 1955 e duas em 1956. Em 1957, ela desaparece do jornal. Em 1958, último ano de sua existência, igualmente ela não foi citada.[21]

Em *Voz Operária* seu nome é citado com regularidade em 1952 e 1953. Em 1954, sua presença diminui sensivelmente. Não há como saber sobre o ano de 1955, porque as edições do jornal publicadas nesse período não estão disponíveis para consulta. No entanto, de 1956 até 1959, último ano de existência do jornal, Elisa não é citada uma única vez. Como ocorreu em *Imprensa Popular*, Elisa também sumiu do noticiário de *Voz Operária*.

As tabelas, a seguir, ajudam a visualizar os números.

---

[21] A metodologia adotada foi a seguinte: a hemeroteca da Biblioteca Nacional dispõe de ferramenta que ressalta, em cor verde, a palavra indicada pelo usuário nas páginas do jornal escolhido. A ferramenta também oferece o número de vezes que a palavra aparece em cada edição. O procedimento foi o de somar o número de vezes que a palavra *Elisa* aparece ao longo de todas as edições publicadas a cada ano. Dois cuidados foram observados. Primeiro, ao digitar a nome *Elisa*, outras personagens, com o mesmo nome, podem aparecer. Em segundo lugar, a ferramenta também pode confundir uma palavra borrada, ou mal escaneada, com *Elisa*. Para evitar esses problemas, eu conferi, página por página, se a "Elisa" que a ferramenta apontava era, realmente, Elisa Branco. Outra questão é que, em uma mesma edição, o nome de Elisa Branco pode aparecer duas, três ou até mesmo seis vezes. Nesses casos, eu considerei apenas uma aparição do nome por edição. Por fim, há de admitir que a ferramenta da hemeroteca pode apresentar falhas e, possivelmente, deixar escapar o nome em uma edição. No entanto, acredito que a margem de erro não compromete o objetivo.

Imprensa Popular

Ano	Edições	Citações	Porcentagem de citação
1951	281	125	44,4%
1952	242	44	18,1%
1953	160	30	18,7%
1954	301	7	2,3%
1955	305	6	1,9%
1956	310	2	0,6%
1957	291	0	–
1958	175	0	–

Voz Operária

Ano	Edições	Citações	Porcentagem de citação
1951	53	37	69,8%
1952	46	17	36,9%
1953	53	14	26,4%
1954	50	3	6%
1955	indisponíveis		
1956	51	0	–
1957	49	0	–
1958	52	0	–
1959	8	0	–

A partir de 1956/1957, Elisa Branco não apareceu mais nas páginas da imprensa comunista. Não houve "expurgo" ou expulsão. Ela tampouco participou de dissidências ou abandonou o partido. Elisa continuou a mesma militante de sempre: disciplinada, dedicada ao partido e fiel a Prestes. Ela apenas foi ignorada pelos meios de comunicação, caindo sobre ela o esquecimento.

Porta-voz oficial do PCB, *Voz Operária* encerrou suas atividades em 1959 e foi substituído, no mesmo ano, pelo jornal *Novos Rumos*. O silêncio sobre Elisa teve continuidade. Com edições semanais, *Novos Rumos* tinha em média 44 edições por ano. De 1959 até 1961, ou seja, por três anos consecutivos, o nome de Elisa Branco não foi mecionado. Somente em 1962, em artigo redigido por Zuleika Alambert sobre a Guerra da Coreia, Elisa reaparece. Zuleika relembra sua prisão e define Elisa como "modesta militante operária". Lendo o artigo, parece que Elisa Branco é personagem distante na história do PCB. Uma personagem que ficou no passado de lutas do partido – e lá deveria continuar.[22] A seguir, em todo o ano de 1963, ela também não foi citada. Em toda a trajetória de *Novos Rumos*, de 1959 a 1963 (não tive acesso às edições de janeiro a março de 1964), Elisa foi citada uma única vez, em uma edição de 1962, mesmo assim em caso muito particular.

Como explicar que uma militante tão conhecida e celebrada tenha desaparecido dos meios de comunicação do partido? É possível levantar uma hipótese: Elisa, como praticamente a grande maioria dos militantes do PCB, era fervorosa admiradora de Stalin. Em 22 de dezembro de 1951, após ser libertada, ela publicou no jornal comunista *Hoje* pequeno texto parabenizando Stalin pela passagem de seu 72º aniversário:

> Camarada Stalin, campeão da Paz, e grande mestre da classe operária. Hoje em liberdade, graças à luta dos partidários da paz, saúdo-te calorosamente com uma alegria sem limites, desejando que esta data

[22] *Novos Rumos*, Rio de Janeiro, 23 fev. a 1º mar. 1962, p. 4.

> se repita por muitos anos para a felicidade da humanidade. Receba também o meu abraço fraternal.[23]

Em relatório datado de 5 de abril de 1956, menos de dois meses após o XX Congresso do PCUS em que Khrushchev leu o Informe Secreto, um agente do DOPS escreveu que Elisa Branco teria dito que não admitiria críticas contra Stalin.[24] Embora, como em caso similar citado anteriormente, citações de terceiros formuladas por agentes do DOPS devam ser consideradas de maneira muito cautelosa.

Sustento a hipótese de que ter ganho a maior honraria que um comunista poderia receber, o Prêmio Stalin da Paz, foi o motivo para o apagamento de sua memória no PCB e pelo PCB. Elisa ganhou o prêmio em fins de 1952, mas quando, no início de 1956, Nikita Khrushchev denunciou os graves crimes cometidos por Stalin, dando início ao processo de desestalinização, sérios problemas foram criados para Elisa. Vale ressaltar que Jorge Amado também ganhou o prêmio, mas deixou o partido ao tomar conhecimento das denúncias de Khrushchev, mas Elisa continuou no PCB. Niemeyer é caso à parte porque ganhou o Prêmio Lênin da Paz, não o Stalin.

Portanto, não é casual Elisa ter sumido dos jornais exatamente no ano de 1956.

O problema, no entanto, é mais intrigante. Elisa não desapareceu apenas das páginas dos jornais comunistas, mas também das memórias publicadas por militantes que foram contemporâneos dela naqueles

---

[23] Arquivo Pessoal de Horieta Alzira Baptista Novais. Elisa Branco Baptista, *Processo político* [livro 1], s/p. Recorte do jornal *Hoje*, datado de 22 de dezembro de 1951, Arquivo do Estado de São Paulo, São Paulo, 1951, Acervo Deops/SP.

[24] Arquivo Pessoal de Horieta Alzira Baptista Novais. Elisa Branco Baptista, *Processo político* [livro 1], s/p. "Tópico do Relatório n. 239", São Paulo, 1956, Arquivo do Estado de São Paulo, Acervo Deops/SP.

episódios. Elisa está ausente nas memórias publicadas de Antônio Carlos Félix Nunes, Apolônio de Carvalho, Elias Chaves Neto, Heitor Ferreira Lima, Hércules Corrêa, João Falcão, Leôncio Basbaum e Moisés Vinhas.[25] Elisa é citada em duas memórias de militantes, mas sem referência alguma ao que foi tratado até aqui. A primeira delas é a de Osvaldo Peralva, que se refere a Elisa como uma "mulher muito pobre", ludibriada financeiramente pelos dirigentes do PCB após receber o Prêmio Stalin da Paz. Na verdade, ele fala mais do partido do que de Elisa.[26] A segunda é a de Gregório Bezerra. Ele faz referência a Elisa em comício na cidade de Araraquara, na campanha eleitoral de 1954, quando uma multidão conservadora tentou linchá-la devido a elogios feitos à União Soviética.[27]

Assim como surgiu nos jornais, Elisa desapareceu. Mas não apenas dos jornais comunistas e dos livros de memórias dos militantes. Na produção historiográfica sobre o PCB também praticamente nada há sobre Elisa Branco. Durante a pesquisa, encontrei tão somente um artigo acadêmico que faz referência ela. Mas o tema da pesquisa de Juliana de la Torres é a iconografia nos jornais comunistas sobre as mulheres. Elisa é uma delas, entre diversas outras.[28] Encontrei, também, capítulo de

---

[25] Antônio Carlos Félix Nunes. *PC: linha leste*, São Paulo, Livramento, 1980; Apolônio de Carvalho. *Vale a pena sonhar*, Rio de Janeiro, Rocco, 1997; Elias Chaves Neto. *Minha vida e as lutas de meu tempo*, São Paulo, Editora Alfa-Omega, 1977; Heitor Ferreira Lima. *Caminhos percorridos. Memórias de militância*, São Paulo, Brasiliense, 1982; Hércules Corrêa, *Memórias de um stalinista*, Rio de Janeiro, Opera Nostra, 1994; João Falcão. *O Partido Comunista que eu conheci (20 anos de clandestinidade)*, Rio de Janeiro, Civilização Brasileira, 1988; Leôncio Basbaum. *Uma vida em seis tempos (memórias)*, São Paulo, Editora Alfa-Omega, 1976; Moisés Vinhas. O *Partidão. A luta por um partido de massas* (1922-1974), São Paulo, Hucitec, 1982.

[26] Osvaldo Peralva, *op. cit.*, p. 340.

[27] Gregório Bezerra. *Memórias*, São Paulo, Boitempo Editorial, 2011, p. 465.

[28] Juliana de la Torres, "Imagens das mulheres na imprensa comunista brasileira (1945/1957)", *Domínios da Imagem*, ano IV, nº 7, 2010.

livro de Betzaida Mata Machado Tavares, cujo estudo é sobre mulheres exemplares do partido, analisando as trajetórias de Elisa Branco e Leocádia Prestes.[29] O restante foram matérias no site da Fundação Maurício Grabois; matéria jornalística com entrevista de Elisa nos sites de *IstoÉ Gente* e de *Inverta*; por fim, pequeno verbete no Projeto Integrado do Arquivo Público do Estado de São Paulo e da Universidade de São Paulo.

O silêncio sobre Elisa resultou em seu esquecimento. Na história do comunismo no Brasil ou na memória de seus militantes, Elisa desapareceu. Com exceção de d. Brites, em entrevista a Ecléa Bosi, como veremos adiante.

[29] Betzaida Mata M. Tavares, "Mulheres exemplares: uma análise do modelo comunista feminino a partir das trajetórias de Elisa Branco e Leocádia Prestes", in: Rodrigo Patto Sá Motta (org.), *Culturas políticas na história: novos estudos*. Belo Horizonte, Argumentum, 2009.

9. DO AVANÇO DEMOCRÁTICO AO GOLPE

ELISA E A NOVA LINHA POLÍTICA

A partir de 1954, os comunistas vivenciaram três importantes acontecimentos: as revoltas populares diante da notícia do suicídio de Vargas; as revelações impactantes do Informe Secreto denunciando os crimes de Stalin; o rápido desenvolvimento industrial na presidência de Juscelino Kubitschek. Essas experiências tornavam a linha política do Manifesto de Agosto de 1950 ultrapassada. Segundo ideias do historiador José Antonio Segatto, o processo resultou na renovação na linha de atuação do PCB, algo que ficou conhecido como "nova política".[1] Afinal, não era mais possível desconhecer a importância de outras forças políticas entre os trabalhadores, como o trabalhismo petebista, os problemas decorrentes do culto a Stalin e ao stalinismo e de que era possível o desenvolvimento capitalista em um país como o Brasil. Os dirigentes comunistas também reconheceram a importância da questão democrática. Desse modo, a Constituição de 1946 deixou de ser definida como

[1] José Antonio Segatto, *Reforma e revolução. As vicissitudes políticas do PCB (1954-1964)*, Rio de Janeiro, Civilização Brasileira, 1995, p. 33.

"código de opressão contra o povo" e as eleições "como farsa" do regime de latifundiários e capitalistas.[2]

Embora a linha do Manifesto de Agosto ainda não tivesse sido formalmente superada, algo que pelos estatutos do partido somente ocorreria com um novo congresso, os dirigentes partidários lançaram documento que ficou conhecido como "Declaração de Março de 1958". O texto apontava linha política oposta ao Manifesto de Agosto: o partido deveria fazer alianças políticas e o desenvolvimento do capitalismo não apenas era possível nas condições brasileiras, mas definido como necessário. Os comunistas deveriam lutar pela formação de um governo nacionalista e democrático. Nele estariam representados os operários, os trabalhadores rurais, a classe média e a burguesia nacional, todos sob a direção política do PCB. A proposta de alcançar o poder pela luta armada não foi descartada, ainda mais tratando-se de um partido revolucionário. Mas o momento requeria a ênfase na luta institucional, política e eleitoral. Os comunistas, a partir daí, deveriam defender a legalidade democrática.

Linha política do PCB

(Declaração de Março de 1958)

A sociedade brasileira encerra também a contradição entre o proletariado e a burguesia, que se expressa nas várias formas de luta de classes entre operários e capitalistas. Mas esta contradição não exige uma solução radical na etapa atual. Nas condições presentes de nosso país, o desenvolvimento capitalista corresponde aos interesses

[2] *Ibid.*, p. 43.

do proletariado e de todo o povo. [...] Os comunistas consideram que existe hoje em nosso país a possibilidade real de conduzir, por formas e meios pacíficos, a revolução anti-imperialista e antifeudal.[3]

Elisa imediatamente assimilou a nova linha política e, como militante disciplinada, defendeu-a dentro do partido e fora dele. Em palestra registrada pelo serviço secreto do DOPS, ela afirmou:

> Com a declaração sobre a política do Partido, o PCB, sob a orientação de Prestes, Pedro Pomar e de outros dirigentes experimentados, retoma o justo caminho, identificando a política comunista com os interesses fundamentais do povo. A interrupção desta identificação durou alguns anos e teve expressão, na errônea política traçada em documentos, entre os quais o Manifesto de Agosto de 1950. A nova tática estende a frente única nacionalista e democrática a todas as forças do país, que têm qualquer interesse contrário ao imperialismo norte-americano.

Elisa assumia o argumento do Comitê Central, de Prestes em particular, sobre os erros cometidos ao adotar a linha radical do Manifesto de Agosto. Com a "nova política", o partido adotou a linha justa:

> A declaração do PCB prevê a necessidade e a viabilidade do caminho pacífico, sem luta armada no país, ainda mais agora que existe uma

[3] Citado em Edgard Carone, *O PCB (1943-1964)*, vol. 2, São Paulo, Difel, 1982, pp. 184 e 191-192.

> frente única nacionalista e democrática disposta a realizar todos os objetivos do povo e da classe operária.[4]

O PCB, portanto, investiu no "caminho pacífico ao socialismo", o que motivou muitas críticas de organizações de esquerda após o golpe civil-militar de 1964. Sobretudo as esquerdas armadas criaram a imagem de um partido que, abandonando o projeto "revolucionário", preferiu o "reformismo". O processo não foi tão simples como pareceu para muitos. A opção pela "via pacífica", em absoluto, excluía a revolução armada.[5]

Com a nova linha política, o partido se abriu para a sociedade. Embora ainda na ilegalidade, os comunistas participaram do processo eleitoral, procuraram alianças com o PTB, disputaram a direção de vários sindicatos e venceram, muitas vezes em acordos com os trabalhistas. Atuaram nos movimentos sociais, na luta por reivindicações populares. Durante os governos de Juscelino Kubitschek e João Goulart, o PCB conheceu uma situação de semilegalidade. Luiz Carlos Prestes circulava livremente pelo país e os militantes não mais precisavam viver na clandestinidade. A Revolução Cubana, em 1959, incendiou a imaginação dos revolucionários.

---

[4] Arquivo Pessoal de Horieta Alzira Baptista Novais. Elisa Branco Baptista, *Processo político* [livro 2], s/p, não publicado. "Documento sem título", São Paulo, sem data, Arquivo Público do Estado de São Paulo, Acervo Deops/SP.

[5] Jorge Ferreira, "O Partido Comunista Brasileiro e o governo João Goulart", *Revista Brasileira de História* (on-line), São Paulo, vol. 33, nº 66. 2013, p. 115.

Carta a Elisa

Viena, 26 de abril de 1958
Senhora Elisa Branco.

Prezada amiga.

Nós temos o prazer de vos remeter alguns documentos que vindes de nos solicitar para os comitês nacionais da paz, com vistas à preparação do Congresso pelo Desarmamento e a Cooperação Internacional que se verificará nos dias 16 a 22 de julho de 1958, em Estocolmo. [...]

Nós estamos persuadidos de que todos os membros do Conselho Mundial da Paz enviarão sua contribuição pessoal para a preparação do Congresso. Por sua experiência, seus contatos, os membros do Conselho Mundial da Paz podem enviar tanto sobre a esfera nacional como a internacional uma grande ajuda para a realização das tarefas políticas, práticas, financeiras que nos cabem a todos, a fim de assegurar o sucesso do congresso.

De nossa parte, desejamos vivamente conhecer vosso ponto de vista, vossas sugestões sobre as questões esposadas pelo povo. [...]

Commission d'Organisation du Congrès pour le Désarmenment et la Cooperation Internationale[6]

---

[6] Arquivo Pessoal de Horieta Alzira Baptista Novais. Elisa Branco Baptista, *Processo político* [livro 2], s/p. "Commission d'Organisation du Congrès pour le Désarmenment et la Cooperation Internationale", São Paulo, 1958, Arquivo Público do Estado de São Paulo, Acervo Deops/SP. A tradução do francês para o português foi realizada por agentes do DOPS.

Elisa dirigia a Associação Cultural Recreativa em Defesa da Paz Grito do Ipiranga e continuava a participar da Federação das Mulheres do Estado de São Paulo. Em abril de 1959, um agente do DOPS escreveu relatório sobre a divisão do Pacto de Unidade Intersindical de São Paulo (PUI) em duas correntes que concorriam pela direção da organização. Uma delas, que o policial chamou de "moderada", era liderada por um trabalhador gráfico vice-presidente do PUI; a outra, integrada por organizações sindicais do PCB, com apoio da UNE e da Federação das Mulheres, sendo Elisa Branco nome de destaque.[7]

Horieta continuava na militância do PCB, atuando na União da Juventude Comunista. Ela cursava a Escola Normal, na época curso equivalente ao atual Ensino Médio, mas que formava professoras para o curso Primário, equivalente atualmente ao Fundamental I. Horieta continuava atuando como "estudante profissional". Ela participou do I Congresso da União Paulista de Estudantes Secundaristas e de diversos congressos estudantis em cidades do interior do estado. Posteriormente, ela levou o curso a sério e se dedicou aos estudos, vindo a formar-se como professora. Florita chegou a cursar o ensino médio, mas abandonou os estudos no segundo ano.[8]

Florita também militou no Partido Comunista, contudo, anos depois, tornou-se funcionária pública do Instituto de Aposentadorias e Pensões dos Industriários (IAPI),[9] órgão responsável pela construção de vários conjuntos habitacionais para operários. Com a ditadura militar, os institutos foram unificados, surgindo o Instituto Nacional de

---

[7] Arquivo Pessoal de Horieta Alzira Baptista Novais. Elisa Branco Baptista, *Processo político* [livro 1], s/p. "Assuntos Gerais sobre Serviços", São Paulo, 1949, Arquivo Público do Estado de São Paulo, Acervo Deops/SP.

[8] Museu da Pessoa, entrevista concedida por Horieta Alzira Baptista Novais em 27 nov. 2003.

[9] Entrevista concedida por Carlos Eduardo Baptista Fernandes ao autor.

Previdência Social (INPS), depois transformado em Instituto Nacional de Assistência Médica e Previdência Social (INAMPS).

Em 1956, Horieta foi a uma festa patrocinada pela UJC com jovens da turma da Faculdade de Direito da USP. Em certo momento, a maioria exagerou na bebida e Horieta tomou a decisão de se recolher em um dos quartos da família. Quando resolveu descer as escadas, deparou-se com um conhecido, Oswaldo Porchat. Muitos anos depois, aquele jovem estudante de filosofia receberia o título de professor emérito da Faculdade de Filosofia, Letras e Ciências Humanas da USP e fundaria o Departamento de Filosofia da Unicamp. Nas escadas, Porchat estava acompanhado de um amigo, o jovem estudante de história Fernando Novais.

Na verdade, Fernando e Horieta se conheciam de nome. Na época, a irmã Florita namorava Aníbal Fernandes, também jovem estudante da Faculdade de Filosofia da USP. Depois foi cursar direito na mesma universidade. Anos mais tarde, ele se tornaria professor de direito do trabalho e previdência social da Faculdade de Direito e um dos maiores especialistas em direito previdenciário do país. Interessa saber que Florita e Aníbal conheciam Fernando e achavam que ele e Horieta deveriam ser apresentados. Na época, Fernando era professor assistente da Faculdade de Economia, sob orientação da professora Alice Canabrava. Ainda nas escadas, Porchat apresentou Fernando a Horieta. Como a festa ficou mais tranquila, os dois dançaram juntos. Não foi difícil porque ambos dançavam muito bem.

Quando Fernando soube que estava dançando com Horieta, logo a associou a Florita e Aníbal. Ao final, Horieta deu o telefone do escritório em que ela trabalhava. Mas Fernando não ligou. Florita ficou indignada com a atitude de Fernando. Certamente, Aníbal tomou alguma providência e logo Horieta recebeu um telefonema de Fernando convidando-a para jantar. Horieta comprou sapatos novos. Roupas, ela tinha. Caio Prado Jr. dava para Elisa as roupas de sua filha. Elisa reformava os vestidos para suas filhas usarem. Ao final do jantar, já eram namorados. Assim ficaram durante dois anos, quando, em 1957, casaram-se e tiveram um casal de filhos.[10] Um casamento duradouro. Florita se casou com Aníbal e também tiveram dois filhos. Depois de vinte anos, houve a separação. Florita conheceu Hilder Araújo, militante do PCB que, de Pernambuco, viera morar em São Paulo. Segundo Elisa, Florita viveu muito bem seu segundo casamento.[11]

Horieta afastou-se do PCB, em 1956, devido às revelações do Informe Secreto de Khrushchev. Mas sua relação com Fernando Novais abriu-lhe ainda mais os horizontes. Ela passou a conviver não apenas com o namorado, cuja visão de mundo era plural, mas também com os amigos dele, como os jovens estudantes Fernando Henrique Cardoso, das ciências sociais, e José Arthur Giannotti, da filosofia. Com eles, Fernando Novais, da história, com outros professores e alunos, constituíram o Seminário Marx, também conhecido como Grupo do Capital, cujo objetivo era a leitura e discussão da obra maior de Karl Marx.

O comunismo de vertente soviética ficava cada vez mais distante de Horieta, mas não de Elisa. "Para minha mãe, o Partido Comunista era uma religião", afirmou a filha muitos anos depois.[12]

Embora Horieta vivesse bem com Fernando Novais, Elisa não gostava dele. E Fernando, em pouco tempo, perdeu a paciência com a sogra. Algo compreensível. Eles viviam em mundos completamente diferentes. O mundo de Fernando Novais era a universidade, em especial a

---

[10] Museu da Pessoa, entrevista concedida por Horieta Alzira Baptista Novais em 27 nov. 2003.

[11] Arquivo Pessoal de Horieta Alzira Baptista Novais. Elisa Branco Baptista, *Memórias* [livro 1], p. 175, não publicado.

[12] Museu da Pessoa, entrevista concedida por Horieta Alzira Baptista Novais em 27 nov. 2003.

prestigiada Universidade de São Paulo, a USP. Ele era um jovem historiador que dedicava seu tempo aos estudos e às pesquisas. Sua tese de doutorado, intitulada *Brasil e Portugal na crise do antigo sistema colonial (1777-1808)*, defendida em 1973 e publicada em 1979, influenciou toda uma geração de historiadores brasileiros.

Fernando Novais era tudo o que os partidos comunistas desprezavam: um "intelectual", no sentido mais pejorativo da palavra. Para os partidos tributários da tradição bolchevique, os intelectuais deveriam estar a serviço da causa revolucionária. Antes de tudo, deveriam ser estudiosos das obras de Marx, Engels, Lênin e Stalin. Deles o partido exigia a paciência, a humildade, a modéstia, a constante autocrítica e a recusa de vaidades pessoais. Além disso, deveriam unir teoria e prática, sendo, ao mesmo tempo, "estudiosos da verdade" e "soldados da verdade". O intelectual revelaria sua honestidade ao aderir ao partido e ao marxismo-leninismo, bem como seguir a linha política estabelecida pelo comitê central e expressá-la de maneira clara e objetiva para as massas. Em suma, o intelectual comunista deixaria de ser um livre-pensador.

O mundo de Fernando Novais era a USP; o de Elisa, o PCB. Novais recusava o papel de "intelectual" estabelecido pelos comunistas. Ele era crítico ao stalinismo e ao socialismo de vertente soviética. A invasão da Tchecoslováquia pelos tanques do Pacto de Varsóvia impactou negativamente intelectuais de diversos países. No entanto, para Elisa era inconcebível que um intelectual que leu *O capital* não atuasse na militância revolucionária e não aderisse ao PCB, preferindo reservar para si o papel de intelectual e pesquisador universitário. O mundo de Fernando e o mundo de Elisa não se tocavam. Desse modo, eles preferiram ignorar um ao outro. Embora Elisa, vez por outra, expressasse para a família suas contrariedades com o genro.

A SUCESSÃO PRESIDENCIAL

Os comunistas participaram ativamente da campanha eleitoral para a sucessão de Juscelino Kubitschek. Novamente PSD e PTB formaram um chapa com seus candidatos. Para presidente o candidato pessedista foi o general Henrique Teixeira Lott, militar nacionalista e legalista. Para vice-presidente, novamente concorreu o trabalhista João Goulart. Trabalhistas, pessedistas e comunistas, no entanto, tiveram que lidar com o ex-governador de São Paulo, Jânio Quadros, candidato por uma coligação de partidos conservadores, com destaque para a UDN.

Os trabalhistas estavam divididos quanto à candidatura do general Lott. Apesar de reiterar seu compromisso com a agenda reformista e nacionalista, Lott insistia no discurso anticomunista, o que desorientava o eleitorado de esquerda. O anticomunismo de Lott era desconcertante para o PCB – que o apoiava. Além disso, ele demonstrava grande dificuldade de agregar apoios, além de inabilidade política. A cientista política Maria Celina D'Araujo lembra que Lott era o candidato do movimento nacionalista, "mas sustentava uma posição completamente avessa ao diálogo e ao entendimento com posições de esquerda, quer no plano nacional, quer no plano internacional".[13] Jânio, por sua vez, aumentando o tom de oposição ao governo Juscelino, tocava em questões delicadas, como a corrupção e a alta da inflação. Ele fazia referências às mazelas produzidas pelo desenvolvimentismo capitalista acelerado juscelinista. No último ano do governo, Kubitschek viu a inflação corroer o poder de compra dos salários dos trabalhadores. A corrupção e a inflação não eram palavras vazias e a vassoura, símbolo da campanha de Jânio Quadros, representava

---

[13] Maria Celina D'Araujo, *Sindicatos, carisma e poder. O PTB de 1945-65*, Rio de Janeiro, FGV, 1996, p. 130.

suas graves acusações. Além disso, Jânio dizia que reataria relações diplomáticas com a União Soviética.

Tudo era muito confuso para o eleitorado. As esquerdas ficaram desorientadas. O general Lott, apoiado por elas, confirmava que não restabeleceria relações diplomáticas com os países comunistas. Jânio, o candidato dos conservadores, tinha boas relações com o movimento sindical e demonstrava posições avançadas na política externa, inclusive sinalizando o reatamento de relações com o bloco socialista. Os candidatos invertiam os sinais: o candidato das esquerdas era anticomunista; o candidato conservador, aberto ao bloco comunista.

DOPS de olho em Elisa

A líder comunista Elisa Branco Batista, uma das maiores batalhadoras pela campanha em favor da candidatura Lott, mostra-se estar um tanto decepcionada, pois, na sexta-feira, sábado e domingo, percorreu todo o bairro do Ipiranga em um caminhão, provido de alto-falante, convidando o povo para a citada concentração popular que, mesmo assim, não alcançou o êxito desejado.[14]

Com a previsão da derrota do general Lott, nos grandes centros urbanos surgiu uma chapa informal: "Jan-Jan". Para presidente, Jânio Quadros; para vice-presidente, João Goulart. Setores significativos do movimento sindical apoiaram a chapa informal. O resultado foi que Jânio Quadros venceu as eleições de outubro de 1960 com a maior votação que um

[14] Arquivo Pessoal de Horieta Alzira Baptista Novais. Elisa Branco Baptista, *Processo político* [livro 1], s/p. "Concentrações. Movimentos Internacionais", São Paulo, 1960, Arquivo Público do Estado de São Paulo, Acervo Deops/SP.

candidato à Presidência da República obtivera até então. Jango foi eleito vice-presidente.

Elisa não esmoreceu. No ano seguinte, ela costurou acordo entre o PCB, o PTB e o PSB para constituírem comissão organizativa nas comemorações do 1º de Maio. Representantes dos três partidos decidiram realizar comício na Praça da Sé, protestando contra a miséria, o desemprego, a alta do custo de vida, a Instrução 204 e o presidente Jânio Quadros.

Por essa época, Elisa recebeu outra tarefa do partido. No início do século XX, movimentos de esquerda nos Estados Unidos, em países europeus e na Rússia czarista confluíram para estabelecer o dia 8 de março como o Dia Internacional da Mulher. Era a celebração da luta das mulheres por melhores condições de vida, de trabalho e por direitos políticos. Em 1961, o PCB decidiu comemorar esse dia e entregou a tarefa para a Federação das Mulheres do Estado de São Paulo. Ocorre que dia 8 seria uma quarta-feira, dia de trabalho e, logo, impeditivo para o comparecimento de operárias no salão alugado para a celebração. Desse modo, Elisa Branco e as colegas da Federação decidiram que a festividade seria quatro dias antes, em um sábado.[15]

LUTANDO NO VERGUEIRO

Mesmo tendo sido o presidente da República com o maior número de votos na história do país, Jânio Quadros renunciou ao cargo em 25 de agosto de 1961, colocando o país numa situação de risco de uma guerra civil. Tudo indica que ele tinha como objetivo um golpe de Estado,

---

[15] Arquivo Pessoal de Horieta Alzira Baptista Novais. Elisa Branco Baptista, *Processo político* [livro 1], s/p. "Informação reservada", São Paulo, 1961, Arquivo Público do Estado de São Paulo, Acervo Deops/SP.

esperando que multidões saíssem às ruas exigindo sua permanência, com o aval das Forças Armadas, restringindo as prerrogativas do Congresso Nacional. Os parlamentares, no entanto, perceberam o perigo para as instituições e, muito rapidamente, aceitaram o pedido de renúncia. Jânio não era mais presidente, mas surgiu um novo problema: a posse do vice-presidente João Goulart, visto com desconfiança por setores das Forças Armadas e grupos sociais conservadores e direitistas.

Os três ministros militares tentaram coagir o Congresso Nacional a votar o *impeachment* de Goulart. Os partidos políticos não aceitaram a coação militar. No embate entre os ministros militares e o Congresso, o nó foi desatado pelo governador do Rio Grande do Sul, Leonel Brizola, que, furando o cerco da censura aos meios de comunicação, conseguiu formar rede de rádios no país e no exterior, convocando a sociedade para a resistência. Sua pregação pelo cumprimento da Constituição foi muito bem recebida, inclusive com o apoio do Alto Comando do III Exército, com abrangência no Rio Grande do Sul, Santa Catarina e Paraná. O golpe dos ministros militares foi derrotado, mas, após intensas negociações políticas, o regime de governo tornou-se parlamentarista. Goulart assumiu o cargo, mas com suas prerrogativas presidenciais tolhidas.

Nesse momento, início dos anos 1960, Elisa não aparecia na imprensa comunista, mas nem por isso deixou de participar ativamente da vida partidária e de movimentos sociais. Nada mudara em sua vida como militante do PCB.

Na cidade de São Paulo, havia uma favela com o nome de Vergueiro, onde atualmente fica o bairro do mesmo nome. Elisa morava perto, na Vila Mariana. Ela e militantes da Federação das Mulheres do Estado de São Paulo atuavam junto aos moradores na defesa de seus direitos. Na favela moravam operários e muitas mulheres que trabalhavam como empregadas domésticas. Como ocorre no Brasil até os dias de hoje, os moradores eram estigmatizados com imagens que aludiam à indolência, prostituição, entre outras. Elisa organizou um núcleo da Federação na favela. Nas festas de Natal, as mulheres da Federação pediam leite às distribuidoras para entregar à população local, como também doces para as crianças.[16]

Elisa se envolveu na disputa entre os moradores da comunidade do Vergueiro e a família Klabin. O terreno onde é hoje o bairro Vergueiro, muito valorizado na cidade de São Paulo, era uma chácara arrendada a um indivíduo para o cultivo de hortaliças. Ele, contudo, passou a sublocar parte da chácara, surgindo uma favela – nomeada como Eldorado. O primeiro barraco foi construído em junho de 1950, e logo foram erguidos outros 134. Segundo dados, o número de moradores da comunidade Eldorado chegou a 7 mil pessoas. Todas pagavam aluguel ao arrendatário. A família Klabin acionou a Justiça para a reintegração de posse das terras, e ganhou a causa. Segundo relato do agente do DOPS, a família Klabin negociou com os moradores a saída deles. Cada morador que deixasse seu barraco receberia 5 mil cruzeiros e auxílio para a mudança. Os que recusavam a oferta sofreriam ação de despejo, proferida pelo juiz da 16ª Vara Cível.

Houve resistência. Elisa Branco e três outros moradores realizaram comícios para convencer a população local a continuar em seus barracos, não aceitando negociações. Segundo o relatório do agente do DOPS, eles dificultaram o trabalho dos oficiais de justiça e de jovens que integravam o Movimento Universitário de Desfavelamento. No dia 16 de fevereiro de 1962, Elisa liderou uma caravana de duzentos moradores

---

[16] Arquivo Pessoal de Horieta Alzira Baptista Novais. Elisa Branco Baptista, *Memórias* [livro 2], pp. 26-27.

que foram à Assembleia Legislativa pedir apoio. Eles chegaram em vários ônibus providenciados por Elisa.[17]

No dia 4 de maio de 1962, no Pavilhão de São Cristóvão, na Guanabara, foi inaugurada a Exposição Comercial e Industrial da União Soviética. O governador da Guanabara, Carlos Lacerda, agiu de maneira descortês na abertura da exposição: em vez de desamarrar a fita inaugural, deu-lhe um tapa, e se recusou a pôr na lapela a rosa vermelha que recebeu. A mostra de produtos soviéticos foi vigiada pela polícia política do estado e contingentes das três Forças Armadas.[18] Elisa organizou uma caravana composta por seis ônibus que levariam moradores da favela do Vergueiro para ver a exposição na Guanabara. Quem alugou os ônibus foi a sra. Maria Prestes Maia.[19] Muitos anos depois, na década de 1990, rememorando o episódio, Elisa escreveu o seguinte: "Foi o maior presente que esses favelados receberam de d. Maria Prestes Maia, Elisa Branco e seus bons amigos. Valeu pela felicidade de conhecer o Rio de Janeiro, a cidade mais linda do mundo."[20]

Os moradores, no entanto, receberam a ordem de despejo. Elisa os incitou à resistência. No dia 24 de maio, mesmo com ordem de um investigador do DOPS para que ela se retirasse, ameaçando-a com prisão, ela se manteve no local. No dia seguinte, Elisa estava novamente na comunidade acompanhada do deputado estadual Cid Franco, con-

---

[17] Arquivo Pessoal de Horieta Alzira Baptista Novais. Elisa Branco Baptista, *Processo político* [livro 3], s/p. "Mina Klabim Warchavchik e outros proprietários das terras onde está localizada a favela do Vergueiro", São Paulo, 1962, Arquivo Público do Estado de São Paulo, Acervo Deops/SP.

[18] *A Noite*, Rio de Janeiro, 4 mai. 1962, pp. 1 e 3.

[19] Arquivo Pessoal de Horieta Alzira Baptista Novais. Elisa Branco Baptista, *Processo político* [livro 3], s/p. "Mina Klabim Warchavchik e outros proprietários das terras onde está localizada a favela do Vergueiro", Folha II, São Paulo, 1962, Arquivo Público do Estado de São Paulo, Acervo Deops/SP.

[20] *Ibid.*

vocando os moradores a não saírem de seus barracos e a não acatarem o prazo dado pelos oficiais de justiça para a derrubada das residências para aquele dia. Segundo fonte do DOPS, ela continuou resistindo acompanhada de outro deputado estadual, Miguel Jorge Nicolau.[21]

Em suas memórias, Elisa chama a atenção para o frio que faz em São Paulo. Aquelas famílias não poderiam dormir ao relento. No dia marcado para o despejo, Elisa participou da resistência da população local e foi presa, sendo solta a seguir. A Federação, no entanto, conseguiu com o movimento estudantil algumas casas, que abrigaram várias famílias, mas outras tiveram que viver com parentes e amigos. Vários prédios foram construídos no local.[22]

Segundo diversos informes internos do DOPS, Elisa foi indicada para integrar a Comissão de Finanças do Comitê Estadual de São Paulo do PCB, em julho de 1963. Atuando junto com Clotilde Prestes, uma das irmãs de Luiz Carlos Prestes, a tarefa era a de arrecadar dinheiro para a realização do VI Congresso do partido. Ainda segundo os informes, em poucos dias, na cidade de Santos, Clotilde alcançou a cifra de 400 mil cruzeiros.[23]

O GOLPE DE ESTADO

O presidente João Goulart vivia sob grande pressão política. As direitas e os conservadores criticavam-no pelo programa político nacionalista,

---

[21] Arquivo Pessoal de Horieta Alzira Baptista Novais. Elisa Branco Baptista, *Processo político* [livro 3], s/p. "Relatório n. 194", São Paulo, 1962, Arquivo Público do Estado de São Paulo, Acervo Deops/SP.

[22] Arquivo Pessoal de Horieta Alzira Baptista Novais. Elisa Branco Baptista, *Memórias*, [livro 2], pp. 28-29.

[23] "Delegacia Auxiliar da Divisão Policial", São Paulo, 1963. Arquivo Público do Estado de São Paulo. Acervo Deops/SP. br_sp_apesp_deops_san_p006035_01.

estatista e distributivista, considerado "comunizante". Diversas organizações de direita, destacando-se o Instituto de Pesquisas e Estudos Sociais (IPÊS), promoviam campanhas para desestabilizar o governo.[24]

As esquerdas também criticavam o presidente, mas por razões contrárias: por ser lento e conciliador em demasia na efetivação das reformas. O PCB liderado por Prestes, a Frente de Mobilização Popular representada por Leonel Brizola, o grupo político de Miguel Arraes, os trabalhadores rurais no nordeste brasileiro liderados por Francisco Julião e outras organizações de esquerda, como a Ação Popular e a Organização Revolucionária Marxista Política Operária, exigiam de Goulart o fim da "política de conciliação". O processo de radicalização política era crescente e ameaçava a estabilidade do governo.[25]

A radicalização atingiu o apogeu com o Comício da Central do Brasil, em 13 de março, quando Goulart estabeleceu sua aliança com as esquerdas e o movimento sindical. A realização da Marcha da Família com Deus pela Liberdade, no dia 19 de março na cidade de São Paulo, sinalizou o apoio conservador à derrubada de Goulart da Presidência da República. Por fim, a revolta dos marinheiros, em 25 de março de 1964, e a anistia que receberam foram muito prejudiciais ao presidente, que perdeu o que lhe restava do apoio militar.

---

[24] Ver René Dreifuss A., *1964: a conquista do Estado. Ação política, poder e golpe de classe*, Petrópolis, Vozes, 1981.

[25] Ver Argelina Figueiredo, *Democracia ou reformas? Alternativas democráticas à crise política: 1961-1964*, São Paulo, Paz e Terra, 1993.

Deu em *Voz Operária*

A significação política desse comício [na Central do Brasil em 13 de março] será verificada na prática nos próximos meses, talvez mesmo nas próximas semanas ou nos próximos dias. [...] O comício determinou um aguçamento da contradição entre as forças patrióticas e democráticas, que estão com o presidente Goulart nas posições que assumiu, e as forças reacionárias e entreguistas que, efetivamente, tendem a unir-se. Estamos, portanto, diante de um processo de polarização de forças, e o presidente Goulart, que se apoiou nas massas para tomar essa atitude, diante da unificação das forças reacionárias, do desespero que será crescente dos reacionários, mais do que nunca necessitará do apoio do povo, do apoio popular para enfrentar a reação.

Luiz Carlos Prestes[26]

Em 31 de março, um general sem prestígio, Olympio Mourão Filho, com o aval do governador de Minas Gerais, Magalhães Pinto, avançou da cidade de Juiz de Fora para a Guanabara com o obtivo de depor Goulart da Presidência da República. No dia seguinte, 1º de abril de 1964, o golpe foi vitorioso. Não houve resistência das forças políticas legalistas. O presidente preferiu não resistir para evitar uma possível guerra civil. O Comando Geral dos Trabalhadores declarou greve nacional, sem maiores repercussões. Encerrava-se, desse modo, a experiência liberal-democrática brasileira, que havia durado dezenove anos.

[26] *Novos Rumos*, Rio de Janeiro, nº 264, 20 a 26 de março de 1964, p. 3.

Palavra de historiador

Penso que o golpe de 64, até talvez dezembro de 1963 ou janeiro de 1964, ainda não era inevitável. [...] Entretanto, o golpe ocorreu, e daí foi fácil dizer que "era inevitável". Surgiram relatos de seus protagonistas [...] nos quais se autoatribuem um exagerado papel naquele evento, sugerindo que o golpe decorreu de alto grau de articulação e que tudo ou quase tudo funcionou como se estivesse preestabelecido. Isso não é verdade. [...] é uma ideia falsa a de que os golpistas estivessem fortemente articulados. Pelo contrário, a articulação era frouxa e havia muita desconexão. [...] Por conseguinte, também não corresponde à realidade a ideia de que os conspiradores golpistas possuíam planos perfeitamente elaborados para tudo.

Jacob Gorender[27]

A vitória rápida dos golpistas foi surpreendente para as esquerdas, principalmente para o PCB. A orientação do Comitê Central, Prestes em particular, foi a de recuar. Toda a cúpula do partido estava despreparada para enfrentar um golpe de Estado e, inclusive, sem planos diante da repressão policial. Cada um tomou seu rumo e esconderijo. Os militantes com cargos no partido e no movimento sindical procuraram refúgio ou foram presos. Militantes de esquerda, sindicalistas comunistas e trabalhistas foram os alvos preferenciais da repressão política e policial.[28]

---

[27] Jacob Gorender, "Era o golpe de 64 inevitável?", in: Caio Navarro Toledo, *1964, Visões críticas do golpe. Democracia e reformas no populismo*, Campinas, Editora da Unicamp, 1977, pp. 109-110 e 112.

[28] "Documento sem título", São Paulo, sem data, Arquivo Público do Estado de São Paulo, Acervo Deops/SP. br_spapesp_deopssposftexsnb001186.

Diante do golpe, Elisa não entrou para a clandestinidade, optando por permanecer em sua residência. Certamente ela sabia que sofreria perseguições da polícia. Afinal, ela era militante comunista conhecida desde os anos 1940. Seu nome constava dos arquivos do DOPS. Mas sua atitude nada tinha de ingênua. Muito certamente o que ela queria era evitar a vida na clandestinidade, atitude que a obrigaria a fugir da polícia, e faria com que tivesse dificuldades para estar com o marido, as filhas e a mãe. Elisa fez um cálculo político: ela não tinha cargos no partido ou em sindicatos, além de não ter cometido crime algum. Assim, preferiu esperar a repressão bater à sua porta. Sua estratégia daria certo.

10. VIVENDO NA DITADURA – PARTE I

O PRIMEIRO CÁRCERE DA DITADURA

Eram 3 horas da madrugada do dia 6 de julho de 1964. Homens do DOPS invadiram a vila onde Elisa morava com Norberto. Carolina, já em idade avançada, morava com o casal. Como os agentes da repressão não sabiam o número da casa, tocaram a campainha de todas as residências, não se importando com o barulho. Algo estranho para uma instituição policial que vigiava Elisa desde os anos 1940. Em certo momento, Elisa acordou, chamou Norberto e o avisou de que a polícia estava na vila para levá-la detida. Quando os policiais descobriram a casa onde Elisa morava, começaram a esmurrar a porta. Diante dos homens do DOPS, ela pediu que eles esperassem porque precisava trocar de roupa. Também pediu que parassem com o barulho. Sua preocupação era que a mãe não acordasse. Caso isso acontecesse, Carolina tentaria evitar a prisão, piorando a situação já delicada. Um dos policiais entrou na sala e pegou um livro. Ao ver a capa, afirmou: "Este deve ser bom, é vermelho." Ao chegar na sede do DOPS, o policial percebeu que se tratava apenas de um romance de capa vermelha. Elisa riu dele na frente dos outros policiais.[1] Segundo o depoimento dela: "Os bandidos do DOPS reviraram tudo e ainda me tiraram um monte de fotografias do álbum de família."[2] Elisa foi levada para a Casa de Detenção. Outra vez, ela foi presa no Carandiru.

Segundo o Registro Geral do DOPS, Elisa Branco foi presa no dia 6 de julho de 1964. Ela foi detida para averiguações, com base na Lei de Segurança Nacional. A alegação para a prisão foi "atividades subversivas". Consta também no documento de que ela anteriormente sofrera processo judicial.[3] Poucos dias depois, em 10 de julho, memorando do delegado adjunto do DOPS enviado ao chefe de Policiamento dizia: "Autorizo a desinterdição da residência da rua Artur Godói, [xx], casa [x], da sra. Elisa Branco Batista."[4] Naquele mesmo dia ela foi posta em liberdade.

As perseguições aos políticos trabalhistas, aos sindicalistas e às esquerdas, sobretudo pessoas próximas ao governo Goulart, foram a tônica dos meses iniciais do regime autoritário.

---

[1] Arquivo Pessoal de Horieta Alzira Baptista Novais. Elisa Branco Baptista, *Processo político* [livro 1], s/p, não publicado. "Secretaria da Segurança Pública, Departamento de Ordem Pública e Social", São Paulo, 1964, Arquivo Público do Estado de São Paulo, Acervo Deops/SP.

[2] Augusto Buonicore e Fernando Garcia, "Elisa Branco, heroína internacional da Paz", *Fundação Maurício Grabois*. Disponível em: <www.grabois.org.br/cdm/artigos/145985/2010-08-31/elisa-branco-heroina-internacional-da-paz>. Acesso em: 25 mai. 2021.

[3] Arquivo Pessoal de Horieta Alzira Baptista Novais. Elisa Branco Baptista, *Processo político* [livro 1], s/p. "Polícia do Estado de São Paulo, Departamento de Investigações, Serviço de Identificação", São Paulo, 1964, Arquivo do Estado de São Paulo, Acervo Deops/SP.

[4] Arquivo Pessoal de Horieta Alzira Baptista Novais. Elisa Branco Baptista, *Processo político* [livro 1], s/p. "Secretaria da Segurança Pública, Departamento de Ordem Pública e Social", São Paulo, 1964, Arquivo Público do Estado de São Paulo, Acervo Deops/SP.

NAS CADERNETAS DE PRESTES

No dia 9 de abril de 1964, o comando militar invadiu a residência de Luiz Carlos Prestes na rua Nicolau de Sousa Queirós, bairro de Vila Mariana. Prestes estava em algum aparelho na clandestinidade. Sua mulher, Maria, grávida na época, morava com os filhos e deixou a residência após o golpe. Ao mesmo tempo, militantes comunistas retiraram diversos documentos da casa, mas não perceberam cadernetas e alguns papéis que estavam embaixo de roupas, em um armário. Eram as chamadas "cadernetas de Prestes", com anotações pessoais entre 1961 e 1964."[5]

Os militares encontraram os arquivos de Prestes, com documentos relativos a reuniões do partido, telegramas, cartas, relações de nomes de filiados, dirigentes e simpatizantes do partido com seus cargos e, em muitos deles, endereços e telefones. No total de 20 cadernetas, sendo uma delas extraviada. Elas continham 3.200 páginas e documentos guardados em 47 pastas. Com base nas informações encontradas, o DOPS instaurou inquérito criminal.

O episódio serviu para alimentar o anticomunismo das direitas e as acusações das esquerdas rivais do PCB. É verdade que Prestes e seus auxiliares foram descuidados, mas as anotações eram referentes a atividades entre os anos 1961 e 1963, quando o PCB vivia período de semilegalidade. Os comunistas tinham liberdade de expressão e Prestes dava entrevistas a jornais, revistas e emissoras de televisão. Ademais, os nomes arrolados nas cadernetas eram conhecidos do DOPS e seriam perseguidos, mesmo sem elas.

Em 22 de junho de 1964, o DOPS apresentou inquérito formado por 2.087 páginas e relatório final de 403, formando dez volumes. No total, 74 pessoas foram indiciadas, a começar por Luiz Carlos Prestes. O Inquérito Policial Militar (IPM), instaurado em 21 de setembro de

---

[5] *Folha de S.Paulo*, São Paulo, 8 abr. 2001, versão *online*.

1964, acusava os indiciados de prática de subversão e da preparação, em grande escala, de atos de guerra revolucionária para a conquista do poder. Em 14 de outubro, o Conselho Permanente de Justiça da 2ª Auditoria Militar da II Região Militar decretou a prisão preventiva de todos. Naquele momento, no entanto, 67 deles viviam na clandestinidade e apenas 7 estavam detidos em prisões do DOPS.[6]

Entre os sete detidos no DOPS estava Elisa Branco. Ela novamente utilizou a estratégia de não se refugiar na clandestinidade. Houve certa dose de coragem, sem dúvida. Mas também, uma vez mais, de cálculo político. Diferentemente de diversos outros indiciados, ela não ocupava cargo de direção no PCB. Não poderia ser acusada, portanto, de "preparar atos de guerra em grande escala". É verdade que ela era militante comunista muito conhecida, mas ser comunista, a princípio, não era crime.

No mês seguinte, em novembro, o Superior Tribunal Militar (STM) concedeu o *habeas corpus* a Astrojildo Pereira e Aldo Lins e Silva. Assim, em 12 de novembro de 1964, o Conselho Permanente de Justiça da 2ª Auditoria de Guerra revogou as prisões preventivas de todos os 74 militantes comunistas indiciados no processo, incluindo Luiz Carlos Prestes. Os juízes militares entenderam que, se dois deles tinham sido postos em liberdade, não havia motivos para manter os outros presos. Entre os beneficiados com a decisão estava Elisa Branco.[7] Contudo,

---

[6] Arquivo Pessoal de Horieta Alzira Baptista Novais. Elisa Branco Baptista, *Processo político* [livro 2], s/p. *Folha da Manhã*, São Paulo, 15 out. 1964 (recorte de agentes do DOPS), São Paulo, 1964, Arquivo Público do Estado de São Paulo, Acervo Deops/SP.

[7] *Jornal do Brasil*, Rio de Janeiro, 13 nov. 1964, p. 4. Entre alguns nomes conhecidos, foram postos em liberdade: Luís Tenório Lima, Joaquim Câmara Ferreira, Geraldo Rodrigues dos Santos, Moisés Vinhas, Mario Schenberg, Hércules Corrêa, Carlos Marighella, Roberto Morena, Giocondo Dias, Maurício Grabois, Jover Teles, Jacob Gorender, Marco Antônio Coelho, Agliberto Vieira de Azevedo, João Amazonas, Apolônio de Carvalho, Osvaldo Pacheco, Zuleika Alambert, Davi Capistrano, Mário Alves, entre outros.

poucos dias depois, em 24 de novembro, a mesma 2ª Auditoria revogou o *habeas corpus*, decretando novamente a prisão de todos.

Contudo, o juiz excluiu dois indiciados do processo criminal por não haver culpa formada: Sandoval Peixoto e Elisa Branco.[8] A promotoria, no entanto, em fevereiro de 1965, recorreu da decisão do Conselho, no sentido de incluir ambos no processo criminal.[9]

Em 20 de julho de 1965, matéria no jornal *Folha da Manhã* esclareceu a situação. Inicialmente ocorreram decisões tanto do STF como do STM que envolviam a competência para julgar o processo. Ou seja, houve disputa entre a justiça comum e a militar, impondo-se a competência da segunda.

O juiz da 2ª Auditoria da 2ª Região Militar citou diversos nomes que deveriam comparecer no dia 30 de julho para prestar depoimento. A começar por Luiz Carlos Prestes. Outros 57 nomes foram citados, a exemplo de Moisés Vinhas, Joaquim Câmara, Zuleika Alambert, Osvaldo Pacheco, João Amazonas, Apolônio de Carvalho, Agliberto Vieira de Azevedo, Jacob Gorender, Maurício Grabois, Giocondo Dias, Roberto Morena, Carlos Marighella, Pedro Mota Lima, entre diversos outros indiciados no processo criminal. Todos tiveram a prisão decretada novamente, mas dos 58 nomes, somente dois estavam detidos. O restante estava foragido e com prisão preventiva decretada. O mesmo juiz excluiu diversos outros nomes do processo judicial, entre eles o de Elisa Branco, recusando a ação da promotoria contra ela. Elisa estava, finalmente, livre do processo das "cadernetas".[10]

---

[8] *Última Hora*, São Paulo, 25 nov. 1964, p. 3.

[9] *Correio da Manhã*, Rio de Janeiro, 9 fev. 1965, p. 3.

[10] Arquivo Pessoal de Horieta Alzira Baptista Novais. Elisa Branco Baptista, *Processo político* [livro 3], s/p. *Folha da Manhã*, São Paulo, 20 jul. 1965 (recorte de agentes do DOPS), São Paulo, 1965, Arquivo Público do Estado de São Paulo, Acervo Deops/SP.

As sentenças foram proferidas em 6 de julho de 1966, logo após o julgamento. Eram tantos os indiciados que, naquele dia, foram anunciadas as sentenças por ordem alfabética, apenas dos nomes cujas iniciais iam de A até H. Luiz Carlos Prestes recebeu a pena máxima, catorze anos. Outros, como Apolônio de Carvalho, Carlos Marighella e Mário Alves, sete anos; Zuleika Alambert e Jacob Gorender receberam pena de cinco anos; Hércules Corrêa e David Capistrano, três anos; João Amazonas e Joaquim Câmara Ferreira, dois anos. Alguns foram absolvidos,[11] caso de Maurício Grabois. Mas a maioria, 54 do total de condenados, estava livre, na clandestinidade.[12] Alguns já planejando a luta armada contra a ditadura.

ELISA E MARIA

Em 1961, Luiz Carlos Prestes, em comum acordo com o Comitê Central do PCB, decidiu mudar de residência: da cidade do Rio de Janeiro, ele, a mulher Maria Prestes e os filhos iriam morar na cidade de São Paulo. Um dos motivos era que a casa onde moravam, no bairro de Botafogo, na rua 19 de fevereiro, havia sido invadida. Mas o motivo principal da mudança era que em São Paulo havia grande concentração de operários, com fortes sindicatos de trabalhadores. A presença de Prestes fortaleceria o partido. Desse modo, em 1961, foram morar na rua Nicolau de Sousa Queirós, no bairro de Vila Mariana. Tratava-se de uma casa geminada que, hoje, não mais existe.[13]

Prestes recebia amigos, sindicalistas, militantes partidários e lideranças de movimentos sociais. Foi nesse contexto que Elisa Branco e

[11] *Correio da Manhã*, Rio de Janeiro, 8 jun. 1966, p. 5.
[12] *Idem*, 9 jun. 1966, p. 2.
[13] Entrevista concedida por Maria Prestes ao autor.

outras companheiras da Federação das Mulheres de São Paulo tiveram contato pessoal com Prestes e Maria. Tornou-se frequente a visita de Elisa para conversarem sobre o movimento das mulheres, a situação política, a integração das mulheres nas lutas políticas e no partido, nas reivindicações para melhorias dos bairros. Elisa passou a frequentar a residência de Prestes e, nessas visitas, nasceu forte amizade entre Elisa Branco e Maria. Elas moravam no mesmo bairro, Vila Mariana, distantes um pouco mais de 1 quilômetro. Bastava atravessar a rua Vergueiro para alcançar a casa uma da outra. As visitas tornaram-se frequentes.[14]

A amizade entre elas foi reforçada após o golpe de 1964. Prestes entrou imediatamente para a clandestinidade. Maria Prestes recebeu comunicado de que deveria deixar a casa, junto dos filhos – mesmo grávida e com o filho pequeno, Luiz Carlos Prestes Filho, com pneumonia. Ficaram algumas semanas em cidades do interior paulista. A casa na Vila Mariana foi invadida por militares no dia 9 de abril. Segundo Maria Prestes, "roubaram tudo, até aparelhos domésticos, louça, roupa de criança, móveis".[15] Foi nessa invasão que levaram as cadernetas.

Maria ainda tentou retornar à casa, mas quando via homens da Polícia Militar na casa, pedia para o motorista se afastar. Somente em fins de junho ela foi recebida por um delegado da polícia. Ele garantiu que ela poderia retornar à residência e que nada aconteceria com ela ou aos filhos.[16]

Maria Prestes retornou à sua casa, completamente destruída pela sanha policial. Ela era vigiada 24 horas por dia por agentes do DOPS.

---

[14] *Idem.*

[15] Maria Prestes, *Meu companheiro. 40 anos ao lado de Luiz Carlos Prestes*, 2ª ed, Rio de Janeiro, Rocco, 1992, pp. 26-27.

[16] *Ibid.*, pp. 28-29.

Mesmo quando ia ao supermercado ou levava as crianças na escola havia agentes que a seguiam.[17]

Vigiada por policiais do DOPS, com nove filhos para cuidar, sem saber do paradeiro do marido e sem recurso financeiro algum, Maria encontrou o apoio solidário de Elisa Branco. Ela entrava quase que diariamente na casa de Maria, sem se importar com os agentes do DOPS. Elisa levava alimentos e dinheiro para as despesas correntes, como o pagamento do aluguel da casa. Os recursos eram obtidos por Elisa com militantes partidários que se dispuseram a contribuir financeiramente para a sobrevivência da família de Prestes. Segundo Maria Prestes, Elisa quase todos os dias a visitava para saber se tudo corria bem, se necessitavam de algo. Ela ajudou até mesmo com os cuidados médicos das crianças, levando-as para consultas, por exemplo. "A solidariedade foi dobrada," afirma Maria Prestes, e Elisa "ajudou muito, muito mesmo."[18]

O apoio financeiro a Prestes e sua família vinha de muito antes do golpe de 1964. Ele não tinha rendimentos próprios e vivia com recursos recolhidos entre os militantes partidários. Em interrogatório no Centro de Operações de Defesa Interna (CODI), do II Exército, na cidade de São Paulo, em depoente, cujo nome me reservo o direito de omitir, afirmou aos seus algozes que conheceu Elisa Branco em 1963. Ela chegou em sua loja, na rua Vergueiro, acompanhada de Maria Prestes. Elisa foi apresentada como "militante ativa do partido". Três ou quatro meses depois, ainda segundo o depoente, Elisa retornou à sua loja solicitando auxílio em dinheiro para ajudar Maria Prestes. Mais adiante, os agentes do CODI fizeram acareação entre o depoente e Elisa, e ambos se reconheceram.[19]

---

[17] *Ibid.*, p. 121.

[18] Entrevista concedida por Maria Prestes ao autor.

[19] Arquivo Pessoal de Horieta Alzira Baptista Novais. Elisa Branco Baptista, *Processo político* [livro 2], s/p. "Reservado", São Paulo, 1972, Arquivo Público do Estado de São Paulo, Acervo Deops/SP.

Até a partida da família Prestes para o exílio na União Soviética, em 1970, Maria Prestes e Elisa Branco mantiveram fortes laços de amizade, como se fossem da mesma família. Era comum uma visitar a outra. Passavam o tempo conversando e bebendo chá ou mesmo fazendo um lanche. Conversavam sobre a vida política do país, mas também seus problemas pessoais e familiares.[20]

LUTA POLÍTICA E LUTA ARMADA

Logo após golpe de 1964, a repressão militar e policial voltou-se contra os trabalhistas e as esquerdas, o PCB em particular. O partido recuou, completamente desorganizado. Somente em maio de 1965, na cidade de São Paulo, o Comitê Central pôde realizar sua primeira reunião após o golpe. Os debates foram acirrados, mas foi aprovada a resolução formulada pelo grupo liderado por Giocondo Dias: o golpe resultou de erros "de esquerda".

Palavra de historiador

Os comunistas, sustentava a resolução aprovada, não tinham sido capazes de perceber a mudança da correlação de forças que se evidenciava nos primeiros meses do ano de 1964, com o isolamento progressivo do governo janguista e dos movimentos populares. Por outro lado, haviam estimulado de modo inconsequente o "golpismo continuísta" de João Goulart, permitindo, assim, que "a defesa da legalidade fosse utilizada pelas forças da reação para enganar

[20] Entrevista concedida por Maria Prestes ao autor.

> parte considerável da população e arrastá-la ao apoio do golpe reacionário". [...] Os erros, recuperando o jargão partidário, eram erros "de esquerda" e não de "direita".
>
> Daniel Aarão Reis[21]

A resolução defendia a luta política contra a ditadura, a luta por liberdades democráticas, descartando a proposta de outros membros destacados do partido, defensores da luta armada, como Carlos Marighella, Apolônio de Carvalho, Jacob Gorender, Mário Alves, entre outros. Luiz Carlos Prestes continuou na liderança do partido, mas sem o prestígio anterior ao golpe.

Elisa, no entanto, continuou com a mesma admiração por Prestes. Seguiu a linha política dominante no partido, que defendia a luta política contra a ditadura – e não a luta armada. Seguiu-a também porque não fazia parte de sua tradição como militante o emprego de armas para fazer política.

O PCB sofreu com as dissidências internas e com diversas lideranças que, adotando a estratégia da luta armada, deixaram o partido e fundaram organizações revolucionárias. "Acostumadas às leituras triunfalistas e jactantes do processo histórico, em sua crença absoluta na inexorabilidade da revolução", diz o historiador Marcos Napolitano, "as esquerdas logo passaram à autocrítica e ao debate sectário."[22] Os adeptos da luta armada culpavam o PCB e João

---

[21] Daniel Aarão Reis, *op. cit.*, p. 331.

[22] Marcos Napolitano, *1964. História do regime militar brasileiro*, São Paulo, Contexto, 2014, p. 122.

Goulart pela vitória do golpe: o primeiro, pela moderação; o segundo, pela conciliação.

Influenciados pelo processo revolucionário cubano, encantaram-se pela teoria do foquismo. Em fins de 1967, organizações da esquerda armada começaram a praticar assaltos a bancos e a carros-fortes, embora ainda não tivessem sido identificadas pelo governo militar. As organizações de vanguarda que defendiam a luta armada proliferavam: ALN, VPR, VAR-Palmares, COLINA, PCBR, entre outros. Tratava-se da guerrilha urbana, acumulando forças, sobretudo dinheiro, para financiar o foco que desencadearia a revolução a partir do campo. Na avaliação de Luís Mir, tais organizações não passavam de pequenos grupos armados incapazes de enfrentar um pelotão do Exército. Mais ainda, não conseguiram se tornar atores do processo político, nem ser reconhecidos e muito menos aceitos pelo conjunto da sociedade brasileira.[23]

Entre fins dos anos 1960 e início dos anos 1970, a luta armada contra a ditadura conheceu seu apogeu e o país experimentou a tenebrosa repressão política contra a guerrilha urbana. A tortura aos presos tornou-se política de Estado contra os inimigos do regime.

O embate foi absolutamente desigual. Jovens de classe média, de pouco mais de 20 anos de idade, armados com revólveres 38 ou metralhadoras portáteis tinham de enfrentar militares profissionalizados com apoio da "comunidade de informações" da Polícia Federal, das polícias civis e militares e dos DOPS dos estados. Outro fator, decisivo para a derrota da guerrilha, foi a falta de apoio da sociedade aos projetos revolucionários. A sociedade brasileira nem mesmo entendeu

---

[23] Luís Mir, "Derrota anunciada: a luta armada e o PCB (1967-1973)", in: Caetano Pereira de Araujo (org.), *1964. As armas da política e a ilusão armada*, Brasília, Fundação Astrojildo Pereira, 2014, pp. 238-239.

o motivo para a luta armada. Vale ressaltar que o projeto da guerrilha não era o de restabelecer a Constituição de 1946, a convocação de uma Constituinte, o retorno ao regime anterior ao golpe militar ou a instauração de outro pacto liberal-democrático. O projeto era o de implantar o socialismo e a ditadura do proletariado. A sociedade não se mobilizou por esses objetivos. Isolados politicamente, os guerrilheiros encontraram na tortura o final de seus planos revolucionários. Torturados, assassinados, "desaparecidos" ou exilados, eis o destino daqueles jovens.

Palavra de historiadora

Em meio aos pontos de convergência e divergência das organizações, o que mais chama a atenção é a falta de adesão da sociedade ao projeto revolucionário. Nele, seus militantes se empenhavam numa luta na qual a derrota não significava a simples retirada de cena, mas a exclusão que podia ser a prisão, a morte, a tortura, o exílio.

Denise Rollemberg[24]

QUARTA ZONA AÉREA EM SERVIÇO

Elisa continuou atuando na militância revolucionária, seguindo a linha política do PCB. A luta contra a ditadura era política – e não armada.

---

[24] Denise Rollemberg, "Esquerdas revolucionárias e luta armada", in: Jorge Ferreira; Lucília de Almeida Neves Delgado, *O tempo do regime autoritário. Ditadura militar e redemocratização. Quarta República (1964-1985)*, Rio de Janeiro, Civilização Brasileira, 2019, pp. 74-75 (Coleção O Brasil Republicano).

Elisa parecia não se importar em se expor. Em agosto de 1965, por exemplo, o DOPS apreendeu, na Sociedade Cultural Sino-Brasileira, anotações com nomes e endereços de militantes. Entre as referências constava o nome de Elisa. No mês seguinte, em 30 de setembro, ela viajou para a União Soviética, fato que não passou despercebido para os agentes do DOPS.[25] A mesma informação consta no documento produzido pela 2ª Seção do Quartel-General do II Exército. Os agentes militares do Exército anotaram que Elisa teria viajado para a União Soviética com o marido naquela data, com financiamento do PCB.[26] As informações convergem no sentido da viagem para a União Soviética, o que dificilmente teria acontecido com dinheiro do PCB, que, na época, estava completamente desorganizado.

Elisa foi mesmo para Moscou em 1965. Havia motivo para a viagem. Desde 1956, quando o líder soviético Nikita Khrushchev denunciou os crimes de Stalin, dando início ao processo conhecido como "desestalinização", muito tinha mudado na União Soviética, inclusive o nome do Prêmio Internacional Stalin. A partir de 1956, o título passou a ser Prêmio Internacional Lênin para o Fortalecimento da Paz entre os Povos. Em suma, o nome de Lênin substituiu o de Stalin. Assim, todos os agraciados com o Prêmio Stalin da Paz foram convidados a visitar Moscou. Suas medalhas com a efígie de Stalin

---

[25] Arquivo Pessoal de Horieta Alzira Baptista Novais. Elisa Branco Baptista, *Processo político* [livro 1], s/p. "Serviço de Informações – DOPS". São Paulo, 1972, Arquivo Público do Estado de São Paulo, Acervo Deops/SP.

[26] Arquivo Pessoal de Horieta Alzira Baptista Novais. Elisa Branco Baptista, *Processo político* [livro 2], s/p. "Atividades de Elisa Branco Batista". Ministério da Guerra. II Exército. Quartel-General EMG – 2ª Seção. Arquivo Público do Estado de São Paulo, São Paulo, 1965, Acervo Deops/SP.

foram recolhidas e todos receberam outra, com a imagem de Lênin. Esse foi o motivo para a viagem de Elisa a Moscou.[27]

O Serviço Nacional de Informação (SNI) também registrou a presença de Elisa Branco na União Soviética, em informe datado de 24 de novembro de 1965. Antes, porém, os agentes do SNI afirmam que ela esteve no Paquistão, onde visitou o Museu Nacional de Belas Artes e uma empresa têxtil. No dia 29, ela falou na Rádio Central de Moscou. O locutor a apresentou como ganhadora do Prêmio Internacional Lênin pelo Fortalecimento da Paz entre os Povos. A seguir, Elisa leu documento dirigido ao Brasil e aos países da América Latina:

> Estando aqui em Moscou, e sabendo por notícias do que ocorre no Vietnã e República de São Domingos, estou completamente indignada com o que os norte-americanos estão praticando nestes países. Como mulher e como mãe, faço um apelo aos povos do mundo inteiro, para que lutem e protestem das mais variadas formas, para que cessem estas intervenções, pois os mais atingidos por isso são as crianças e as mulheres e os homens. Aos jovens especialmente, que os imperialistas tiram o que eles têm de melhor em sua vida ou então os transformam em assassinos de seus próprios irmãos. E as mães de todos os países e juntem a sua voz de protesto em defesa daqueles que elas deram a vida.[28]

De volta ao Brasil, ela atuou entre os estivadores no porto de Santos. Os agentes do DOPS identificaram operários que participaram de uma

---

[27] Quem me chamou a atenção para o episódio foi Carlos Eduardo Baptista Fernandes na entrevista que me concedeu. Não há informações sobre Elisa neste episódio. Nos relatórios do DOPS nada se encontra a respeito. Em 1965 não havia um jornal do PCB. A própria Elisa não faz referência à troca do Prêmio.

[28] "Informe nº 65/11/630". Arquivo Nacional. Fundo SNI. br_dfanbsb_v8_mic_gnc_aaa_65097148_d0001de0002.

"operação tartaruga". Elisa aparece entre os militantes comunistas citados pela polícia política.[29] Certamente ela sabia que estava sendo vigiada. Mas preferiu continuar sua militância.

A documentação do DOPS indica que Elisa também era vigiada por agentes da 2ª Seção da Quarta Zona Aérea do Ministério da Aeronáutica. Agentes militares da Aeronáutica, em agosto de 1966, comunicaram ao DOPS que Elisa realizava reuniões em sua casa com "elementos suspeitos".[30]

Um desses agentes seguiu Elisa de perto. No dia 19 de maio de 1967 ele esteve presente no coquetel oferecido ao Grupo de Bailado da URSS conhecido como Berioska, no Terraza Martini. No dia seguinte, o grupo se apresentou no Teatro Municipal. Na ocasião, no dia 27, o agente identificou a presença de Maria Prestes nos bastidores do teatro. Ao seu lado estava Elisa Branco. Elisa entregou um ramalhete de flores à empresária do grupo. O agente percebeu que, junto ao ramalhete, havia um cartão e uma carta volumosa, mas ele não conseguiu identificar o destinatário.[31]

Em agosto de 1967, agente da Quarta Zona Aérea redigiu relatório pormenorizado sobre o cotidiano de Elisa. Segundo o texto, Elisa, todos os dias, entre 15h e 16h30, saía de casa e somente retornava à noite, por vezes de madrugada. O agente supôs que, nesses momentos, ela mantinha contato com líderes comunistas de São Paulo. E completou:

---

[29] Arquivo Pessoal de Horieta Alzira Baptista Novais. Elisa Branco Baptista, *Processo político* [livro 3], s/p. "Serviço de Informações – DOPS", São Paulo, 1972, Arquivo Público do Estado de São Paulo, Acervo Deops/SP.

[30] Arquivo Pessoal de Horieta Alzira Baptista Novais. Elisa Branco Baptista, *Processo político* [livro 1], s/p. "Serviço de Informações", São Paulo, 1972, Arquivo Público do Estado de São Paulo, Acervo Deops/SP.

[31] Arquivo Pessoal de Horieta Alzira Baptista Novais. Elisa Branco Baptista, *Processo político* [livro 2], s/p. "Atividades Subversivas". São Paulo, 1967, Arquivo Público do Estado de São Paulo, Acervo Deops/SP.

"para saber é só segui-la". Indaga-se por que motivo ele mesmo não a seguiu. Continuando seu relatório, o agente escreveu que, na parte da manhã, sempre entre sete e nove horas, um sapateiro entrava na residência de Elisa ou comparecia na oficina de Norberto. O agente presumiu ser uma espécie de "pombo-correio". Sua investigação foi confusa e mesmo displicente. Registrou no relatório que Elisa e o marido não trabalhavam – quando Norberto era conhecido no bairro por sua oficina de serviços técnicos de rádio e televisão. O agente, então, supôs que o casal era sustentado pelo Partido Comunista. Ele também anotou informações pueris, como a de que Elisa falava diariamente ao telefone e que uma de suas filhas era proprietária de um fusca.[32]

O relatório do agente é pouco conclusivo, repleto de afirmações com base em presunções, suposições e comentários sem importância alguma. Elisa telefonava, recebia a visita de um sapateiro, saía de casa na parte da tarde e retornava à noite. Nada que possa apontar, de maneira conclusiva, sua atuação na militância partidária. Não que ela não tivesse atuação partidária. Mas o relatório do agente é sustentado tão somente por suposições e conjecturas. Podemos concluir com certeza: Elisa continuava sendo vigiada.

Contudo, os comunistas, mesmo assim, conseguiam se reunir. Imaginativos, eles sabiam que reuniões em casas ou sítios eram perigosas. Desse modo, reuniam-se, com suas famílias, na praia, fazendo um piquenique. Enquanto as crianças se divertiam na areia, eles trocavam informações e modos de se organizar. Carlos Fernandes, filho de Florita, foi, aos 8 anos, a um desses "passeios" com Elisa e não imaginava

---

[32] Arquivo Pessoal de Horieta Alzira Baptista Novais. Elisa Branco Baptista, *Processo político* [livro 1], s/p. "Informe n. 377/QG-4". São Paulo, 1967, Arquivo Público do Estado de São Paulo, Acervo Deops/SP.

que participava de uma reunião em um "aparelho" ao ar livre diante do mar.[33]

A edição do Ato Institucional nº 5 (AI-5) deu ao governo militar os instrumentos necessários para impor a ditadura sem limitações de ordem jurídica, permitindo a censura à informação, as prisões arbitrárias e a tortura como política de Estado. Em pouco tempo, a esquerda armada foi dizimada. A seguir, a repressão voltou-se contra o PCB.

---

[33] Entrevista concedida por Carlos Eduardo Baptista Fernandes ao autor.

11. VIVENDO NA DITADURA – PARTE II

ANOS 1970: MILITÂNCIA EM TEMPOS DE REPRESSÃO

Mesmo tendo sido contra a luta armada, o aparato da polícia política voltou-se contra os dirigentes comunistas. Muitos deles tinham certeza de que estavam sendo vigiados. Foi nesse clima irrespirável que Luiz Carlos Prestes decidiu levar sua família para o exílio.

No primeiro semestre de 1970, Maria Prestes começou os preparativos para deixar o país. Ela teve que lidar com vários problemas. Um deles é que nas certidões de nascimento dos filhos Pedro e Yuri não havia o nome do pai. Um impedimento para providenciar passaportes. Segundo Maria Prestes, policiais federais, de maneira cínica, diziam que somente com a presença do pai os passaportes poderiam ser emitidos. Ela, contudo, contou com a ajuda do advogado Aldo Lins e Silva e várias pessoas que se apresentaram como testemunhas.[1] Maria Prestes também cita o apoio dos amigos Miguel Costa, Dante Lopes e o médico Montauri. Mesmo com a casa vigiada, eles mantiveram a coragem e o carinho por ela.[2]

---

[1] Maria Prestes, *op. cit.*, p. 135.

[2] Entrevista concedida por Maria Prestes ao autor.

Elisa Branco teve papel de destaque no apoio logístico a Maria. Foi ela quem arrecadou dinheiro com companheiros do partido para financiar os custos com a papelada exigida. Em seu livro autobiográfico, Maria Prestes afirma: "Ela foi uma companheira de fibra. Estava sempre a meu lado sem ter medo de chifre de bode, com bom humor, alegria e senso de responsabilidade. Ajudou muito financeiramente."[3] No dia 9 de junho de 1970, véspera do jogo entre a seleção brasileira de futebol e a da Romênia, Maria Prestes e os filhos saíram legalmente do Brasil, rumo a Moscou. A sociedade brasileira dedicava suas preocupações à Copa do Mundo no México.

O Destacamento de Operações de Informação, o conhecido DOI, foi, segundo definição de Elio Gaspari, "símbolo da truculência, criminalidade e anarquia do regime militar",[4] sendo encarregado do trabalho sujo da tortura física e psicológica dos presos. O DOI atuou em parceria com o Centro de Operações de Defesa Interna, o CODI. A sigla DOI-CODI expressa o lado mais tenebroso da ditadura militar. O DOI tinha informantes. Um deles relatou que Elisa morava na rua Artur Godói, em uma vila. Em uma das casas, ainda afirmou, vivia uma senhora conhecida como Lica. Como ela não dizia seu nome completo, ele recorreu às listas telefônicas. Ali descobriu quem era Lica. Tratava-se de Elisa Branco Batista. "Lica" era o apelido que ela tinha desde criança. Ele também disse que ela era casada com um homem chamado Norberto. Ele ganhava a vida com uma oficina de consertos de aparelhos de televisão.

O informante, no relatório do DOI, datado dos dias 10 e 18 de novembro de 1971, afirma que Elisa já estivera presa em 1964 devido

---

[3] Maria Prestes, *op. cit.*, p. 136.

[4] Elio Gaspari, *A ditadura escancarada*, São Paulo, Companhia das Letras, 2002, p. 175.

às suas "tendências políticas". Nos quatro meses anteriores, ele observou que pessoas suspeitas frequentavam sua casa e ali permaneciam por algumas horas. Levavam sacolas que pareciam ser também suspeitas. Para os agentes da polícia política, tudo parecia suspeito. Mas algo chamou sua atenção. As pessoas que visitavam Lica, ao saírem, ficavam na porta observando o movimento das ruas. Para o informante, mais motivos para suspeitas. Até mesmo a geladeira e a cama de Lica, afirmou ele aos agentes do DOI, pertenciam a Luiz Carlos Prestes. Por fim, ele citou o nome de uma moradora da vila que poderia dar mais informações sobre a conduta de Lica e que "tem plena convicção que Dona Lica é comunista atuante".[5]

Agentes do DOPS relataram que, também em novembro de 1971, um indivíduo, após ser preso, disse conhecer Elisa Branco, fornecendo, inclusive, seu endereço. Essa época, 1971, era o auge do terror da ditadura. A casa de Elisa foi invadida por agentes do DOI e ela ficou presa por três dias.

Nada se sabe sobre o que ocorreu nos porões do DOI. Não há nenhum registro de Elisa sobre o que aconteceu naqueles dias. Pelos inúmeros relatos dos que passaram por aquele temível órgão do Exército, a tortura era certa, e a morte – muitas vezes –, o destino do preso. Elisa pode ter sido torturada. Mas também pode ter saído ilesa. Não há como afirmar. Penso, no entanto, que seu silêncio deve ser considerado na análise de sua trajetória de vida.

Michael Pollak nos ensina as razões para o silêncio de determinados grupos sociais que viveram experiências traumáticas. Nas lembranças daqueles que conheceram grandes sofrimentos, há, segundo o autor,

---

[5] Arquivo Pessoal de Horieta Alzira Baptista Novais. Elisa Branco Baptista, *Processo político* [livro 1], s/p, não publicado. "Declaração que presta... 08304". São Paulo, 1971, Arquivo Público do Estado de São Paulo, Acervo Deops/SP.

"zonas de sombras", "silêncios", "não ditos". Em sua análise, "as fronteiras desses silêncios e 'não ditos' com o esquecimento definitivo e o reprimido inconsciente não são evidentemente estanques e estão em perpétuo deslocamento".[6] Ainda segundo Pollak, "um passado que permanece mudo é muitas vezes menos o produto do esquecimento do que de um trabalho de gestão da memória segundo as possibilidades de comunicação".[7] Não há como afirmar se Elisa foi torturada. Mas na hipótese de ter sido, Pollak nos dá as chaves para compreender seu silêncio.

Sobre o sujeito que a delatou, Elisa, nos anos 1990, escreveu na lateral da folha a seguinte observação sobre ele: "Esteve preso, era meu vizinho. Graças ao diabo já foi pro inferno."[8]

No ano seguinte, o episódio se repetiu. Em documento encaminhado ao DOPS, o gabinete do Comando do II Exército, sediado em São Paulo, informa que em 20 de julho de 1972 homens do DOI invadiram a residência de Elisa, levando-a presa.[9] Segundo anotação de Elisa, ela foi retirada de sua casa às 3 horas da manhã.[10] A acusação contra ela era de "subversão".[11]

---

[6] Michael Pollak, *op. cit.*, p. 8.

[7] *Ibid.*, p. 13.

[8] Arquivo Pessoal de Horieta Alzira Baptista Novais. Elisa Branco Baptista, *Processo político* [livro 1], s/p. "Serviço de Informações – DOPS", São Paulo, 1972, Arquivo Público do Estado de São Paulo, Acervo Deops/SP.

[9] Arquivo Pessoal de Horieta Alzira Baptista Novais. Elisa Branco Baptista, *Processo político* [livro 1], s/p. Arquivo Público do Estado de São Paulo, Acervo Deops/SP.

[10] Arquivo Pessoal de Horieta Alzira Baptista Novais. Elisa Branco Baptista, *Processo político* [livro 3], s/p, não publicado. "Eliza Branco Batista", São Paulo, 1972, Arquivo Público do Estado de São Paulo. Acervo Deops/SP.

[11] "Assunto: Informação 1758", São Paulo, 1972, Arquivo Público do Estado de São Paulo, Acervo Deops/SP. br_spapesp_deopssposftexsnb001186.

DOPS de olho em Elisa

Seu nome figura na relação de elementos comunistas e agitadores que incentivaram a "operação tartaruga" no porto de Santos, conforme relatório de janeiro de 1966. O Ministério da Aeronáutica, em 10/08/1966, nos cientifica que a marginada continua realizando reuniões em sua residência com elementos suspeitos. Seu nome figura na relação de correspondências examinadas em 1971, como destinatária de uma Revista proveniente da Rússia.[12]

As prisões no DOI não a intimidaram. Ela vivia o período mais repressivo da ditadura militar, mas continuava na militância. Documento produzido pelo DOPS em 5 e 6 de agosto de 1972, com carimbo do Exército, indica que Elisa assumiu a tarefa de apoiar famílias de presos políticos, sobretudo com alimentos. Segundo agentes do DOPS, a "turma de interrogatório preliminar B" relatou que um membro do PCB detido retificou depoimentos prestados uma semana antes. Muito certamente o relato foi "retificado" sob o tacão da tortura. Ele afirmou aos agentes que, "recordando-se melhor do fato", procurou o marido de Elisa, cuja profissão era técnico em rádio e televisão, para consertar dois aparelhos televisores que possuía. Na oficina, Elisa apareceu e pediu a ele que, dentro de suas possibilidades, fornecesse gêneros alimentícios que seriam doados a famílias de presos políticos. Aos agentes do DOPS, ele ressaltou que, devido ao fim humanitário do pedido, ele concordou,

[12] Arquivo Pessoal de Horieta Alzira Baptista Novais. Elisa Branco Baptista, *Processo político* [livro 1], s/p. "Serviço de Informações – DOPS", São Paulo, 1972, Arquivo Público do Estado de São Paulo, Acervo Deops/SP.

combinando que deixaria os alimentos com sua sogra e que Elisa pegaria os produtos com ela. Mas isso ocorreu uma única vez, esclareceu aos agentes do DOPS. Ele também confirmou que doou 300 cruzeiros em três parcelas, para Alberto Negri, com a mesma finalidade.[13] Outro homem detido pelo DOPS declarou, em agosto de 1972, que Elisa o procurou solicitando, dentro de suas possibilidades, gêneros alimentícios para os presos políticos.[14]

Durante os anos mais duros da repressão policial da ditadura, Elisa não tinha como atuar na linha de frente da militância. Sua participação foi discreta, prestando solidariedade aos presos políticos e camaradas que viviam na clandestinidade, entregando-lhes alimentos, roupas e, certamente, dinheiro que arrecadava com outros militantes.

Elisa continuava sendo vigiada por agentes do serviço secreto do DOPS, da Aeronáutica e do Exército. Em março de 1973, por ordem do Comando do II Exército, sediado em São Paulo, agentes do DOPS entregaram dados sobre ela e ainda informaram que "tem sido vista constantemente em Praia Grande e São Vicente". No dia 27 de março, um agente informou que ela "estava no ponto de ônibus São Vicente – São Paulo".[15]

---

[13] Arquivo Pessoal de Horieta Alzira Baptista Novais. Elisa Branco Baptista, *Processo político* [livro 2], s/p, não publicado. "Reservado". São Paulo, 1972, Arquivo Público do Estado de São Paulo, Acervo Deops/SP.

[14] Arquivo Pessoal de Horieta Alzira Baptista Novais. Elisa Branco Baptista, *Processo político* [livro 1], s/p. "Serviço de Informações". São Paulo, sem data, Arquivo Público do Estado de São Paulo, Acervo Deops/SP.

[15] Arquivo Pessoal de Horieta Alzira Baptista Novais. Elisa Branco Baptista, *Processo político* [livro 1], s/p. "Confidencial". São Paulo, 1973, Arquivo Público do Estado de São Paulo, Acervo Deops/SP.

DOPS de olho em Elisa

Prezado Doutor:

Constando ter sido vista neste Município, em dias do mês passado, ELISA BRANCO, criatura que conheço apenas nome, solicitaria, se possível, nos fornecer dados que porventura constar nesse Departamento a respeito da mesma, em torno da qual se pretende desenvolver investigações

(Memorando escrito em 4 de abril de 1973, sem os nomes do requerente e do destinatário, inclusive dos cargos que exerciam no aparato policial. Possivelmente o destinatário era delegado do DOPS.)[16]

Relatório da Divisão de Polícia Federal na cidade de Santos, datado de 8 de novembro de 1975, afirma que em julho daquele ano Elisa viajou até Buenos Aires com o objetivo de se reunir com comunistas argentinos. No início de agosto, na cidade de Paraty, Rio de Janeiro, hospedou-se em hotel de propriedade do marido da atriz Maria Della Costa. Segundo o relatório policial, o encontro com a atriz tinha como objetivo manter contatos de artistas com o PCB.[17]

Muitos comunistas não acreditavam que a ditadura voltasse suas baterias contra eles. Afinal, o PCB recusou a luta armada como estratégia de

[16] Arquivo Pessoal de Horieta Alzira Baptista Novais. Elisa Branco Baptista, *Processo político* [livro 3], s/p, "Em 04.05.1973". São Paulo, 1973, Arquivo Público do Estado de São Paulo, Acervo Deops/SP.

[17] "Confidencial". Santos, 1975, Arquivo Público do Estado de São Paulo, Acervo Deops/SP. br_sp_apesp_deops_san_p006035_01.

luta. Mas foi isso o que ocorreu. Dirigentes estaduais do partido foram presos. Havia suspeita de agentes infiltrados na organização, tal a facilidade com que os comunistas eram encontrados. Até mesmo homens da CIA procuraram contato com dirigentes comunistas. Uma temeridade.

Era preciso retirar do país membros destacados do partido, algo que necessitava de operações complicadas e delicadas. Em 1970, Maria Prestes deixou o país. No ano seguinte foi a vez do próprio Prestes. Em companhia de um amigo e um motorista, Prestes saiu de São Paulo de automóvel rumo a Buenos Aires. Da capital argentina ele foi para Paris, até se encontrar com Maria em Moscou – onde permaneceriam até a anistia, em 1979.

Ao longo dos anos 1970, formaram-se dois núcleos entre os comunistas no exílio, com propostas distintas para o partido. O primeiro, o grupo em Moscou, tendo Prestes como liderança, alimentava projetos revolucionários. A filha Anita Prestes, Marly Vianna e Ramón Peña estavam com ele. O segundo, dos exilados em Paris, cujo líder era Armênio Guedes, defendia teses muito próximas do eurocomunismo. Entre eles estavam Leandro Konder, Carlos Nélson Coutinho e Milton Temer. A tese da "democracia como valor universal" os unia.[18]

No Brasil, Giocondo Dias estava na direção do partido. Ele teve que lidar com o aumento da repressão ao PCB após a vitória eleitoral do MDB, em 1974. A tese do partido, de luta política contra a ditadura, parecia ter sido exitosa. Não casualmente, a partir daí, vários dirigentes e militantes comunistas "desapareceram". Todos foram assassinados pela repressão. Cálculos posteriores apontam que cerca de mil militantes do PCB foram assassinados. Em 1975 o partido estava praticamente sem direção.[19] No exílio em Moscou, Prestes falava na luta pelo socialismo, enquanto os exilados em Paris insistiam na luta pela democracia. O par-

---

[18] *Idem*, p. 366.
[19] *Idem*, p. 373.

tido estava dividido, e Prestes, cada vez mais isolado e desprestigiado entre os exilados.

ATUANDO ATRÁS DAS TRINCHEIRAS

Diante da sanha assassina dos agentes da ditadura sobre dirigentes e militantes do PCB, Elisa se equilibrava como podia. Continuar atuando na militância era muito perigoso, até mesmo porque o partido estava esfacelado e sem direção.

Dessa maneira, ela se recolheu à vida familiar, esperando o momento propício para retornar à luta. O amor pelas filhas e netos certamente a ajudou a suportar tempos tão difíceis. Em 1974, ela presenteou a filha Florita. Junto ao presente, uma carta:

> Querida Filha Florita;
>
> A muitos anos queremos realizar um grande desejo de te fazer um presente desde o seu casamento. E não fizemos por motivo financeiro como você bem sabe qual era a nossa vida. Agora neste natal de 1974, temos a maior alegria de poder aproveitar o ensejo desta festa que mundialmente comemora com a feliz entrada do ano novo, para oferecer-te este faqueiro. É ainda muito simples, pelo tanto que representas em nossas vidas. Que já alquebrada pelos anos, mas jovens para lutar por um mundo, onde o amor fraternal e a felicidade reine para todos.
>
> Queremos saudá-la, junto aos netos e seu esposo.
>
> Abraço de seus pais,
> Norberto e Elisa[20]

[20] Arquivo Pessoal de Horieta Alzira Baptista Novais. Elisa Branco Baptista, *Memórias* [livro 2], p. 155, não publicado.

Elisa e Norberto mantinham a vida simples. Ela continuava na costura, e ele, com a oficina de rádio e TV. Ela comprava o que necessitava para o lar com os carnês do *Baú da Felicidade*, uma invenção do apresentador de TV Silvio Santos.[21] O faqueiro, possivelmente, foi por meio dos carnês.

O amor pelas filhas se estendia aos netos. Florita tinha dois filhos homens; Horieta, um casal. Por vezes Elisa se desentendia com as filhas, sobretudo com Horieta, que discordava de atitudes da mãe e discutia com ela. Mas com os netos Elisa era muito afetuosa e compreensiva. Carlos Fernandes, filho de Florita, lembra-se de episódio revelador. Em 1997, quando tinha 16 anos, seus pais se separaram. Ele, o irmão e a mãe foram morar no bairro Água Branca, próximo à antiga residência em Pompeia. Elisa se comprometeu com Florita a ficar na casa para tomar conta dos dois netos enquanto a filha trabalhava. Certo dia, Carlos e o irmão, junto a amigos, fizeram peraltice de adolescentes: furtaram um automóvel para passear e largá-lo em qualquer lugar. O carro ficou escondido na garagem da casa. Quando iam sair, eis que Elisa chega. Os garotos ficaram sem saber o que fazer. Um deles tomou a atitude: "Vou dar uma volta com o carro." Elisa não era ingênua. O carro não era de Florita. Todos os garotos tinham menos de 18 anos e não tiraram carteira de motorista. Ela sabia que o carro tinha sido furtado para uma brincadeira. Em vez de reprová-los pela atitude, disse: "Então eu vou junto com vocês!" E foi. Os garotos ficaram pasmos com a cumplicidade dela.[22]

Os anos eram de chumbo, mas na vila onde morava Elisa o cheiro era de pamonha. Era comum, aos domingos, os netos e alguns amigos

---

21 Entrevista concedida por Ana Lúcia Novais ao autor.

22 Entrevista concedida por Carlos Eduardo Baptista Fernandes ao autor.

se reunirem na casa da avó para cozinhar pamonha. Eles iam até a Companhia de Entreposto e Armazéns Gerais de São Paulo, a CEAGESP, e compravam milho. Após ralarem o milho cru, misturavam com coco e açúcar e tudo ia para a panela. Ao final, Elisa tinha uma técnica diferente para fechar a pamonha com a palha do milho: ela fechava na máquina de costura. Nesses dias, as crianças brincavam na vila e faziam bastante barulho, incomodando a vizinhança, sobretudo o morador que era informante do DOPS.[23]

Segundo lembrança dos netos de Elisa, naqueles dias a casa tinha cheiro de pamonha, mas também de laranjas. Elisa se distraía descascando laranjas para as crianças. Mas todos ficaram surpresos quando ela comprou uma máquina para descascar as laranjas, cuja casca saía inteira.[24] Elisa e Norberto eram amorosos e pacientes com os netos. Possivelmente para compensar a maneira mais tradicional como as filhas foram criadas. Ana Lúcia, filha de Horieta, tem recordações marcantes de sua infância naquela época. A casa de Elisa na vila era comprida, com a cozinha no final, o último cômodo. O piso era de madeira e havia uma grande mesa. O chão da sala era cheio de restos de retalhos. Havia sacos e mais sacos com os tecidos. Elisa gostava de fazer colchas. Chegou mesmo a ensinar Ana a trabalhar com crochê. No final da vila, havia um terreno que Elisa e Norberto compraram. As crianças brincavam naquele espaço e, na mente infantil de Ana Lúcia, tratava-se de uma "floresta". Ali, Elisa, Norberto e um pedreiro, chamado de "Baiano", construíram duas casas, uma em cima da outra. Depois de prontas, eles se mudaram para a casa de baixo e alugaram a de cima.[25]

---

[23] *Idem.*

[24] Entrevista concedida por Ana Lúcia Novais ao autor.

[25] *Idem.*

Florita e Horieta gostavam de viajar, mas os maridos, Aníbal Fernandes e Fernando Novais, preferiam se dedicar aos seus trabalhos acadêmicos na USP. Nem por isso as duas irmãs deixaram de conhecer o país. Florita tinha uma Vemaguet, versão perua do automóvel DKW-Vemag. Florita dirigia e Horieta ficava ao seu lado. No banco traseiro se acomodavam Elisa e Norberto. No pequeno bagageiro da perua, se amontoavam as quatro crianças, roupas, alimentos e material de *camping*. Eles não tinham malas. Roupas e alimentos eram guardados em sacolas de pano plastificadas por Elisa. Florita era sócia de uma empresa que não existe mais, o Camping Clube do Brasil, uma rede de *campings* espalhados em lugares estratégicos do país. Florita gostava de dirigir à noite, mas, quando o sono chegava, ela parava na estrada e montavam as barracas ali mesmo. Na pequena Vemaguet lotada de pessoas e coisas, a família conheceu cidades no sul do país, como Porto Alegre e Joinville, mas também em outros estados, como Campos do Jordão, Paraty, Rio de Janeiro, entre diversas outras. Aos olhos de hoje, uma corajosa aventura.[26]

Com o avanço das oposições à ditadura na segunda metade dos anos 1970, Elisa, aos 63 anos, voltou a atuar na vida política do país, embora fora do PCB. Em 1975, Terezinha Zerbini fundou o Movimento Feminino pela Anistia (MFPA). Ela era casada com o general Euryale de Jesus Zerbini, punido pelo governo do general Castelo Branco por se opor ao golpe que depôs o presidente João Goulart. Terezinha havia sido presa pelo DOPS por ajudar Frei Tito a encontrar um sítio para a realização do Congresso da União Nacional dos Estudantes, em Ibiúna, em 1969. Núcleos do MFPA surgiram em várias cidades do país e Elisa Branco atuou no núcleo da cidade de São Paulo.

---

[26] *Idem.*

JUNTO COM PRESTES

Em 1979, a divisão no PCB aprofundou-se. O grupo político liderado por Armênio Guedes seguia a linha do eurocomunismo, sobretudo tendo como exemplo o Partido Comunista Italiano e suas propostas de reformas graduais. Prestes, por sua vez, defendia cada vez mais explosões revolucionárias e apontava para os exemplos de Cuba, Nicarágua, Angola e Moçambique.[27] Ao retornar ao Brasil com a anistia, ele defendeu teses cada vez mais à esquerda, como a luta pelo socialismo. Diverso era o programa do grupo eurocomunista que se tornava maioria na direção partidária, cuja luta, naquele momento, era a conquista e a consolidação da democracia liberal. No início de 1980, destacados dirigentes comunistas deixaram claro que Prestes não falava pelo partido. Em março, Prestes rompeu com o PCB com sua *Carta aos Comunistas*, em que denunciava a degeneração do núcleo dirigente do partido à época.

Carta aos Comunistas

Companheiros e amigos!

[...] Tornou-se evidente que o PCB não está exercendo um papel de vanguarda e atravessa uma séria crise, já flagrante e de conhecimento público, que está sendo habilmente aproveitada pela reação no sentido de transformá-lo num partido reformista, desprovido de caráter revolucionário e dócil aos objetivos do regime ditatorial [...]. Nessas condições, sinto-me no dever de alertar os comunistas para a real situação da atual direção do PCB: uma direção que não funciona como tal e não

[27] Daniel Aarão Reis, *op. cit.*, pp. 425-426.

> é capaz de exercer o papel para o qual foi eleita, um Comitê Central em que não é exercido o princípio da direção coletiva – caracterizado pela planificação e o controle das resoluções tomadas pela maioria –, no qual reina a indisciplina e a confusão, em que cada dirigente se julga no direito de fazer o que bem entende. [...] Nós, comunistas, não podemos abdicar de nossa condição de lutadores pelo socialismo, restringindo-nos à suposta "democracia" que nos querem impingir agora os governantes, nem às conquistas muito limitadas alcançadas pela atual "abertura", que na prática exclui as grandes massas populares. [...] Esta carta constitui como que a reafirmação da confiança que tenho nos comunistas e na classe operária, na sua capacidade de reflexão sobre a grave situação que atravessa o PCB. Chegou o momento em que é indispensável que os comunistas rompam com a passividade e tomem os destinos do PCB em suas mãos, rebelando-se contra as arbitrariedades e os métodos mandonistas de direção [...]
>
> Luiz Carlos Prestes[28]

Elisa, muito certamente, ficou confusa com o "racha" no partido e no que era considerado impensável: a saída de Prestes do PCB. Muitos outros militantes sentiram o mesmo. Mas Elisa, como tantos outros comunistas, seguia a liderança de Prestes. Ela não teve a menor dúvida: seu lugar era ao lado de Prestes. Os que deixaram o partido por fidelidade a Prestes, a partir daí, ficaram conhecidos como "prestistas".

Elisa não se envolveu no debate entre os dois grupos nem mesmo quis saber quais eram as teses defendidas. Para ela, as coisas eram simples:

---

[28] Luiz Carlos Prestes, *Carta aos comunistas*, mar. 1980. Disponível em: <www.marxists.org/portugues/prestes/1980/03/carta.htm>. Acesso em: 20 jul. 2021.

Prestes tinha razão e aqueles que se opunham ao líder eram "traidores" ou não eram "verdadeiros" comunistas. Por vezes, Elisa alegava razões de ordem moral para criticar o grupo opositor a Prestes. Por exemplo, um deles, que regressou do exílio, havia deixado a esposa no Brasil. No exterior, casou-se com outra mulher e retornou com ela. Foi o suficiente para Elisa criticá-lo com a seguinte alegação: "Esse cara nunca foi comunista." Ou Zuleika Alambert, criticada por Elisa por retornar do exílio com um animal de estimação: "Ela voltou com um gato, este é o Comitê Central."[29] Na defesa de Prestes, Elisa não mais recorria a argumentos políticos. Tudo era motivo para criticar os que, em sua sensibilidade, "traíram" Prestes.

Com sua experiência de organização para atividades políticas, Elisa convocou antigos militantes para recepcionar a chegada de Prestes do exílio. Ela arrecadou fundos e alugou três ônibus para irem de São Paulo ao Rio de Janeiro. Elisa foi acompanhada por dois netos. Os cálculos não são certos, mas a avaliação é que entre 5 mil e 15 mil pessoas receberam Prestes no aeroporto do Galeão. "Foi a maior recepção proporcionada a um exilado de esquerda."[30] Uma das palavras de ordem da multidão era: "De norte a sul, de leste a oeste, o povo todo grita: Luiz Carlos Prestes!"[31] Ele subiu na capota de uma Kombi e ali mesmo discursou para a multidão. Suas palavras destoavam completamente daquelas dos membros do Comitê Central. Enquanto os novos dirigentes falavam em democracia, Prestes insistia no tema da revolução. Depois do evento, Elisa e os netos foram descansar nas praias da cidade.[32]

---

[29] Entrevista concedida por Carlos Eduardo Baptista Fernandes ao autor.

[30] Daniel Aarão Reis, *op. cit.*, p. 428.

[31] *Ibid.*

[32] Entrevista concedida por Carlos Eduardo Baptista Fernandes ao autor.

Em junho de 1980, um agente da 3ª Delegacia do DOPS de São Paulo elaborou relatório com informações sobre a reunião do Comitê Central do PCB em 18 de maio daquele ano. Ele informava que Giocondo Dias assumiu o cargo de secretário-geral. O relatório também apontou quatro membros efetivos da Comissão Executiva. Certamente para apresentar um relatório mais substancial, o agente arrolou, em ordem numérica, os "Elementos de destaque do PCB", a começar por Luiz Carlos Prestes, que, desde 18 de maio, tinha deixado o cargo de secretário-geral do partido. A seguir, vinham 63, muitos deles não mais pertencentes aos quadros da organização. Caso de Elisa Branco, a 58ª citada, acima de nomes bastante conhecidos entre os militantes, como Armênio Guedes, Gregório Bezerra e Anita Leocádia Prestes. Elisa, portanto, ainda fazia parte das listas do DOPS.[33]

Prestes, com sua carta, tentara fomentar uma rebelião da militância contra a direção do PCB. Segundo suas palavras, que os "comunistas rompam com a passividade e tomem o destino do PCB em suas mãos". Mas, no mesmo movimento, ele não se apresentou como líder para formar uma nova organização revolucionária. Movimentos rebeldes surgiram no interior do partido, embora com militantes confusos com a posição de Prestes.[34] Em diversas regiões do país surgiram as chamadas Comissões Provisórias de Reconstrução e Defesa do PCB (CPRD--PCB). O objetivo era enfrentar a direção do partido no congresso a ser realizado em 1982. Outra organização que surgiu do legado de Prestes foi o Coletivo Gregório Bezerra, em 1986. Em 1989, os cole-

[33] Arquivo Pessoal de Horieta Alzira Baptista Novais. Elisa Branco Baptista, *Processo político* [livro 3], s/p. "Relatório Confidencial". São Paulo, 1980, Arquivo Público do Estado de São Paulo, Acervo Deops/SP.

[34] Izabel Cristina Gomes da Costa, "Uma rede prestista: os diversos fios dos 'filhos' da Carta aos Comunistas no PDT", *Revista Perseu*, nº 9, ano 7, 2013, p. 150.

tivos formaram o Partido de Libertação Proletária (PLP). O partido apoiou a candidatura de Lula à Presidência da República naquele ano e a de Darcy Ribeiro, em 1990, para o governo do Rio de Janeiro. Outra organização que surgiu reivindicando o legado "prestista" foi a Reconstrução do Partido Comunista (RPC). Mais tarde, a maioria de seus militantes entraria para o PDT.

Palavra de historiadora

É possível dizer que o prestismo tornou-se um fenômeno político dos anos 1980, constituindo-se numa referência que ultrapassou as fronteiras partidárias. Na verdade, sobreviveu sem o esteio formal de um partido político. A morte de Luiz Carlos Prestes, no início dos anos 1990 (7 de março de 1990), não encerrou a relação com o mito. Até hoje, agrupamentos reivindicam sua herança política, recorrendo ao acontecimento fundador, a *Carta aos Comunistas*.

Izabel Cristina Gomes da Costa[35]

Ao mesmo tempo, Prestes aproximou-se do Partido dos Trabalhadores (PT) e do Partido Democrático Trabalhista (PDT). Certamente o PT atraía a atenção de Prestes devido à proximidade do partido de grandes contingentes da classe operária em São Paulo. No entanto, o novo partido recusava a experiência do socialismo soviético e seus líderes não se declaravam marxistas, o que incomodava Prestes e seus seguidores. Havia, inclusive, conhecida hostilidade no PT aos

[35] *Ibid.*, p. 154.

comunistas.[36] Diversamente, o trabalhismo de Leonel Brizola tinha a linguagem política mais próxima dos comunistas, sobretudo no tocante ao nacionalismo e ao anti-imperialismo dos anos 1950 e 1960. Brizola e Prestes, aliás, foram grandes lideranças entre as esquerdas durante o governo Goulart. Não casualmente a maioria dos "prestistas" entrou para PDT.

Elisa deixou o PCB, seguindo a liderança de Prestes. Mas isso não significa que, nessa altura da vida, tivesse que segui-lo em todas as suas opiniões. Por exemplo, quando Tancredo Neves foi eleito presidente por via indireta, por um Colégio Eleitoral, em 15 de janeiro de 1985. Aos 72 anos, Elisa ficou muito feliz com a eleição de Tancredo Neves. Ela lamentou a eleição indireta, mas que, pelo menos, livrou o país daquele regime "repudiado". Atitude diferente de Prestes, que compreendia a eleição indireta de Tancredo como a continuidade do golpe de 1964.

Foi no processo de redemocratização que Elisa e antigas e novas sócias reativaram a Federação das Mulheres do Estado de São Paulo, organização de lutas de que participou tão ativamente nos anos 1950.[37] A Federação havia encerrado suas atividades após o golpe militar. Com o processo de redemocratização, a Federação foi reorganizada e Elisa assinou o manifesto de refundação. O texto justifica o encerramento das atividades da FMESP diante da imposição da ditadura militar no Brasil. Foram 21 anos de autoritarismo e arbitrariedades, nos quais o sofrimento maior recaiu sobre os trabalhadores, com os salários achatados, a alta do custo de vida, a fome e a pobreza. No entanto, com a redemocratização do país, apesar da

[36] *Ibid.*, p. 157.

[37] Arquivo Pessoal de Horieta Alzira Baptista Novais. Elisa Branco Baptista, *Memórias* [livro 2], pp. 151-152.

eleição indireta de Tancredo Neves, a Federação, em suas palavras, ressurge para "organizar e conscientizar as mulheres paulistas e todas as mulheres do Brasil".[38]

A ditadura militar chegou ao fim, mas Elisa recuava no tempo, até o ponto onde tudo tinha começado: a luta pela paz e pelos direitos das mulheres.

---

[38] *Ibid.*, Abertura.

12. ANOS 1990 – O OUTONO VERMELHO

ÚLTIMO TREM PARA MOSCOU

Em 1986 Elisa viajou para a União Soviética. Foi a última vez que esteve naquele país. Ao chegar em Paris, ela teve que ficar na cidade por alguns dias. Logo vieram as saudades de Norberto. Assim, ela telefonou para Horieta, pedindo que o marido fosse encontrá-la imediatamente. Ao vê-lo no aeroporto sua alegria foi imensa, mas logo começaram a brigar por motivo fútil. No quarto do hotel, Norberto mostrava-se aborrecido. Conhecendo o marido, ela o convenceu a deixar o hotel para passear, mesmo emburrado. Em uma praça, nas margens do Sena, eles voltaram a discutir. Chorando, ela disse que se arrependera de chamá-lo a Paris. Depois de algum tempo, quem chorou foi Norberto. Dizendo que era "burro mesmo", ele a abraçou e pediu desculpas.[1] Assim tinha sido a vida conjugal deles durante todos aqueles anos. Resolveram subir na Torre Eiffel. Do alto da torre, Elisa começou a chorar: "Chorei copiosamente, que o Norberto ficou assustado e me beijou com os olhos

---

[1] Arquivo Pessoal de Horieta Alzira Baptista Novais. Elisa Branco Baptista, *Memórias* [livro 2], não publicado, p. 103.

também cheios de lágrimas." Ele a abraçou e disse: "Como parece um sonho que nós, com tão poucos recursos, estejamos aqui bem no alto desta torre construída pelos operários como eu e ter a felicidade, pois estamos nesta torre feita de ferro que em tantos romances acompanhamos a sua história."[2] Ela, então, teve uma ideia. Na embaixada da União Soviética, pediu visto para a entrada de Norberto no país. Com a autorização, eles passearam bastante, indo até o Uzbequistão. Felizes, eles não brigaram no país dos sovietes.[3]

Na viagem, eles visitaram Baku, no Azerbaijão, cidade conhecida por seus campos de petróleo. Os dirigentes quiseram homenageá-los. O casal ficou impressionado com a quantidade de comida e bebida durante a festa. Elisa chegou a comentar que eles eram "o povo que mais come no mundo". Em certo momento, ela comentou com a intérprete, Marina, que estava um pouco tonta, devido à vodca. Mas viu que Norberto continuava a beber e a conversar com as pessoas. Elisa ficou preocupada porque os anfitriões não deixavam o copo de Norberto vazio. Falante, muito alegre, ela notou que o marido estava saindo do seu normal. E sabia também que os soviéticos bebiam muito. Não era o caso de Norberto. Logo ela pediu desculpas a todos e levou Norberto para o quarto. Marina os acompanhou. Jogado na cama, ela começou a despir o marido para pôr o pijama. Ao perceber que não estava mais na festa, ele se levantou e, ainda nu, avançou para a porta. Diante da negativa de Elisa, ele, completamente bêbado, se exaltou, exigindo retornar à festa. Elisa não titubeou. Deu um soco em seu rosto. Ele caiu na cama já dormindo. No dia seguinte eles estavam bem. Chupar algumas laranjas curou a ressaca. A viagem à

---

2 *Ibid.*, pp. 39-40.
3 *Ibid.*, p. 103.

União Soviética foi muito boa para o casal. Norberto ficou extasiado com o que viu no país.[4]

> **Elisa escreve nas memórias**
>
> As nossas brigas eram pelo nosso gênio ruim, quando um ficava nervoso, o outro ficava mais nervoso ainda, o outro não cedia e assim foi a nossa vida inteira. Nos amávamos, mas os nossos gênios eram muito explosivos, e muito ciumentos, mas conseguimos viver juntos sessenta e dois anos. Nunca dormimos separados e quando estávamos brigados um dormia virado para um lado e o outro para o outro lado, mas de manhã acordávamos e estávamos bem e assim foi nossa vida, e acho que isso era uma prova de amor.[5]

A IMPROVÁVEL COREIA DO NORTE

Desde que o PCB obteve o registro legal, durante o governo de José Sarney, os militantes costumavam fazer o "festão da Voz da Unidade", referência ao jornal do partido. Elisa não participava da festa porque, para ela, era coisa de "eurocomunistas traidores". Em um desse anos, uma delegação da Coreia do Norte veio ao Brasil especialmente para participar da festa. É curioso que o Brasil não possuía relações diplomáticas com a Coreia do Norte, mas o presidente Sarney fez questão de receber pessoalmente a delegação coreana. A seguir, os coreanos foram

[4] *Ibid.*, pp. 104-105.

[5] Arquivo Pessoal de Horieta Alzira Baptista Novais. Elisa Branco Baptista, *Memórias* [livro 2], p. 69.

até a residência de Elisa com o objetivo de homenageá-la. Levaram presentes e receberam outros dela.[6]

Foi nessa ocasião que Elisa conheceu Pae Gog U. Ele integrava a comitiva coreana. Muito falante, dominava a língua portuguesa e disse conhecer muito a vida de Elisa. Também comentou que estava de partida para Moscou, mas que gostaria de encontrá-la para continuar a conversa. Ele deixou um cartão que parecia ser um convite para visitar a Coreia do Norte. Tratava-se de algo que, muito certamente, atingiu sua sensibilidade. Afinal, ela tinha pagado caro por ser contra a guerra na Coreia.

Ao visitar a União Soviética em 1986, ela telefonou para a embaixada da Coreia do Norte, acreditando que fosse encontrar Pae Gog U. Ninguém o conhecia. "Fiquei muito aborrecida por não encontrá-lo. Senti bastante, pois seria uma grande oportunidade de conhecer esse país e seu heroico povo." Mas Elisa estava decidida a encontrá-lo. Ainda em Moscou, em 17 de novembro ela escreveu uma carta para ele e a deixou na embaixada. Na carta, ela dizia que os funcionários nada sabiam sobre o convite, mas que ele, ao receber a carta, resolveria o problema da viagem e sua visita à Coreia do Norte.

Elisa disse que estava internada na Clínica Central de Moscou para tratamento, mas que estaria restabelecida em poucos dias. Ela ainda escreveu dizendo: "Realmente não tenho nenhum convite a não ser aquele cartão de convite que me deu [...]. Gostaria de aproveitar essa oportunidade e que estou tão próxima. É muito fácil acertar e conhecer esse glorioso povo que com grande valentia e com seu heroísmo derrotaram os nossos inimigos, os grupos guerreiros norte-americanos." Ela terminou a carta escrevendo: "Saudações proletá-

---

[6] Entrevista concedida por Carlos Eduardo Baptista Fernandes ao autor.

rias." Elisa queria conhecer a Coreia do Norte, mas necessitava de um convite oficial.

Sem resposta alguma, Elisa ficou aborrecida. Mesmo assim ela escreveu uma segunda carta. Falava do convite que recebeu por escrito e de sua vontade de conhecer "esse grandioso povo". Também afirmou que ele deveria se comunicar com a embaixada coreana sobre o assunto. Ainda sem resposta, Elisa ficou muito indignada: "Nunca recebi tanta humilhação de uma pessoa que julgava ser um cavalheiro, um camarada, que foi recebido tão bem em meu país e, no entanto, me humilhou e não teve pelo menos a educação de responder a minhas cartas."[7]

Tudo indica que Elisa queria muito conhecer a Coreia do Norte. Afinal, foi por seu protesto contra a guerra na península coreana que ela foi condenada a mais de quatro anos de prisão. E quantas vezes ela pronunciou o nome daquele país para protestar contra a guerra e defender a paz? Para ela, o mínimo que o governo da Coreia do Norte poderia fazer em retribuição era convidá-la a visitar o país. Não foi o que aconteceu. Mesmo que Pae Gog U aparentasse ser o que não era, os funcionários da embaixada a ignoraram. Muito provavelmente esse foi o motivo da reação indignada de Elisa. Mais ainda, a reação dela se estendeu aos coreanos do norte, povo que ela tanto admirava. Em 1995, Elisa escreveu:

> Eu já estive com alguns coreanos [do Norte] em Congresso Mundial, e não foi possível falar com eles, nem com quem podia falar em português. Fiquei muito decepcionada com a atitude daqueles coreanos que para

[7] Arquivo Pessoal de Horieta Alzira Baptista Novais. Elisa Branco Baptista, *Memórias* [livro 2], pp. 167-169.

mim foram os mais mal-educados que já encontrei nos movimentos pela Paz, como eu já tive a oportunidade de encontrar! Não estou zangada, mas gostaria de saber em sua terra, como se demonstra uma gratidão feita por uma pessoa brasileira, que recebeu, por defendê-los, quatro anos e três meses de prisão e que graças a essa campanha feita em nossa pátria, contra a ida de nossos jovens para a Coreia, foi evitada uma terceira guerra mundial.[8]

NORBERTO E A MEMÓRIA PERDIDA

Elisa e Norberto envelheceram, mas a relação conflituosa e passional não diminuiu. As brigas conjugais continuaram. Em determinada ocasião, a neta Ana Lúcia, já adulta, presenciou uma dessas brigas. Profundamente incomodada, ela meteu-se no meio dos dois para apartar algo que lhe parecia ser verdadeira luta. Norberto sempre foi um homem forte, com mãos muito grandes. Sem pensar, ele empurrou a neta, que foi jogada contra a parede. Ana ficou sem entender, pois seu avô era muito terno e carinhoso com ela.[9] Logo ela percebeu que, durante as brigas, Elisa e Norberto perdiam as medidas de seus atos.

Norberto desenvolveu um quadro de Alzheimer. Ele, que gostava de consertar apetrechos quebrados, já não o conseguia. A perda da capacidade cognitiva o impedia de trabalhar. Também perdia a memória de curto prazo. Elisa parecia não entender o que ocorria com ele, continuando as brigas. Em certa ocasião, ele se perdeu andando pelas ruas. Não sabia retornar. Durante um dia os familiares não souberam de seu paradeiro. Elisa, no entanto, dizia que ele fez isso porque era "ruim".

---

[8] *Ibid.*, p. 158.

[9] Entrevista concedida por Ana Lúcia Novais ao autor.

Graças ao auxílio de uma rádio, ele foi localizado. Ao chegar em casa, Elisa o abraçou carinhosamente.[10]

Norberto, mesmo padecendo de Alzheimer, acordava cedo, comprava pão na padaria e fazia o café. Elisa acordava no meio da manhã. Em um desses dias, ele pôs a água para ferver e não se deu mais conta do que ocorria. A panela começou a apitar devido ao vapor, mas ele não sabia o que fazer. Elisa acordou irritada com o apito, brigando com ele, chamando-o de "ruim". Ela não sabia como agir. No entanto, em certas ocasiões, Norberto se irritava. Um dia reagiu às agressões de Elisa e jogou um "galo de Barcelos" em sua cabeça. Carlos Eduardo e Horieta, ao saberem da agressão, foram até a casa deles. Elisa, muito irritada, insultava Norberto dizendo que ele era "ruim". Carlos decidiu pôr água naquela fervura e disse-lhe: "Avó, é assim? Então ele não mora mais aqui. Vou levá-lo para minha casa." Ao perceber que Norberto entrava no carro de Carlos, Elisa reagiu: "Vocês estão tirando meu marido." No dia seguinte, Carlos trouxe Norberto de volta e Elisa o recebeu de maneira afetuosa.[11]

A relação conflituosa continuou por muito tempo. Ele vestia três calças, uma por cima da outra. Elisa via nessa atitude puro "fingimento". Em outras vezes, Norberto saiu de casa e não soube voltar. Nessas situações, Elisa dizia que ele tinha saído para "pegar mulher". Havia incompreensão, mas também ciúmes. Pintar o cabelo de preto e tomar "fortificantes" eram, para Elisa, sinais de que Norberto tinha outras mulheres. A neta Ana Lúcia, certa vez, tentou tirar da avó a certeza de que Norberto a traía com outras. Ana lhe disse: "Mas vó, ele nem dá mais no couro." Muito contrariada, Elisa retrucou: "Dá sim!" Por vezes,

---

[10] Entrevista concedida por Carlos Eduardo Baptista Fernandes ao autor.
[11] *Idem.*

Norberto olhava para ela e não a reconhecia, sintoma comum para o portador de Alzheimer. Nessas horas, ele dizia: "Essa não é minha Lica. Não. Minha Lica era uma mulher linda. Essa aí é velha e gorda." Era o suficiente para que Elisa o agredisse. Certa vez, mesmo doente, ele reagiu, jogando um melão sobre ela. Por pouco não a acertou.[12] Levou muito tempo para Elisa compreender que Norberto tinha um problema sério.

Elisa morava em Vila Mariana, longe das filhas. Horieta vivia em Vila Madalena, região de Pinheiros, e Florita residia na Pompeia. De Vila Madalena para chegar a Pinheiros ou Pompeia era necessário atravessar diversos bairros, como Jardim Paulista, Cerqueira César e Sumaré. Dessa maneira, a família convenceu-a a vender a casa de Vila Mariana e comprar um apartamento em Pinheiros, na Vila Ida, na rua Barão de Morenos, a duas quadras de onde moravam Horieta e Fernando Novais.[13]

Elisa mudou para o apartamento com Norberto. Ela se queixava muito dos gastos com o condomínio. Para quem morava em uma casa, pagar condomínio era algo estranho, motivo para muitas reclamações. Segundo Elisa, ela vivia com quantia muito modesta.[14] Mas as filhas e os netos a ajudavam. Nada lhe faltava.[15]

AS PERDAS E OS GANHOS

Durante a década de 1990, Elisa passou por situações muito difíceis, algumas sofridas, outras decepcionantes. Segundo depoimento de

---

[12] Entrevista concedida por Ana Lúcia Novais ao autor.

[13] Entrevista concedida por Carlos Eduardo Baptista Fernandes ao autor.

[14] Arquivo Pessoal de Horieta Alzira Baptista Novais. Elisa Branco Baptista, *Memórias* [livro 1], pp. 172 e 96.

[15] Entrevista concedida por Carlos Eduardo Baptista Fernandes ao autor.

Horieta, Elisa ficou muito abalada com a queda do Muro de Berlim, em novembro de 1989. Ela ficou sem compreender o motivo. Segundo a filha, para Elisa "aquilo era um paraíso".[16] No ano seguinte, em 1990, Luiz Carlos Prestes faleceu. Elisa perdeu sua grande referência política.

Mas o ano de 1991 foi muito duro para Elisa. Na vida política, ela ficou ainda mais abalada ao presenciar a desagregação da União Soviética. Na vida pessoal, ela sofreu o golpe mais profundo. Em 1991, aos 79 anos, Elisa perdeu Norberto. Ele mais uma vez saiu pela rua, sem saber como retornar. Uma forte chuva pegou-o desprevenido. Quando foi encontrado, estava com pneumonia, motivo de seu falecimento. A morte de Norberto deixou Elisa desnorteada. Ela sentiu muito sua falta. Foram 62 anos de convivência. Três anos depois, ela escreveu:

> Vivi com meu querido Norberto sessenta e dois anos, não foi um mar de rosas, mas fomos felizes porque o amor entre nós foi mais forte que os sessenta e dois anos que passaram depressa e que só dei conta quando faleceu me deixando com a maior saudade do mundo e não o esqueço, mas a vida continua. Não tenho palavras para descrever essa dor que há três anos estou sentindo dentro do meu peito, que não para de doer, doer, como contavam os antigos e minha mãe, por exemplo; a dor de perder o marido é mais forte do que se pode imaginar, parece que arranca um pedaço da gente é muito difícil de segurar, mas o que fazer![17]

Nada lhe faltava. Horieta passou a cuidar dela, pagando contas. Mas Elisa reclamava dos poucos rendimentos. Sua aposentadoria era muito modesta. Norberto deixou-lhe uma pensão de um salário mínimo.

[16] Museu da Pessoa, entrevista concedida por Horieta Alzira Baptista Novais em 27 nov. 2003.
[17] Arquivo Pessoal de Horieta Alzira Baptista Novais. Elisa Branco Baptista, *Memórias* [livro 1], p. 84.

Faltava-lhe, sobretudo, a presença do marido. A partir daí Elisa se fechou em seu mundo, passando as noites costurando ou vendo filmes na televisão, dormindo muito tarde e acordando no meio da manhã.

Mesmo com a idade avançada, as decepções políticas e a ausência de Norberto, Elisa manteve a personalidade forte. Por vezes entrava em conflito com Horieta. Havia muitas brigas entre elas. Em uma dessas desavenças, Elisa viajou de ônibus para a cidade de São Vicente, sem falar com ninguém. Seu objetivo era visitar a cunhada. Ocorre que ela chegou à cidade à noite e não se lembrava da rua onde morava a mulher do irmão de Norberto. Tomou a decisão de dormir em um hotel modesto. Nessa altura, todos estavam preocupadíssimos, sem saber onde ela estava. No dia seguinte, Elisa acordou e lembrou o endereço. Ficou na casa da cunhada e somente ligou para dar notícias à família dois dias depois.[18]

Naquela altura da vida, ela andava pela casa de pijama ou penhoar. Inclusive na casa dos outros. Houve um Natal que todos resolveram passar com a família da mulher do neto Carlos Eduardo, na cidade de Campo Grande. Elisa foi primeiro com a esposa de Carlos – que chegou um ou dois dias depois. Continuou com seu cotidiano: assistia à televisão até de madrugada, acordava no meio da manhã e andava pela casa de penhoar. Ao chegar, Carlos chamou-lhe a atenção. Afinal, ela era visita na casa de seus sogros. Foi o suficiente para Elisa reagir, muito ofendida. Arrumou suas malas e disse para o neto: "Vou embora!" Como era véspera de Natal e não havia mais voos de Campo Grande para São Paulo, Carlos levou na brincadeira, dizendo: "Você está interditada." Elisa guardou a raiva e se divertiu na noite de Natal. No dia seguinte, embarcou no voo para São Paulo às 19 horas. Logo

[18] Entrevista concedida por Carlos Eduardo Baptista Fernandes ao autor.

a seguir, caiu uma tempestade na cidade. Quem buscaria Elisa no aeroporto seria o outro neto, Luiz Fernando. Ele não conseguiu chegar porque ficou preso com o transbordamento do rio Tietê. Enquanto isso, Carlos Eduardo retornava de Campo Grande por automóvel, viagem que durava 11 horas. No meio do percurso, ele soube que Elisa havia desaparecido. No dia seguinte, ninguém conseguia localizá-la. Elisa, no fundo, estava magoada com Carlos. Ela chegou ao aeroporto e não viu ninguém para levá-la para casa. Contudo, havia feito amizade no avião com uma senhora que morava no bairro do Bexiga. Ela ofereceu hospedagem para Elisa – que logo aceitou. De ônibus, foi para a casa da nova amiga. No dia seguinte, enquanto familiares percorriam hospitais e o necrotério, Elisa almoçou e foi para sua casa, onde deixou as malas. A seguir, foi para a casa de uma vizinha e ficou conversando. Somente às 17 horas a neta Ana Flávia, ao chegar à casa de Elisa, viu as malas e logo comunicou a todos que a avó estava bem.[19]

A CHEGADA DE ELZA

Horieta, sempre preocupada com a mãe, obteve de uma amiga a indicação de uma moça chamada Elza Soares, que poderia fazer companhia para Elisa. Assim, em 1993, Elza, aos 28 anos, passava o dia inteiro com Elisa, na época com 82 anos. Antes, Horieta orientou a moça, dizendo que a mãe era "difícil de lidar", "autoritária", "mandona". Nos dois primeiros meses Elza encontrou dificuldades para conviver com Elisa. É compreensível. Elisa era uma mulher ativa, cozinhava a própria comida, como omelete, peixe, legumes e verduras. Por vezes preparava bacalhau de forno ou mesmo um churrasco. Apenas tinha certa dificuldade para

---

[19] *Idem.*

andar, devido aos joanetes. Continuou com o hábito de ver televisão até altas horas da noite.[20]

Elza se esforçava para distrair Elisa. O apartamento era no térreo e ela passava a maior parte do tempo fazendo tricô ou crochê. Pessoa muito comunicativa, Elza tentava despertar seu interesse em outras atividades, como passear pelo bairro. Elisa, muito taxativa, dizia: "Quando eu quiser, eu te falo. Você fica quietinha." Naqueles dois primeiros meses Elza teve de saber lidar com a situação. Por vezes, Elisa dizia: "Eu não quero você aqui hoje." Ao ser indagada por Elza a respeito de algo, a resposta era a mesma: "Não quero falar agora." A situação limite foi quando Elisa, bastante alterada e irritada, disse para a acompanhante: "Pena que a hora não passa, você está me torturando, eu quero ficar sozinha." Elza procurou Horieta e relatou a resistência de Elisa. A filha, então, deu carta branca para que Elza tomasse a atitude que fosse mais conveniente.[21]

A partir daí Elisa aceitou a presença de Elza em sua casa. Ficaram amigas. Elisa comentou sobre sua vida de militante do PCB, o episódio da abertura da faixa, a vida na prisão, a amizade com Jorge Amado e Zélia Gattai, tudo para imensa surpresa de Elza. Ela jamais poderia imaginar que uma senhora que passava o dia fazendo crochê pudesse ter enfrentado policiais a dentadas. Como boa comunista, ela não falava de sua vida pessoal, com exceção de Norberto, de quem ela sentia muita falta.

Elza conseguiu tirar Elisa de casa. Ela tinha antigos amigos nas cidades praianas de Caraguatatuba e São Sebastião que cediam as casas para elas passarem uma semana ou até mesmo quinze dias. Elas iam e

---

20 Entrevista concedida por Elza Soares ao autor.

21 *Idem.*

voltavam de táxi, pagos por Horieta. Nessas ocasiões, Elisa vestia maiô e descansava tomando sol na praia.[22]

Horieta e Elisa ajudaram muito Elza. Na época, ela estava se separando do marido e tinha um filho de apenas dois anos. Muito jovem, com 28 anos, ela se sentia insegura. Ao se abrir com Elisa, ouviu dela o seguinte: "Você me parece ser uma mulher trabalhadeira, batalhadora. Quando a mulher é assim, não precisa de marido. Vai criar teu filho sozinha." Aquele apoio no momento difícil foi muito gratificante para Elza. Horieta pagou para ela o curso de Auxiliar de Enfermagem e depois Técnica em Enfermagem, seu grande sonho. Elisa a incentivou a fazer os cursos com alegação objetiva: "Faz pra cuidar de mim." Ela também terminou o Ensino Médio. A partir daí, Elza tornou-se profissional no cuidado com pessoas idosas. Elisa e Elza tornaram-se muito amigas nos seis anos seguintes.[23]

Elisa não mais recebia visitas. Nem de antigas amizades e de comunistas que atuaram com ela. Foi esquecida. Seu nome não aparecia nas memórias de militantes comunistas nem em livros de historiadores. As visitas eram das filhas e dos netos. Quando visitava Horieta, Fernando Novais a recebia muito bem, mantendo a formalidade, trocava algumas palavras e depois se recolhia ao seu escritório.[24] Mas os profissionais da redação da revista *IstoÉ Gente* souberam de sua existência. Na edição de 22 de maio de 2000, foi publicada uma matéria de duas páginas sobre ela, com seu depoimento pessoal e fotografias. Elisa aparece na janela de sua casa com uma blusa verde. Elza a vestiu para a entrevista.[25]

---

[22] *Idem.*

[23] *Idem.*

[24] *Idem.*

[25] Fábio Bittencourt, *op. cit.*

Elisa ainda viveria para presenciar algo que também a atingiria muito. Com a desagregação do bloco soviético, um grupo político dentro do PCB convocou o X Congresso Extraordinário e declarou a extinção do partido. A decisão foi motivo de debates acirrados e acusações mútuas. Seja como for, o líder do grupo político, o deputado Roberto Freire, criou no lugar do PCB o Partido Popular Socialista (PPS). O Tribunal Superior Eleitoral reconheceu que o PPS herdaria o patrimônio e o registro eleitoral do PCB. Roberto Freire foi acusado de "golpismo" e repudiado pelos que defendiam a existência do velho PCB. Elisa Branco, mesmo afastada da vida política, foi uma delas. Segundo suas palavras, "mataram o nosso querido Partido, essa responsabilidade daquele cara de pau do Freire [...]. O que ele queria era ser o presidente do Partido, usurpando o lugar que era por direito de Luiz Carlos Prestes. [...] Freire, esse traidor incorrigível, está usufruindo o lugar do nosso querido e amado líder do povo brasileiro, Luiz Carlos Prestes".[26]

Considerações do último secretário-geral do PCB

Após um caloroso, desgastante, mas democrático debate, foi aprovada a tese da mudança do nome pela maioria dos delegados. O grupo derrotado saiu do X Congresso do Partido. [...] Considero, entretanto, que o X Congresso é passível de críticas. Uma delas é que ele subestimou a força da simbologia do nome PCB e da foice e do martelo. Esses símbolos têm um peso muito forte na trajetória de vida das pessoas. [...] O processo de mudança foi feito de forma

[26] Arquivo Pessoal de Horieta Alzira Baptista Novais. Elisa Branco Baptista, *Memórias* [livro 1], p. 129.

> tumultuada e com uma certa pressa. Não considero errada a mudança do nome, que ocorreria mais cedo ou tarde. Mas o fato de não ter havido uma discussão prévia mais ampla e profunda fez com que perdêssemos alguns camaradas de grande valor que, em outras circunstâncias, não sairiam do Partido.
>
> Salomão Malina[27]

Elisa ficou muito abatida com a desagregação da União Soviética e a extinção do PCB, mas sobretudo, e principalmente, com a morte do marido. Tudo indicava que se afastaria das lutas políticas. Até que, em 1996, o prefeito da cidade de Santos eleito pelo Partido dos Trabalhadores, Davi Capistrano da Costa Filho, tomou a iniciativa de homenageá-la. Ele era filho do velho militante do PCB Davi Capistrano, assassinado por agentes da ditadura, provavelmente em 1974. Elisa foi homenageada em 8 de março, Dia Internacional da Mulher. O prefeito foi eleito pelo PT, mas, de 1962 até 1986, militara no PCB. Elisa Branco não era um nome desconhecido para ele.

Durante seu discurso de agradecimento, ela se mostrou muito nervosa e, severa consigo mesma, acreditava não ter falado tão bem quanto poderia. Possivelmente o prefeito não imaginava o bem que faria a Elisa. Ela, posteriormente, escreveu para ele falando do abatimento que sentia com a falta de Norberto, "mas com essa homenagem que tão gentilmente me ofereceu, meu desânimo melhorou. Não tenho palavras para descrever a felicidade que me proporcionou". E Elisa completou:

[27] Francisco Inácio Almeida (org.), *A luta de Salomão Malina*, Brasília, Fundação Astrojildo Pereira, 2002, p. 195.

"Porque eu sou uma revolucionária como sempre fui e sou, não pode ficar longe do povo, por isso estou radiante de alegria e recuperar o tempo perdido [...] e nos livrarmos principalmente desse imperialismo selvagem que nos sufoca."[28]

Elisa escreve nas memórias

Porque a vida na minha idade é difícil de suportar, e a suporto porque tenho uma ideologia hoje, bem diversa do passado, porque sou comunista e o comunista ama a vida e sempre está convicto que vale a pena viver para ensinar e morrer aprendendo, porque sempre há um que sabe mais que nós.[29]

A homenagem do prefeito Davi Capistrano fez muito bem a Elisa. Ela se sentiu reconhecida. Sobretudo porque, naquele momento, encontrava-se muito solitária. Com o tempo, tornou-se uma pessoa difícil de lidar. Brigou com antigas amigas, com os vizinhos, afastou-se dos companheiros do partido. Mesmo com os familiares, que tanto a apoiavam, ela criava atritos. Elisa tornou-se muito dura nas relações sociais, bastante moralista, com sérias dificuldades em lidar com a pluralidade de ideias e comportamentos. Fernando Novais afastou-se de vez. Mesmo a neta Ana Lúcia diminuiu a frequência das visitas, aborrecida que ficava ao ouvir a avó criticar Fernando, seu pai. Florita, adoentada, não pôde lhe dar mais assistência.[30]

---

[28] Arquivo Pessoal de Horieta Alzira Baptista Novais. Elisa Branco Baptista, *Memórias* [livro 2], pp. 49-51.
[29] *Ibid.*, p. 103.
[30] Entrevista concedida por Ana Lúcia Novais ao autor.

Na família, ela mantinha relações de proximidade com Neca, irmão de Norberto, e com Horieta. A filha nunca lhe faltou. Não apenas financeiramente, mas até mesmo ajudando-a a se locomover devido aos joanetes e ao aumento de peso. Mesmo assim Elisa brigava muito com ela. Horieta, no entanto, sabia lidar com a maneira impositiva da mãe.[31]

Florita não estava bem devido ao falecimento do marido. Em fins do ano 2000, ela foi morar com a mãe. Elisa, a partir daí, teve ao seu lado não apenas Elza, mas também Florita.

---

[31] *Idem.*

13. ELISA REVÊ SEU PASSADO*

O Departamento de Ordem Política e Social, criado em 1924, foi extinto em 4 de março de 1983. Todo o material produzido pelo órgão de repressão política foi transferido em 1991 para a guarda da Polícia Federal. Aqueles que foram vigiados e os familiares de mortos e desaparecidos não tinham acesso ao acervo. Diversos setores da sociedade brasileira se manifestaram pelo direito de conhecer as informações, destacando-se a Comissão de Mortos e Desaparecidos Políticos. O resultado foi a transferência da documentação do DOPS de São Paulo para o Arquivo Público do Estado de São Paulo a partir de 1994. Coube ao Arquivo Público organizar todo o acervo, que contava com 3,5 milhões de documentos, 1.538.000 fichas, 149.917 prontuários e 9.141 "dossiês" de pessoas, movimentos sociais, partidos políticos, empresas, entre outros.[1]

---

* Em nome da preservação do registro original, neste capítulo reproduzimos anotações feitas por Elisa Branco de maneira exata, para que o leitor tenha acesso às características de sua escrita sem intervenções. Todavia, para privilegiar a clareza, incluímos entre colchetes a grafia em conformidade com a norma padrão. [*N. da E.*]

[1] "Deops", Acervos mais consultados, Arquivo do Estado de São Paulo. Disponível em: <www.arquivoestado.sp.gov.br/site/acervo/textual/deops>. Acesso em: 3 nov. 2020.

Elisa Branco requereu ao Arquivo Público tudo que havia a seu respeito. Em 1994, ela recebeu enorme quantidade de documentos, com tudo que fazia referência ao seu nome. Encadernou todo o material, resultando em três grossos volumes com capa dura, cor de abóbora. Ela deu o título de "Processo político" e numerou os livros.

Elisa, aos 82 anos, leu documento por documento. Muito certamente ela ficou surpresa ao saber que durante toda a sua vida foi vigiada, de perto, por agentes do DOPS, desde ainda jovem, quando entrou para o PCB na cidade de Barretos. Todas as suas atividades estiveram sob o olhar da repressão: comícios, manifestações públicas, organizações de que participou, amizades que mantinha e, até mesmo, sua vida privada.

Vale imaginar como Elisa deve ter se sentido ao ler os documentos. Já idosa, ela descobriu que seus atos, viagens, discursos e participação em manifestações públicas foram registrados, incluindo data, local, hora e as pessoas com quem estava naqueles momentos. Talvez se dissessem que isso acontecera, ela não teria acreditado. Mas aconteceu. Está registrado nos papéis. Uma vida inteira sob o olhar de agentes policiais.

Repassando folha por folha, percebe-se que Elisa leu todos os documentos e relatórios produzidos a seu respeito por agentes e delegados. Ela, por vezes, ao longo da folha, escreveu suas próprias impressões. São comentários redigidos de próprio punho, em seus próprios termos. Com caneta azul, sublinhou trechos, desenhou setas para chamar a atenção. Em determinadas folhas ela escreveu seus comentários. Alguns carinhosos, lembrando de antigos companheiros. A maioria, no entanto, demonstrando muita mágoa e ressentimento para com agentes do DOPS e juízes que a condenaram. Em alguns, seu desejo era mesmo de vingança pelo que fizeram com ela, com os companheiros e por pertencerem ao aparato repressivo do Estado.

Para o historiador, trata-se de momento raro. Sobre uma fonte documental que trata de uma personagem no passado, a própria personagem, em período bastante posterior, escreve concordando ou refutando as informações. É uma fonte documental que se sobrepõe a outra fonte documental.

Aqui, portanto, é o momento de conhecer Elisa em meados dos anos 1990. Não se trata da mesma Elisa dos anos 1950. É uma mulher de 82 anos que revê sua vida através dos relatos de agentes da repressão e que se mostra muito revoltada e ressentida. Mas que não recuou em nada de sua crença no comunismo. Sua "firmeza ideológica", para usar um jargão do partido, manteve-se intacta. Preferi transcrever seus comentários com a grafia original, sem correções.

Começando pelo inquérito policial aberto logo após sua detenção no vale do Anhangabaú, o delegado relata que dois investigadores perseguiram Elisa e a prenderam em um ônibus da CMTC, onde se refugiou. O delegado afirma que ela reagiu "provocando tumulto" e, como se recusou a entrar na viatura policial, foi levada à força. Nessa página do inquérito policial, Elisa Branco, décadas depois, fez suas anotações. Ela não nega o relato do delegado. Preferiu, no entanto, insultá-lo. Segundo suas palavras: "Que crime ediondo [hediondo], só na cabeça de policial fascista que quer ganhar dinheiro a custa [de] forjar crime onde não existe. Mas ele recebeu o que mereceu – até que foi abolido aquele lixo de prisão [,] ele não perde por esperar." Elisa possivelmente fez referência à extinção do DOPS. A delegacia de São Paulo, que tanto a vigiou, foi extinta em março de 1983, durante o governo de Franco Montoro. Elisa comenta: "Veja como o castigo vem a cavalo [:] já perdeu o troninho e vamos ver si [se] vai ser mais inteligente e arranje [arranjar] coisa melhor para dar comida a sua família, seu delegado de merda."[2] Elisa fez confusão. O cargo de delegado é de carreira do serviço público. Não é cargo de confiança. A extinção do DOPS não acarretou a perda do emprego do delegado. Ele pode ter sido transferido para outra delegacia especializada ou mesmo se aposentado. Seja como for, ao escrever nas bordas da folha várias décadas após o episódio de sua prisão, ela demonstrou sua mágoa e revolta com a injustiça que sofreu.

Em outro relatório, o agente arrolou datas em que Elisa foi presa, em particular nos eventos de 1949. Ela refutou as datas citadas com o seguinte comentário: "Data dos acontecimentos não presta mesmo. Tudo mentira desses canalhas só para confundir."[3]

Mais adiante, Elisa se deparou com um longo relatório sobre ela elaborado pelo Serviço de Informações do DOPS para o delegado chefe do Serviço Secreto. O relatório é pormenorizado, citando as atividades de Elisa desde 1945, ainda na cidade de Barretos, até 1954. Ela escreveu comentários nas bordas da primeira folha. São anotações sem pontuação, o que dificulta a leitura, mas não a compreensão de sua revolta: "São todos do DOPS [.] ali são todos sem esseção [exceção] são canibais [,] porém acabou a mamata [.] vão trabalhar [,] vagabundos [.] deve ser o pensamento daqueles que acabaram com esse DOPS e que já foi tarde." Elisa fazia referência à extinção do DOPS de São Paulo, ocorrida em 1983. Ela complementa: "Quem trabalha com o coração não precisa de imundice que foi o DOPS. Elisa."[4]

---

[2] Arquivo Pessoal de Horieta Alzira Baptista Novais. Elisa Branco Baptista, *Processo político* [livro 1], s/p, não publicado. "Documento sem título", folha 3, Arquivo Público do Estado de São Paulo, São Paulo, Acervo Deops/SP.

[3] Arquivo Pessoal de Horieta Alzira Baptista Novais. Elisa Branco Baptista, *Processo político* [livro 1], s/p. "Documento sem título", folha 4, Arquivo do Estado de São Paulo, São Paulo Acervo Deops/SP.

[4] Arquivo Pessoal de Horieta Alzira Baptista Novais. Elisa Branco Baptista, *Processo político* [livro 1], s/p. "Secção de Arquivo e Fichários do 'SS'. São Paulo", sem data, Arquivo Público do Estado de São Paulo, Acervo Deops/SP.

Na borda da mesma folha, ela ainda escreveu: "Sai fora [,] DOPS [,] você é nojento." E completou: "São os elementos do DOPS, hoje graças ao querido amigo Fernando Henrique feixou [fechou], porque ele não precisa de DOPS para governar."[5] Elisa se refere ao ex-presidente Fernando Henrique Cardoso. Ela talvez tenha confundido a extinção do DOPS, em 1983, com a abertura de seus arquivos à consulta, ocorrida em 1994, ano anterior à posse de Fernando Henrique Cardoso na Presidência da República.

Ainda no mesmo relatório, na parte em que o agente informa que ela, em 1949, montou mesa na praça do Patriarca para colher assinaturas pela paz, Elisa escreveu na folha: "Eu sou comunista para quê?" E, referindo-se ao agente do DOPS, continuou: "Não iria puxar o saco desse borra bota [...] e os borra botas me prenderam por que [porque] estavam com vontade de me ver lá [,] pois eu era a única pessoa decente que lá estava a favor dos presos como eu."[6]

Em outro longo relatório em que o agente descrevia sua prisão, a condenação e a recusa pelo juiz do pedido de *habeas corpus* impetrado pelo advogado, Elisa escreveu: "Os juízes que negaram o abescorpos [*habeas corpus*], todos fascistas [,] decerto já morreram, eu estou aqui com a saúde paga, e viverei para mostrar os [aos] que porventura viverem, ter a certeza [de] que uma comunista não é fácil de se destruir, o tempo dirá, porisso [por isso] estou aqui vivinha como nunca estive, o meu Deus é mais forte do que o deles, que se preparem para o futuro,

---

[5] Arquivo Pessoal de Horieta Alzira Baptista Novais. Elisa Branco Baptista, *Processo político* [livro 1], s/p. "Secção de Arquivo e Fichários do 'SS'. São Paulo", Arquivo Público do Estado de São Paulo, Acervo Deops/SP.

[6] Arquivo Pessoal de Horieta Alzira Baptista Novais. Elisa Branco Baptista, *Processo político* [livro 1], s/p. Secção de Arquivo e Fichários do 'SS'. São Paulo, sem data, Arquivo Público do Estado de São Paulo, Acervo Deops/SP.

porque ele é do povo que lutam [luta], para mante-lo [mantê-lo] com amor e dignidade."[7]

Em alguns relatórios do DOPS, os escritos de Elisa nos cantos das folhas eram marcados por sentimentos de ódio e desejo de vingança. Em um desses relatórios, ela, referindo-se aos agentes do DOPS, escreveu:

> Morra [morram] os facistas [fascistas] e os seus simpatizantes, morram muitas veses [vezes] [,] morreram para nossa felicidade, esperamos a morte do ultimo [último] facista [fascista] na face da Terra, morrão [morram] como estão morrendo os do DPS [DOPS]. Morram, morram, morram, porque a morte os esperam [espera] para chupar até a ultima [última] gota do teu sangue venenoso, morra, morra, ou então espere mais um pouco que vamos fazer justiça com as nossas próprias mãos – morra antes da nossa vingança, pode se [ser] cruel [,] mas é que [é o que] temos que fazer com tipos nojentos como vocês [,] porque ai [aí] depois seremos implacáveis e a historia [história] se repetirá.[8]

Seu ressentimento era grande. Descobrir que foi seguida e vigiada durante a vida deve ter sido algo impactante. Ao ler um ofício em que o delegado do DOPS a enviava para a Corregedoria Permanente dos Presídios da Capital, em 7 de setembro de 1950, ela escreveu ao largo da folha: "Coitado [,] estudou tanto para ser capacho do imperialismo selvagem americano, e para matar nossa juventude que tanto amamos.

---

[7] *Idem*, [livro 2], s/p, não publicado.

[8] Arquivo Pessoal de Horieta Alzira Baptista Novais. Elisa Branco Baptista, *Processo político* [livro 1], s/p. "Documento sem título, folha 9". São Paulo, sem data, Arquivo Público do Estado de São Paulo, Acervo Deops/SP.

É delegado de porta de cadeia, porque sua inteligência só deu para ser burro e carregado de pirações."[9]

Por vezes ela brincava com os papéis. No documento de setembro de 1950 por meio do qual o delegado do DOPS encaminhou Elisa para a Corregedoria dos Presídios da Capital, o escrivão deixou, ao final, um espaço em branco. Elisa, nos anos 1990, preencheu-o com a expressão "capacho da reação".[10]

Outra situação foi quando leu um relatório em que o agente do DOPS fazia referência a um discurso pronunciado por ela, mas que julgava "não ser de sua autoria". Sobre o julgamento do agente, Elisa escreveu: "Foi feito por mim, sim, só corrigido por Jorge Amado."[11] Em outro relatório, de fevereiro de 1951, quando Elisa estava presa, o delegado chefe do Serviço Secreto avisa ao diretor da Casa de Detenção "dos escândalos que essa mulher tem por hábito praticar". Elisa, lendo o relatório nos anos 1990, escreveu em sua borda: "Eu pratico escândalo, mas vocês, crimes."[12] Elisa também define o que era o DOPS: "Organização que só servia para matar os comunistas e prendê-los sem culpa nenhuma."[13]

---

[9] Arquivo Pessoal de Horieta Alzira Baptista Novais. Elisa Branco Baptista, *Processo político* [livro 3], s/p. "Documento sem título". São Paulo, sem data, Arquivo Público do Estado de São Paulo, Acervo Deops/SP.

[10] *Ibid.*

[11] Arquivo Pessoal de Horieta Alzira Baptista Novais. Elisa Branco Baptista, *Processo político* [livro 3], s/p. "Secretaria da Segurança Pública. Delegacia Auxiliar da 5ª Divisão Policial", São Paulo, sem data, Arquivo Público do Estado de São Paulo, Acervo Deops/SP.

[12] Arquivo Pessoal de Horieta Alzira Baptista Novais. Elisa Branco Baptista, *Processo político* [livro 2], s/p. "Informação". São Paulo, 1951, Arquivo Público do Estado de São Paulo, Acervo Deops/SP.

[13] Arquivo Pessoal de Horieta Alzira Baptista Novais. Elisa Branco Baptista, *Processo político* [livro 2], s/p. "Guia de Identificação". São Paulo, sem data, Arquivo Público do Estado de São Paulo, Acervo Deops/SP.

Por vezes, suas anotações eram de outro estilo. Elisa escreveu comentários sobre amigos do passado, sempre de maneira saudosa e com bons sentimentos.

Em um relatório do DOPS, ao se deparar com o nome de Fued, ela o descreveu como "grande companheiro que deixou tantas saudades". Ao ler o nome de outro camarada, João, ela assim escreveu: "Grande também esse companheiro, meu compadre, pois batizei sua filha que tem o meu nome."[14] Há situações em que o futuro dialoga com o passado. Em uma fotografia, mulheres participam de passeata com uma grande faixa, em que se lê: "A Federação das Mulheres do Estado de São Paulo saúda Elisa Branco." Não se sabe a data exata da imagem, mas certamente é da década de 1950. Na margem lateral direita, Elisa, já com idade avançada, escreveu: "Queridas amigas, eu as saúdo por esse gesto de amor e gratidão. Elisa Branco." Na parte de baixo, continuou: "É a Jandira a responsável pelo trabalho no interior, sendo minha homenagem à mulher tão valorosa que não podemos esquecê-la. Onde estará? Elisa."[15]

Lendo relatório do DOPS, ela sublinhou o nome de Jorge Amado e, com uma seta apontada, assim o definiu: "o grande amigo e companheiro".[16] Na folha de outro relatório, Miguel Arraes mereceu

---

[14] Arquivo Pessoal de Horieta Alzira Baptista Novais. Elisa Branco Baptista, *Processo político* [livro 1], s/p. "Documento sem título, folha 9". São Paulo, sem data, Arquivo Público do Estado de São Paulo, Acervo Deops/SP.

[15] Arquivo Pessoal de Horieta Alzira Baptista Novais. Elisa Branco Baptista, *Processo político* [livro 2], s/p. "Cópia fotográfica". São Paulo, sem data, Arquivo Público do Estado de São Paulo, Acervo Deops/SP.

[16] Arquivo Pessoal de Horieta Alzira Baptista Novais. Elisa Branco Baptista, *Processo político* [livro 1], s/p. "Relatório n. 857". São Paulo, 1955, Arquivo Público do Estado de São Paulo, Acervo Deops/SP.

idêntico comentário de Elisa.[17] Outra personalidade a quem ela se refere como "grande companheiro" é Florestan Fernandes.[18]

Entre as pessoas de sua admiração estava Fernando Henrique Cardoso, e Elisa fazia referência ao general Leônidas Cardoso, pai do ex-presidente, dizendo: "Lamentamos sua morte até hoje."[19] O general participou ativamente das lutas nacionalistas e democráticas do país, por diversas vezes ao lado de Elisa. Ela nutria grande admiração pelo general, associando diretamente o filho ao pai. Em 1995, ela escreveu: "Lutamos muito, mas conseguimos um presidente como Fernando Henrique [,] que era filho daquele homem pequeno, mas grande nas suas reações democráticas, pois eu o conheci muito bem e homem daquela estirpe não se esquece jamais, digo isso pelo trabalho que executava na defesa da Paz."[20]

Em outro relatório do DOPS, Elisa leu que o general Leônidas Cardoso participou com ela, em 16 de agosto de 1954, do comício eleitoral pró-candidatos "panela vazia". Sobre o general, Elisa anotou na margem da folha: "enesquecivel [inesquecível] amigo de todas as horas. Lutar por melhoria de vida não é crime". E continua em outra parte da folha: "esse é o crime que os facista [fascistas] jogão [jogam] em

---

[17] Arquivo Pessoal de Horieta Alzira Baptista Novais. Elisa Branco Baptista, *Processo político* [livro 1], s/p. "Informação Reservada", São Paulo, sem data, Arquivo Público do Estado de São Paulo, Acervo Deops/SP.

[18] Arquivo Pessoal de Horieta Alzira Baptista Novais. Elisa Branco Baptista, *Processo político* [livro 3], s/p. "Assuntos Vários", São Paulo, 1955, Arquivo Público do Estado de São Paulo, Acervo Deops/SP.

[19] Arquivo Pessoal de Horieta Alzira Baptista Novais. Elisa Branco Baptista, *Processo político* [livro 1], s/p. Secção de Arquivo e Fichários do 'SS'. São Paulo, sem data, Arquivo Público do Estado de São Paulo, Acervo Deops/SP.

[20] Arquivo Pessoal de Horieta Alzira Baptista Novais. Elisa Branco Baptista, *Processo político* [livro 3], s/p. "Relatório n. 116" (verso da folha), São Paulo, 1995 (data provável), Arquivo Público do Estado de São Paulo, Acervo Deops/SP.

cima da minha pessoa, o castigo veio a cavalo, fecharam o seu querido DOPS, por isso viva o Fernando Henrique. Viva viva viva sempre".[21]

Em relatório do DOPS sobre suas atividades, em certo momento o policial refere-se ao indiciamento de várias mulheres por motim e da possibilidade de a própria Elisa retornar ao cárcere por liderar as revoltosas. Ela as identificou como companheiras de prisão. Ao lado da folha, Elisa escreveu: "Motim que eu não tive nada com isso, só que a solidariedade das presas foi um [uma] pequena mostra da solidariedade humana."[22]

[21] Arquivo Pessoal de Horieta Alzira Baptista Novais. Elisa Branco Baptista, *Processo político* [livro 1], s/p. "Documento sem título, folha 9", São Paulo, sem data, Arquivo Público do Estado de São Paulo, Acervo Deops/SP.

[22] Arquivo Pessoal de Horieta Alzira Baptista Novais. Elisa Branco Baptista, *Processo político* [livro 3], s/p. Secção de Arquivo e Fichários do 'SS', São Paulo, sem data, Arquivo Público do Estado de São Paulo, Acervo Deops/SP.

14. NO LIMIAR DA VIDA

Elisa chegou ao ano 2000 aos 87 anos. Naquele ano, um grupo de jovens do Rio de Janeiro entrou em contato com ela. Eles eram "prestistas" e tinham o objetivo de fundar uma nova organização revolucionária baseada nas orientações de Prestes: o Partido Comunista Marxista-Leninista (PCML). Os jovens foram até a residência de Elisa, em São Paulo, para que ela assinasse o manifesto de fundação do partido. Ficaram surpresos quando a própria Elisa se animou a participar do congresso que daria origem ao PCML em março daquele ano, na cidade do Rio de Janeiro Ela compôs a direção nacional do partido. Eles a levaram de carro para fazer parte do evento e retornaram no dia seguinte.[1] Em entrevista ao jornal do novo partido, *Inverta*, ela afirmou:

> Eu acho que está na hora de o Partido aparecer mesmo. Toda vida o Partido teve presente nas piores situações. E o partido revolucionário precisa aparecer de novo. A gente precisa procurar o momento oportuno para mudar as coisas. Mas a gente precisa fazer uma mudança

[1] Entrevista concedida por Carlos Eduardo Baptista Fernandes ao autor.

> radical nas organizações existentes. Precisamos primeiro conquistar as massas trabalhadoras. Temos que saber o que fazer para poder colher os frutos, senão não se aproveita nada. A política que a gente deve fazer é a política que venha para o interesse de nosso povo, interesse da classe operária. A coisa está muito ruim, há muita coisa para tapear o povo. Mas, como nós somos teimosos, nós vamos teimar até que dê certo.[2]

Em uma noite de maio de 2001, Elisa estava sozinha em casa. Quando ela se levantou da cama, o fêmur fraturou. Ela caiu no chão e não tinha o que fazer a não ser chamar o vizinho. O casal no andar de cima ouviu seus gritos. O vizinho correu até a janela de seu apartamento. Isso foi possível porque ela morava no andar térreo. Elisa não tinha o costume de trancar as janelas, de maneira que o vizinho pôde entrar e encontrá-la no chão, gritando de dor. Ela pedia que ele telefonasse para Elza. Em pouco tempo ela chegava no apartamento. Elisa estava com raiva, furiosa, exigindo que Elza e o vizinho a colocassem na cama. Ela chorava dizendo: "Me tira daqui." Eles sabiam que não poderiam fazer isso. Elza explicou que, se o fêmur estivesse fraturado, levantá-la poderia agravar o problema. Horieta foi chamada e em pouco tempo uma ambulância levou Elisa para o hospital. Aos 87 anos ela se submeteu a uma cirurgia, cujo resultado foi um sucesso.[3]

Elisa ficou três ou quatro dias no hospital e retornou para casa. Carlos Eduardo providenciou uma cama hospitalar e colocou-a no quarto. Elisa brigou com ele: "Você acha que estou morrendo!?" Carlos trouxe de volta a antiga cama.[4]

---

[2] *Inverta*. São Paulo, 15 a 21 de mar. de 2000, p. 5.
[3] Entrevista concedida por Elza Soares ao autor.
[4] Entrevista concedida por Carlos Eduardo Baptista Fernandes ao autor.

O retorno para casa foi muito duro para Elisa. Ela ficou acamada e bastante dependente de Elza para tudo. Elza, inclusive, passou a morar com Elisa para cuidar dela noite e dia. Nesse momento, a amizade entre elas era sólida a ponto de Elza chamá-la de "avó". Mas de nada adiantavam os cuidados de Elza, das filhas e netos. Sem poder sair da cama, "ela se sentia inútil", nas palavras de Elza. A vontade de Elisa era de andar, mas não podia. Para alguém independente e com uma vida tão ativa, ela se sentia muito mal, por exemplo, quando Elza lhe dava banho. O uso de fraldas, ainda segundo Elza, para ela era "algo terrível". A partir daí Elisa falava muito pouco e recusou alimentação. Por mais que Elza variasse na culinária e servisse pratos de seu gosto, Elisa recusava. Uma pesada tristeza tomou-lhe a alma, a ponto de ficar quinze dias sem se alimentar.[5]

Os netos Carlos Eduardo e Ana Lúcia concordam que ela passou a sofrer de depressão. "Teve uma hora em que ela cansou, desanimou. Idosa, entrou em depressão", avaliou Carlos.[6] É possível. A perda de pessoas importantes em sua vida, como Prestes e Norberto; a falta de referências existenciais, como o partido, a União Soviética, a utopia do socialismo. Acamada, sem poder andar e retomar seu cotidiano, além da dependência de Elza para tudo, decerto essa condição a desgostou profundamente. Muito deprimida, ela retornou ao hospital debilitada e enfraquecida. Como continuou a recusar alimentação, recebeu nutrientes por uma sonda nasoenteral. Ela não queria mais viver.

Elisa morreu em 8 de junho de 2001.

---

[5] Entrevista concedida por Elza Soares ao autor.

[6] Entrevista concedida por Carlos Eduardo Baptista Fernandes ao autor.

FONTES

Arquivos privados

Acervo fotográfico familiar. Arquivo Pessoal de Ana Lúcia Novais.

Arquivo Pessoal de Horieta Alzira Baptista Novais. Elisa Branco Baptista, *Processo político* [livro 1], não publicado. Arquivo Público do Estado de São Paulo, Acervo Deops/SP.

Arquivo Pessoal de Horieta Alzira Baptista Novais. Elisa Branco Baptista, *Processo político* [livro 2], não publicado. Arquivo Público do Estado de São Paulo, Acervo Deops/SP.

Arquivo Pessoal de Horieta Alzira Baptista Novais. Elisa Branco Baptista, *Processo político* [livro 3], não publicado. Arquivo Público do Estado de São Paulo, Acervo Deops/SP.

Arquivo Pessoal de Horieta Alzira Baptista Novais. Elisa Branco Baptista *Memórias* [livro 1], não publicado.

Arquivo Pessoal de Horieta Alzira Baptista Novais. Elisa Branco Baptista *Memórias* [livro 2], não publicado.

Periódicos

A Noite, Rio de Janeiro.

Correio de Manhã, Rio de Janeiro.

Correio Paulistano, São Paulo.

Diário da Noite, São Paulo.

Folha de S.Paulo, São Paulo.

Imprensa Popular, Rio de Janeiro.

Inverta, Rio de Janeiro.
IstoÉ Gente, São Paulo.
Jornal do Brasil, Rio de Janeiro
Novos Rumos, Rio de Janeiro.
O Estado de S. Paulo, São Paulo.
Última Hora, São Paulo.
Voz Operária, Rio de Janeiro.

Entrevistas

Ana Lúcia Novais. Entrevista concedida ao autor em 3 nov. 2021.
Carlos Eduardo Baptista Fernandes. Entrevista concedida ao autor em 21 out. 2021.
Horieta Alzira Baptista Novais. Entrevista concedida ao Museu da Pessoa em 27 nov. 2003.
Maria Prestes. Entrevista concedida ao autor em 30 nov. 2021.
Elza Soares. Entrevista concedida ao autor em 11 nov. 2021.

Sites

BITTENCOURT, Fábio, "Elisa Branco, 87 anos – a costureira que ganhou o Prêmio Stalin". *IstoÉ Gente*, edição 42, 22 maio 2000, p. 78. Disponível em: <www.terra.com.br/istoegente/42/testemunha/index.htm>. Acesso em: 19 fev. 2020.
"DEOPS", Acervos mais consultados, Arquivo do Estado de São Paulo. Disponível em: <www.arquivoestado.sp.gov.br/site/acervo/textual/deops>. Acesso em: 3 nov. 2020.
FUNDAÇÃO Maurício Grabois, "A comunista que evitou uma guerra para os brasileiros" [notícia], 11 mai. 2011. Disponível em: <www.grabois.org.br/cdm/noticias/143600/2011-05-11/a-comunista-que-evitou-uma-guerra-para-os-brasileiros>. Acesso em: 19 fev. 2020.
KHRUSHCHEV, Nikita, "Informe Secreto al XX Congreso del PCUS". Disponível em: <www.marxists.org/espanol/khrushchev/1956/febrero25.htm>. Acesso em: 15 dez. 2020.
PRESTES, Luiz Carlos, *Problemas atuais da democracia*, Editorial Vitória, 1947, pp. 95-119. Disponível em: <www.marxists.org/portugues/prestes/1945/07/15.htm>. Acesso em: 20 fev. 2020.
______. *Carta aos comunistas*, mar. 1980. Disponível em: <www.marxists.org/portugues/prestes/1980/03/carta.htm>. Acesso em: 20 jul. 2021.
PROJETO Integrado. Arquivo Público do Estado e Universidade de São Paulo. 2007. Documentos em destaque. "Elisa Branco, a heroína da paz!" Disponível em: <www.usp.br/proin/inventario/destaques.php?idDestaque=7>. Acesso em: 21 fev. 2020.

REFERÊNCIAS BIBLIOGRÁFICAS

ALMEIDA, Francisco Inácio (org.), *A luta de Salomão Malina*. Brasília, Fundação Astrojildo Pereira, 2002.

ARAÚJO, Célia Regina Aiélo, *Perfil dos operários do Frigorífico Anglo de Barretos – 1927-1935*, Dissertação (Mestrado em História), Campinas, Instituto de Filosofia e Ciências Humanas da Universidade Estadual de Campinas, 2002.

BERSTEIN, Serge; MILZA, Pierre (dir.), *História do século XX: 1945-1973. O mundo entre a guerra e a paz*, São Paulo, Companhia Editora Nacional, 2007, vol. 2.

BEZERRA, Gregório, *Memórias*, São Paulo, Boitempo Editorial, 2011.

BORGES, Vavy Pacheco, "Grandezas e misérias da biografia" in: PINSKY, Carla B. (org.), *Fontes históricas*, São Paulo, Contexto, 2006.

BOSI, Ecléa, *Memória e sociedade: lembranças de velhos*, São Paulo, T.A. Queiroz/ Editora da USP, 1987.

CARONE, Edgard, *O PCB (1943-1964)*, vol. 2, São Paulo, Difel, 1982.

CORRÊA, Hércules, *Memórias de um stalinista*, Rio de Janeiro, Opera Nostra, 1994.

COSTA, Izabel Cristina Gomes da, "Uma rede prestista: os diversos fios dos 'filhos' da Carta aos Comunistas no PDT", *Revista Perseu*, nº 9, ano 7, 2013.

CRUZ, Marcelly M.; SILVEIRA, Éder S., "Gênero, educação e cultura política comunista: reflexões sobre narrativas de mulheres militantes", *Textura*, vol. 20, nº 44, 2019.

D'ARAUJO, Maria Celina, *Sindicatos, carisma e poder. O PTB de 1945-65*, Rio de Janeiro, FGV, 1996.

DREIFUSS, René A, *1964: a conquista do Estado. Ação política, poder e golpe de classe*, Petrópolis, Vozes, 1981.

FERREIRA, Jorge, *João Goulart. Uma biografia*, Rio de Janeiro, Civilização Brasileira, 2014.

______. *O imaginário trabalhista. Getulismo, PTB e cultura política popular, 1945-1964*, Rio de Janeiro, Civilização Brasileira, 2005.

______. *Prisioneiros do mito. Cultura e imaginário político dos comunistas no Brasil (1930-1956)*, Rio de Janeiro/Niterói, Mauad/Eduff, 2002.

______. "O Partido Comunista Brasileiro e o governo João Goulart", *Revista Brasileira de História* (on-line), São Paulo, vol. 33, nº 66.

FIGUEIREDO, Argelina, *Democracia ou reformas? Alternativas democráticas à crise política: 1961-1964*, São Paulo, Paz e Terra, 1993.

GASPARI, Elio, *A ditadura escancarada*, São Paulo, Companhia das Letras, 2002.

GORENDER, Jacob, "Era o golpe de 64 inevitável?", in: TOLEDO, Caio Navarro. *1964. Visões críticas do golpe. Democracia e reformas no populismo*, Campinas, Editora da Unicamp, 1977.

HOBSBAWM, Eric, *Era dos extremos. O breve século XX – 1914-1991*, São Paulo, Companhia das Letras, 1995.

LOWE, Norman, *História do mundo contemporâneo*, Porto Alegre, Artmed Editora, 2011.

MIR, Luís, "Derrota anunciada: a luta armada e o PCB (1967-1973)", in: ARAÚJO, Caetano Pereira de (org.), *1964. As armas da política e a ilusão armada*, Brasília, Fundação Astrojildo Pereira, 2014.

MORENTE, Marcela Cristina de Oliveira, *Invadindo o mundo público. Movimento de Mulheres (1945-1964)*, São Paulo, Faculdade de Filosofia, Letras e Ciências Humanas da Universidade de São Paulo, 2015. Dissertação (Mestrado em História).

MOTTA, Rodrigo Patto Sá, *Em guarda contra o "perigo vermelho". O anticomunismo no Brasil (1917-1964)*, São Paulo, Perspectiva/Fapesp, 2002.

NAPOLITANO, Marcos, *1964. História do regime militar brasileiro*, São Paulo, Contexto, 2014.

PANDOLFI, Dulce, *Camaradas e companheiros. História e memória do PCB*, Rio de Janeiro, Relume-Dumará, 1995.

PERALVA, Osvaldo, *O retrato*, Rio de Janeiro, Centro Edelstein de Pesquisas Sociais, 2009 (1960).

POLLAK, Michael, "Memória, esquecimento, silêncio", *Revista Estudos Históricos*, vol. 2, nº 3, 1989.

PRESTES, Maria, *Meu companheiro. 40 anos ao lado de Luiz Carlos Prestes*, Rio de Janeiro, Rocco, 1992.

REIS, Daniel Aarão, *Luís Carlos Prestes. Um revolucionário entre dois mundos*, São Paulo, Companhia das Letras, 2014.

RIBEIRO, Jayme Fernandes, *Combatentes da Paz. Os comunistas brasileiros e as campanhas pacifistas dos anos 1950*, Rio de Janeiro, 7 Letras/Faperj, 2011.

RODRIGUES, Leôncio Martins, "O PCB: os dirigentes e a organização", in: Fausto, Boris (org.), *História Geral da Civilização Brasileira: o Brasil Republicano. Sociedade e política (1930-1964)*, São Paulo, Difel, vol. 3, 1983.

ROLLEMBERG, Denise, "Esquerdas revolucionárias e luta armada", in: FERREIRA, Jorge; DELGADO, Lucília de Almeida Neves, *O tempo do regime autoritário. Ditadura militar e redemocratização. Quarta República (1964-1985)*,

9ª ed. rev. e ampl., Rio de Janeiro, Civilização Brasileira, 2019. (Coleção O Brasil Republicano).

SANTANA, Marco Aurélio, *Homens partidos. Comunistas e sindicatos no Brasil*, São Paulo, Boitempo Editorial/UFRJ, 2001.

SEGATTO, José Antonio, *Reforma e revolução – As vicissitudes políticas do PCB (1954--1964)*, Rio de Janeiro, Civilização Brasileira, 1995.

SEMM, Axel, *"Carne pra canhão?" – A imprensa comunista e o Acordo Militar Brasil-Estados Unidos (1950-1953)*, Rio de Janeiro, Universidade do Estado do Rio de Janeiro, 2016. Dissertação (Mestrado em História).

SILVA, Fernando Teixeira da; SANTANA, Marco Aurélio, "O equilibrista e a política: o 'Partido da Classe Operária' (PCB) na democratização (1945--1964)", in: FERREIRA, Jorge; AARÃO REIS, Daniel (orgs.), *Nacionalismo e reformismo radical (1945-1964)*, vol. 2, Rio de Janeiro, Civilização Brasileira, 2007. (Coleção As Esquerdas no Brasil).

SOIHET, Rachel, "Do comunismo ao feminismo: a trajetória de Zuleika Alambert", *Cadernos Pagu* (40), 2013.

TAVARES, Betzaida Mata M., "Mulheres exemplares: uma análise do modelo comunista feminino a partir das trajetórias de Elisa Branco e Leocádia Prestes", in: MOTTA, Rodrigo Patto Sá (org.), *Culturas políticas na história: novos estudos*, Belo Horizonte, Argumentum, 2009.

TORRES, Juliana de la, "Imagens das mulheres na imprensa comunista brasileira (1945/1957)", *Domínios da Imagem*, ano IV, nº 7, 2010.

VIANNA, Marly, *Revolucionários de 35: sonho e realidade*, São Paulo, Companhia das Letras, 1992.

VINCENT, Gérard, "Ser comunista? Uma maneira de ser". PROST, Antoine; VINCENT, Gérard (orgs.), *História da vida privada, 5: da Primeira Guerra a nossos dias*, São Paulo, Companhia das Letras, 1992. (Coleção História da Vida Privada).

VINHAS, Moisés, *O Partidão: a luta por um partido de massas (1922-1974)*, São Paulo, Hucitec, 1982.

VISENTINI, Paulo G. Fagundes; PEREIRA, Analúcia D., *História do mundo contemporâneo. Da Pax Britânica do século XVIII ao Choque das Civilizações do século XXI*, Petrópolis, Vozes, 2008.

WERTH, Nicolas, *Être communiste em URSS sous Staline*, Paris, Gallimard/Julliard, 1981.

Este livro foi composto na tipografia Adobe Garamond Pro,
em corpo 12/16,3, e impresso em
papel pólen natural no Sistema Cameron da
Divisão Gráfica da Distribuidora Record.